U0955287

“十三五”国家重点出版物出版规划项目

新汉译世界高等教育名著丛书（第一辑）

丛书总主编　李子江　张斌贤

国家出版基金项目
NATIONAL PUBLICATION FOUNDATION

教育改革

——埃利奥特论文与演讲集

［美］查尔斯·威廉·埃利奥特（Charles William Eliot）著

刘春华 译　李家永 校

浙江教育出版社·杭州

总序

20世纪90年代，浙江教育出版社出版了由王承绪先生主编的“汉译世界高等教育名著丛书”，在学术界产生了重要影响，丛书所收录的著作至今依然是高等教育学等相关学科学习和研究必备的学术文献。本世纪以来，多家出版社相继推出了多种高等教育著作译丛，例如“京师高等教育译丛”（北京师范大学出版社）、“国际高等教育译丛”（中国海洋大学出版社）、“世界高等教育研究名著译丛”（教育科学出版社）、“美国研究型大学探索译丛”（河北大学出版社）、“高等教育与全球化丛书”和“北大高等教育文库·大学之道丛书”（北京大学出版社）等。一些教育著作译丛虽然并非以高等教育为主要内容，但也包含了部分高等教育的译著，例如“影响力教育理论译丛”（华东师范大学出版社）、“非洲教育译丛”（浙江大学出版社）等。

国外高等教育著作的译介不仅满足了我国高等教育决策者、管理者以及公众了解其他国家和地区高等教育发展历史与现状的需要，而且有力促进了我国学者对高等教育的研究。只要将20世纪90年代高等教育研究状况与当下进行粗略对照，就可以清楚地看到我国20多年来高等教育研究的长足发展。这其中固然有诸多原因，但不可否认的是，广泛和充分吸收其他国家高等教育研究成果是一个非常关键的因素。同样不可否认的是，大量高等教育译著在其中发挥了不可替代的重要作用。

众所周知，中国现代高等教育机构和高等教育制度的建立是西学东渐的产物，迄今已逾百年。但是，由于种种原因，我国高等教育真正稳定发展的时间不过数十年。对于高等教育这样复杂的事业而言，几十年的经历实在是过于短暂了，而基于这些有限经验形成的认识则更具局限性。在当代社会急速变革的条件下，高等教育发展及其与社会的关系日趋复杂，如何合理认识高等教育的内在本质与职能，如何科学把握高等教育发展的方向，如何妥善处理高等教育内外部各种关系，更需要非同寻常的智慧、远见和胆识。而要拥有这一切，学习借鉴其他国家的实践经验，尤其是主导这些实践的思想观念，是必不可少的重要环节。

从更大的方面说，高等教育机构自建立之日起，就与文化传播、交流结下了“不解之缘”。不同文化教育之间的交流、相互影响始终是推动高等教育发展的重要动力。古希腊的学园对古代东方高等教育机构的借鉴，古罗马对希腊文明的吸纳，文艺复兴后欧洲各国在学术研究等方面的相互影响，尤其是近代以来，文化、学术、教育的交流在促进不同国家高等教育改革发展中的作用日益广泛、显著和重要。在一定意义上，一段高等教育的历史，同时也是不同文化、学术交流不断开展、推进和深化的历史。作为文化教育交流的重要途径，译著始终是这段历史的重要组成部分。

为适应我国高等教育改革发展的新形势，进一步丰富我国的高等教育研究，浙江教育出版社决定在已有基础上继续推进国外高等教育名著的译介，出版“新汉译世界高等教育名著丛书”。

从书将按专题分辑出版。

丛书第一辑收录美国十二位著名大学校长的主要教育著作。他们是：哈佛大学校长埃利奥特（1869—1909年，任职期间，下同）和洛厄尔（1909—1933）、耶鲁大学校长波特（1871—1886）、密歇根大学校长塔潘（1852—1863）、霍普金斯大学校长吉尔曼（1875—1902）、哥伦比亚大学校长巴纳德（1864—1889）和巴特勒（1902—1945）、布朗大学校长威兰德（1826—1855）、芝加哥大学校长哈珀（1891—1906）、斯坦福大学校长乔丹（1891—1913）、克拉克大学校长霍尔（1888—1920）、纽约大学校长布朗（1911—1932，1906—1911年曾任美国联邦教育署署长）。

19世纪后期至20世纪前期是美国高等教育发展的关键时期。在这个时期，美国高等教育实现了从传统学院向现代大学的转变，完成了以学术职业化为核心的“学术革命”，建立了较为完整的高等教育制度，从而开创了“美国教育史的新纪元”。[①]

在这个前所未有的重大变革过程中，一个非常独特的现象是，在一个不太长的时期内集中出现了一批著名的大学校长。他们之所以著名，并非仅仅因为他们任职于著名的大学（事实上，在那个时期，至少与欧洲的古老大学相比，美国大学大多并不“著名”），而在于他们高瞻远瞩、审时度势，在于他们富有管理智慧和教育素养，更为重要的是在于他们有着高尚的人格、坚定的信念和远大的志向。正是在这些校长的努力下，哈佛大学等原本较为知名的大学“旧邦新命”，焕然一新；一些原本不知名的大学从平庸走向卓越，成为世界著名学府，美国由此开始成为世

---

① 劳伦斯·维塞. 美国现代大学的崛起[M]. 栾鸾，译. 北京：北京大学出版社，2011：1.

界高等教育强国。罗杰·盖格称这些校长为“巨人校长”，他们开创了美国高等教育史上独一无二的“巨人校长时代”。①

迄今为止，除克拉克·科尔、德雷克·博克等少数几位美国著名大学校长的著作之外，国内尚未有对美国大学校长著作的系统译介。“新汉译世界高等教育名著丛书”第一辑收录的这十二位校长的著作集中反映了他们关于高等教育的理解，以及他们的办学理念和管理经验。他们的思想和实践业已成为世界高等教育领域宝贵的精神财富。系统译介这些著名大学校长的教育著作，呈现优秀大学领导者的理念和实践，有助于人们了解这些校长的教育思想和治校方略，探讨高等教育发展的内在机制与社会保障机制，为我国高等教育的发展提供经验借鉴。我们相信，本丛书的出版将进一步深化我们对高等教育的认识，帮助我们不断学习、借鉴世界一流大学的创建、改革实践经验，为推进我国建设世界一流大学的高等教育发展战略提供历史经验和启示。

在丛书第一辑即将付梓之际，我们由衷地感谢浙江教育出版社的大力支持。正因为他们的远见卓识和专注于学术著作出版事业的坚定信念，才会有越来越多的学术经典问世。在现行科研评价体制下，学术著作的翻译得不到应有重视，从事翻译主要是出于译者对学术事业的热爱和追求，我们对参与丛书翻译、校对工作的各位同仁表示崇高的敬意。

李子江　张斌贤

2019年12月

① 约翰·塞林. 美国高等教育史（第二版）[M]. 孙益，等，译. 北京：北京大学出版社，2014：120.

译者前言

查尔斯·威廉·埃利奥特（Charles William Eliot，1834—1926），美国著名教育家和化学家，被誉为“美利坚合众国的精神领袖、第一公民和先知”。他于1853年毕业于哈佛大学，1869—1909年任哈佛大学校长[①]，1892年任全美教育协会（National Education Association，NEA）“十人委员会”（Committee of Ten）主席，深刻地影响和推动了19世纪至20世纪美国教育改革的整体进程，对美国教育乃至世界教育具有广泛且深远的影响。

1834年3月20日，埃利奥特出生于美国波士顿一个声势显赫、富有名望的信仰一神教的家庭，家族成员与哈佛大学渊源深厚。埃利奥特右脸天生长有一块巨大、丑陋且无法祛除的胎记，这对他的童年产生了重要影响，导致他形成了敏感内向、腼腆沉默的性格。埃利奥特的家族富有文化底蕴，开明的父母、充满关

① 其任期长达40年，是哈佛大学迄今任期最长的校长。

爱的家庭和良好的教育弥补了先天外表缺陷带给他的影响。儿时的他在家里接受启蒙教育，家庭女教师萨姆纳（Sumner）为他和他的表兄妹们专门开班授课。不久后，他被送到男女同校的贵妇人学校学习，这所学校位于鲍登街（Bowdoin Street）的一所私人住宅中，由女教师库欣（Miss Cushing）主持教学。到了7岁，他转入由托马斯·鲁塞尔·沙利文牧师（Reverend Thomas Russell Sullivan）负责的位于公园街教堂的私立男校就读。10岁时他进入著名的波士顿拉丁学校（Boston Latin School）学习，该校在新英格兰享有很高的声誉，大部分学生毕业后进入哈佛大学继续学习。[①]

1849年，年仅15岁的他进入哈佛大学学习。当时的哈佛大学仍是一所传统而古老的殖民地学院，主要开设古典课程，教学内容十分有限，教学方法僵化单一，以让学生死记硬背为主，纪律烦琐严苛，对学生管理十分严格，整个学院氛围死气沉沉。埃利奥特对此也颇有微词。但是，大学期间他学习非常刻苦，成绩优异，对数学、化学和矿物学尤其感兴趣，且一直保持着阅读的良好习惯。1853年7月，埃利奥特以全班排名第二的优异成绩从哈佛大学毕业。1854年秋至1858年春，埃利奥特留校担任数学教职，后兼任劳伦斯科学学院（Lawrence Scientific School）[②]的化学教职。1863年，因为在“拉姆福德教席”（Rumford Professorship）之争中输给沃尔科特·吉伯斯（Wolcott Gibbs，1822—1908）[③]，他最终从哈佛大学离职。1863至1865年间，他在欧洲

① 关于埃利奥特的个人经历，参见：Henry James. Charles W. Eliot: President of Harvard University, 1869-1909(vol. I, II)[M]. Boston and New York: Houghton Mifflin Company, The Riverside Press Cambridge, 1930.

② 附属于哈佛大学。

③ 当时新上任的哈佛大学校长托马斯·希尔（Thomas Hill）倾向于吉伯斯。

访学，曾广泛考察英、法、德等国的教育状况，包括其教育体制、教育功能、管理方式、教学内容、教学方法及课程设置等内容，重点考察了德国高等教育，先后到海德堡、斯图加特等地参观著名的实验室、大学，拜访著名学者。近距离地感受德国大学，对埃利奥特的教育思想产生了深远影响。1865年9月，埃利奥特接受麻省理工学院（Massachusetts Institute of Technology）威廉·B. 罗杰斯（William B. Rogers）校长的邀请，重返波士顿，成为麻省理工学院的一名化学教授。1869年2月至3月，埃利奥特在《大西洋月刊》（*The Atlantic Monthly*）发表了两篇著名的主题为“新教育”的文章[①]，以一个父亲提问的口吻向旧教育发难，批判传统教育，主张进行教育改革——倡导科学和技术教育，主张人文学科和实用学科并重且均衡发展。文章引起了广泛关注和反响，震惊了当时的美国教育界。哈佛大学委员会认为，埃利奥特的观点符合他们对哈佛大学未来的设想，“埃利奥特的文章……表现了他对美国大学发展的成熟观点，与学校委员会报告的建议不谋而合”[②]。1869年3月18日，埃利奥特当选哈佛大学校长，同年10月19日发表了著名的就职演说，开启了哈佛大学伟大的现代化改革历程。

埃利奥特是一位能力卓越且富有个性魅力的大学校长，具备优秀的组织和管理能力、敏锐的观察和判断能力，充满睿智，果

① 分别是《新教育：它的组织》（*The New Education: Its Organization*）［参见：Charles W. Eliot. *The New Education. The Atlantic Monthly*,1869,(2), pp.203-220.］和《新教育：它的组织II》（*The New Education: Its Organization II.*）［参见：Charles W. Eliot. *The New Education. The Atlantic Monthly*,1869,(3), pp.358-366.］。

② Samuel Eliot Morison. *Three Centuries of Harvard 1636-1936*［M］. Cambridge Massachusetts: Harvard University Press, 1937: 325.

敢坚定。任职哈佛大学校长40年，他锐意进取，力行改革，其改革举措主要包括日常管理改革和大学机构改革：创建研究生院，开展研究生教育；改革和提升专业学院，提高专业教育的质量和标准；创建新兴的院系；开展课程改革，积极推行自由选修制；进行人事改革，明确权责划分，延聘优质师资，关心教师成长和发展；改善教学条件，推动教学改革；倡导学术自由；等等。在校长职位上，埃利奥特经常将自己比喻成一名船长——他的责任是掌舵，重要的不是他的观点而是判断。他积极倡导学术自由，认为大学是最容不得独裁的地方。埃利奥特还是一位优秀的聆听者，在除旧布新和推行改革的过程中，埃利奥特经常要与各种阻挠改革的力量进行抗争。学院的保守派质疑他的改革，反对者更是指责他“破坏了哈佛所有古老而优秀的传统”，然而在改革过程中他充分展现了其过人的领导才能、领袖风范，以及认真、公正、正直、坦率、细心、耐心、包容等卓越特质和高尚品格，最终赢得了人们的广泛认可、信服和尊敬。至1890年，经过二十余年大刀阔斧的改革，哈佛大学进步显著，与他刚上任时相比发生了翻天覆地的变化，不再是过去那所传统保守的殖民地学院，而是朝着一所实力雄厚的现代化大学大步迈进。埃利奥特不仅成功引领了哈佛大学的改革，也迎来了个人教育职业生涯的巅峰，他在美国教育界的影响力与日俱增，并逐渐由高等教育向中等、初等教育和其他领域渗透和扩展，对美国教育和公共事务产生了广泛深远的影响。

1908年10月26日，埃利奥特向哈佛大学董事会提交了辞呈，1909年5月19日，劳伦斯·洛厄尔（Lawrence Lowell）[①]继

① 哈佛大学校长，任期为1909—1933年。

任哈佛大学校长。辞职后，埃利奥特继续从事大量与高等教育发展有关的事务。为了提升学生的人文素养并使其传承哈佛大学文化的精髓，埃利奥特自1909年开始编写《哈佛经典》（*The Harvard Classics*）①，并担任国家法律顾问，关心国家公共事务。1911年，为了向卡耐基基金会提供报告资料以便制订有助于亚洲国家的行动计划、促进国际和平与友好，埃利奥特由夫人和外孙女陪同，代表卡耐基国际和平基金会（Carnegie Endowment for International Peace）开始了环球旅行②，在世界范围内传播教育思想，致力于促进世界教育的发展，此举进一步拓展了他对整个世界的影响。1926年8月22日，埃利奥特在美国东北港湾逝世。人们给予他高度的评价和赞誉，"近代没有哪位美国人的思想及其普适性能与埃利奥特的成就相提并论。在美国，没有哪位校长、教授、教师或助教没有受到埃利奥特的直接影响。每一本教科书都按照他的标准修订，每一位大学生及在校的每一名儿童都能感觉到他的有形之手。通过对伟大人物胸襟、健康和永恒成就的测量，我们发现在与他同时代的美国人中没有人能与之匹敌。由于贡献卓越，他和爱默生、林肯同成为那个时代和国家的功臣。他们三人是19世纪美国民主时代的崇高化身，是民主制度的维护者与预言者"③。

埃利奥特毕生致力于美国教育改革，不仅在教育领域享有盛誉和威望，而且在政治、经济、社会、文化和生活等领域也有广

① 埃利奥特任主编，哈佛大学及其他名校的100多位享誉全球的教授任分册编辑，历时数年完成的世界人文经典（全套50卷），共精选400多位人类史上伟大思想家的136本专著。

② 到访欧洲和一些东方国家，包括斯里兰卡、中国和日本。

③ Neilson William Allan. *Charles W. Eliot, The Man and His Beliefs* [M]. New York and London: Harper & Brother Publishers, 1926: 26.

泛影响。他的论著十分丰富，以专著、期刊论文和演讲文章为主，涉及的主题和领域十分广泛。他的主要作品包括：1895年的《幸福生活》(*The Happy Life*)、1898年的《教育改革——埃利奥特论文与演讲集》(*Education Reform: Essays and Addresses*)[①]、1904年的《我们男孩和女孩的教育》(*The Education of Our Boys and Girls*)、1908年的《论大学管理》(*University Administration*)、1909年的《效率教育和有教养之人的新定义》(*Education for Efficiency and the New Definition of the Cultivated Man*)、1910年的《民主社会中的个人主义和集体主义的冲突》(*The Conflict Between Individualism and Collectivism in a Democracy*)、1915年的《有效生活的训练》(*The Training for an Effective Life*)、1923年的《哈佛回忆》(*Harvard Memories*)等。此外，他还发表了大量以教育或其他领域为主题的演讲和期刊文章。作为在实践中成长起来的教育家，埃利奥特对深奥的教育哲学和抽象的理论问题似乎没有太大兴趣，其教育论著主要关注和论述的都是教育改革中的现实具体问题，因此其著作兼具思想价值和实践意义。

《教育改革——埃利奥特论文与演讲集》是埃利奥特自1869年担任哈佛大学校长以来至1898年间发表的关于教育改革的论文与演讲的汇编，较全面系统地反映了埃利奥特的教育思想。本书共收录埃利奥特在教育改革方面的论文18篇，涵盖美国初等、中等和高等教育改革的各个领域，主题广泛，内容丰富。全书主要涉及学科地位、课程改革和课程制度、教学方法和教学改革、学生管理、教师地位和聘任、学校和大学管理、自由教育、学术自由、医学教育、女子教育、学校与社会的关系等方面内

① Charles W. Eliot. *Education Reform: Essays and Addresses* [M]. New York: The Century Co., 1898.

容，论述了19世纪中后期美国初等、中等和高等教育发展滞后的状况，系统分析了教育体制内部的深层次原因，指出了各阶段教育改革的总体方向，提出了明确具体的改革原则、措施和建议。

本书第一章为哈佛大学校长就职演说，是埃利奥特教育改革的总纲领，主要阐述了关于哈佛大学改革的蓝图和计划。该篇重点论述了大学的学科价值、课程制度、教学方法、学生管理、女子教育、大学管理等问题，指出了全学科发展、自由选修制、教学方法多元化的重要性，指明了以教师、监察委员会和董事会为核心的大学改革方向，肯定了教师群体对大学进步的重要作用和意义，强调了大学与社会之间的相互依存关系。在第二章中，他论述了大学与教派的关系，主张建立无教派大学，倡导学术自由。第三章讨论了教师的任期问题，着重分析了公立学校实施教师考试制度、长任期制度和退休金制度的合理性、可行性和有效性。埃利奥特强调，应从薪酬、任期、聘任和退休制度等方面着手大力提升教师的地位和待遇，切实改善教师的工作和生活条件，为教师提供全面保障。第四章讨论了牧师培养问题，认为在当时的时代背景下，美国新教牧师的地位和生存环境发生了根本变化，社会剧变、竞争激烈、传统权威的衰落和科学的兴起对牧师职业的稳定性形成了巨大冲击和挑战。为了更好地适应现代社会的要求，他主张通过发展神学研究、捍卫牧师职业声誉和开展全面终身教育等措施对传统牧师的培养方式进行根本改革。在第五章中，埃利奥特讨论了自由教育，主张对自由教育的内容进行重新定义，并提出三条具体建议。第六章论述了教育自由，从课程和管理的角度分析并提出了传统学院向现代大学转型的三大关键要素。

第七章和第九章论述了美国的学校系统和中等教育改革问题。其中，第七章主要讨论了学校课程改革，提出了改善美国学校系统的五大措施。第九章讨论了美国公共学校和学院之间的鸿沟，埃利奥特通过描述和分析美国中等教育不发达的状况，指出这是美国教育体系最薄弱的环节，并提出了两项必要的改革措施。

第八章、第十一章和第十三章均论述了文法学校改革。在第八章中，他对文法学校的工作提出了五点改进建议。第十一章讨论了文法学校课程的缩减和丰富问题并提出了两种方案。第十三章设想了未来的文法学校，认为优良的设施配备、优质的师资以及实施促进儿童机会平等的原则是未来文法学校的典型特征。

第十章和第十六章讨论了高等教育的目标和选修制。第十章论述了大学的功能，认为大学有三大基本功能和七大间接功能。第十六章论述了学院入学要求中的选修制，不仅通过分析美国东部和中部大学选修课程的设置提出了三点建议，还进一步分析了在中学引入选修制的问题。

第十二章和第十四章讨论了学校的统一性和教育改革的统一性问题，体现了埃利奥特教育改革思想的核心理念和精神指针。第十二章主要论述了学校教育实践中个体平等与个体差异的统一性。他认为，虽然民主社会应该为个体寻求机会平等的条件，但个体的自然天赋和能力是有差异的，在教育实践中，这些个体差异应当受到关注和重视。第十四章论述了教育改革的统一性。通过对“十人委员会”报告进行分析和讨论，埃利奥特提出了现代教育改革的七大主要原则和目标，他认为，“十人委员会”报告最有价值的地方在于促进学校和大学教师之间的合作，呼吁有识之士关注教育，以促进深入、统一和全面的教育改革。

第十五章讨论了未来的医学教育，认为医学教育应该进行全面改革，其教育应该比过去更深入、更广泛。在第十七章中，埃利奥特祝贺哥伦比亚大学获得了巨额捐赠，认为哥伦比亚大学将对纽约乃至全国的公众产生更大影响力。第十八章论述了教育在民主社会中的功能，认为民主教育的基本目标是将全体人民的智力、品行和幸福感提升到更高层次。

总体而言，本书作为珍贵的文献资料，不仅对研究埃利奥特的教育思想具有重要价值，而且对了解和研究19世纪美国教育改革也有重要价值。书中内容对我国当前教育改革仍有一定的启发和借鉴意义。埃利奥特的教育思想全面而系统，涉及的主题十分广泛，其价值不仅体现在宏观层面的教育改革理念和主张中，还体现在微观层面的具体改革措施和建议中[①]，这两个方面都非常重要，对美国教育改革产生了深远的影响。美国19世纪的教育改革之所以复杂而艰难，根本原因就在于：第一，大的改革方向不明确；第二，小的问题，诸如课程、教学、管理、师生等纷乱如麻，行之有效的具体改革举措极度缺乏。埃利奥特秉持自由主义和实用主义社会哲学，既高瞻远瞩、着眼全局，又冷静务实、关注具体问题。他实地详细考察并反复细致论证，认为学科平行、课程改革、选修制、教师保障、教学改革、学习自由、学

---

① 从实践角度来看，在教育改革所涉及的各个领域，埃利奥特提出的具体改革措施和建议，对美国当时的教育改革具有重要意义，甚至可以说是本书的重要价值所在。毕竟，从提出抽象的改革理念和主张，到拿出具体且行之有效的改革举措，其间需要跨越巨大的鸿沟。在美国19世纪的教育改革中，微观问题（如课程问题）正是改革的症结所在，对微观问题的有效举措也是推行整体教育改革的“钥匙”。埃利奥特不仅具备全局视野，而且是处理微观问题的专家和能手，这在19世纪的美国教育家中，是十分罕见、难得且重要的。

术自由、教学条件改善、中学和大学教育质量标准提升是美国教育改革的核心和关键。他从课程改革着手，以科学家的精神审慎地开出简明有效的改革良方。改革方向明确，提供的改革措施简明、具体和可操作，是埃利奥特教育改革思想的最大特点，也是其最重要的价值所在。历史已经证明，美国19世纪至20世纪的教育改革正是遵循着他的思想理念行进的，并对其他国家产生了影响。因此，就教育改革而言，无论在思想方面还是实践方面，他的影响力都具有全面性、深远性和世界性。

本书全文由江西师范大学教育学院刘春华副教授翻译，由北京师范大学教育学部李家永副教授进行校正。由于译者水平有限，译文中如有不当之处，请大家批评指正。

刘春华

江西师范大学教育学院

2019年7月8日

作者前言

本书所收录论文皆选自我过往的大量文章，选编的原则是基于它们以明确而充分的态度阐述了过去30年间我试图推进的各类教育改革。所有论文都按时间先后顺序做了编排。大部分是我参加公开会议时发表的演讲，有些是手写稿，有些则改自演讲速记。不同的演讲风格很容易辨认。

这些论文，除一些微小的形式（而非意义）校正外，其他方面未做任何改动。当出现诸如“10年前”或“过去的20年间”的说法时，所指时间皆应从该论文发表之日算起。

关于各阶段的教育改革，我多多少少主张过一些相似的原则或措施，所以在演讲中有必要对这些原则或观点重复强调。的确，有些重复不可避免。因为几乎所有后面的论文所主张的改革，很明显在本书的第一篇演讲中都略有论述。这些年来，教育改革的进展太过缓慢，它对教育进步的促进作用是如此显而易见，但要将它付诸实践又是如此困难。

对于第一篇演讲所探讨的主题之一，即将大学考试交到非大学教师手中的权宜之计，我已不再持文中所表达的观点。但总体而言，本论文集所阐述的仍是我现在的观点和信念。

查尔斯·威廉·埃利奥特
（Charles William Eliot）
于坎布里奇
1898年4月18日

CONTENTS

目录

一

哈佛大学校长就职演讲

哈佛大学校长就职演讲

（1869年10月19日）

语言、哲学、数学或科学是否提供了最好的心智训练？通识教育是否应该主要是人文的或科学的？在诸如此类的问题上争论不休对我们今天没有任何实际意义。这所大学并不认为在人文和科学之间存在真正的对立，也不赞成如数学或古典课程、科学或形而上学这般狭窄的课程选择。我们应该提供包括全部学科的，并且是最好的教育。敏锐的观察、合理的推理、生动的想象与清晰而强有力的表达同样重要。发展其中的某一项官能，亦不必抑制和阻碍其他的能力。在由通识教育转向专业教育之前，大学不会密切关注知识的应用。诗歌、哲学和科学的确能共同促进人类的物质进步，但是科学并不能保证其比诗歌更实用。真理和正义在所有思想和行动领域都高于功用价值。

有人建议对任意学科的教学量应该比现在它在美国大学所被教授的量还要少，这是一个辛辣的讽刺。今天我们的大学管理唯一可能的目标是在所有知识领域拓展、深化和振兴美国的教育。美国最优秀的教育机构发展至足以承受精简，还需要几代人的时间。清教徒移民的后代对知识带来的馈赠仍然心存感激。

最近关于教育领域主要问题的讨论，并没有为这个世界贡献多少智慧。今天还有谁会像路德那样鼓吹学习语言？两个世纪以来，除了弥尔顿对无利可图的语言学习方式的描述，相关话题几乎再无人提及。任何美国年轻人想要学习如何从旅行这种起初显得笨拙但其结果对教育大有好处的方式中获益，定然找不到比培根所言的更好的建议。在教育问题上，英国和美国的实践落后于伟大思想家的箴言数百年。今天对英语语言系统学习的普遍忽视或许就是一个鲜明的例证。洛克的这些话在今天不幸成真："如果我们中的任何人比一般人对母语更有天赋、运用得更为纯正，这要归功于机遇、他的天赋或其他事情，而非他所受的教育或他的教师的管教。"

这场持续了很久的关于主要学科的相对教育价值的论争，其最好的结果是使我们坚信，如果采用正确的教学方法，一个合理的课程方案可以涵盖全部学科。18岁的男孩进入大学，除了懂点拉丁语、希腊语以及数学原理之外，其他什么也没掌握，这并非因为能力的限制。究其原因，不是先天的，而是从小学至大学的非理性教育体制应该对许多大学毕业生没有足够的科学观察、推理和论证的意识负责。年轻人是有可能获得所有主要思想方法的实际经验的。语言有语言的思维方法，数学、物理以及信仰都有各自的方法。有了明智的引导，即使是孩子也会跃跃欲试。需要解决的问题不是教什么，而是如何教。在其他劳动领域所完成的重大变革给教师们上了一课。新英格兰不能再用镰刀收割它的干草，西部不能再用镰刀收割它的小麦。当需要供养的人由之前的几十人变成现在的数百万人时，应该用渔网取代单根鱼线，用蒸汽机取代人的肩膀，用快速奔跑的货车取代木排路上的木制运货马车。在教育事业中，有大量的人嗷嗷待哺。在奥维多的大井，螺旋路上成队驴子的痛苦带来了木桶中水的甘甜，这在当时是令人钦佩的工程。现在，我们在室内安装了自来水龙头。但是奥维多井让人联想起的教育方式如今尚未绝迹。有了好的教育方法，我们就有信心传授给20至25岁的年轻人所有关乎人类福祉的重要学科的正确知识，包括每人可能选择作为终身职业的学科的详尽全面的知识。如果谁认为这不可能，那是对人类的绝望。因为除非绝大多数人都能够全面掌握多方面的知识（目前为止进展良好），否则就不可能有明智的公众意见。在现代社会，明智的公众意见是社会进步一个不可或缺的条件。

刚刚所述的课程教学方法的改革已经名义上被美国课程体系认可，它不仅适用于大学，而且适用于从预科学校到小学的所有学校。美国大学有责任充实美国基础教育学校。无论何种基础教育的缺失，大学都必须弥补。近些年，美国基础教育学校的进步，使得大学有可能提高它的教学水平，并且采用适合男性而非男孩的教学方法。大学的进步又反过来促进基础教育学校的发展。这种作用和反作用将持续下去。大学不是建立在空中，而是建立在前几代人积累留传下来的社会和文化基础之上的。如果整体结构需要重建的话，就必须从基础开始重建。因而，突如其来的重建对我们的高等教育而言是不可能的。正如大学能够充实和拓展预科学校的课程，大学最近决定提供这种激励。对拉丁语和希腊语语法的课业要求，将会是要求学生全面掌握其形式结构和基本原理：常规标准的经典学习书目会增加，要求掌握自然地理课程，建议增加基础力学的学习，奖励大声朗读课文和对英文作品段落进行批判性分析等行为。与此同时，大学应该牢记它所给予别人的这些忠告。

对于任何学科，大学都要通过尝试和反思找到最好的教学方法。大学赞成对语言的全面学习。它主张学习所有的语言：东方的语言、希腊语、拉丁语、德语，尤其是母语。将它们视为一种制度、一种历史、一种训练方式和一个知识门类。在语言教学中，这一代美国人需要创新，或接受来自国外的比过去更好的方法。要去发明，或从欧洲移植比现在流行的更快捷、更全面的方法。要付出更有智慧的劳动，目的是迅速而切实地获取这种培养工作的最好成果和其他收获。

大学承认自然科学和物理科学是教育中不可缺少的分支，并且长期以来一直据此行动。但是，它本应以一种合理的方式来教学，应该手拿物体和仪器，用眼睛看和动手做，而不是仅仅靠书本和大致的记忆。一些舞文弄墨的科学嘲讽者不妨扪心自问，自己的教学方式是否合理。总体而言，在世界各地，科学学科的教学方法都不如语言学科的教学方法明智。这所大学将在学校、学院（college）[①]和专业学院进行科学教学，发展和训练那些心智能力，科学正是

① 译者注：college，“学院”属于美国高等教育机构，通常指本科学院、本科阶段或大学（university）的本科生院。美国高等教育最早效仿英国学院模式，创建了包括哈佛学院等九大殖民地学院在内的很多传统学院（traditional colleges），学院通常只开展大学本科教育（随着19世纪美国高等教育的发展，有些学院也开展研究生教育，如达特茅斯学院，但保留了学院的名称）。从19世纪开始，美国学习德国大学模式，创建大学（university）发展研究生教育，在组织结构上，大学除了本科生院之外，通常还包括文理研究生院（graduate school）和专业学院（professional school）。在本论文与演讲集中，埃利奥特在谈及高等教育时，不仅在一般意义上对学院（college）和大学（university）进行了区分，而且在谈及一些具体大学机构，比如谈到哈佛时，有时说的是哈佛学院（Harvard College），有时说的是哈佛大学（Harvard University），表示哈佛发展历史上的学院时代和大学时代两个阶段。就高等教育机构类型而言，美国高等教育机构主要包括各类学院（college）和大学（university）。基于美国高等教育发展的历史，为了忠实于原文以及表明学院和大学之间的区别，英文原文中的college译为“学院”，英文原文中的university译为“大学”。后同。

通过这些心智能力被创造出来，并每日从中汲取营养。它们包括观察能力、归纳能力、冷静的想象力、诚实和适当的判断力。一名学生在学习基础原理时，即使有一本好的教材，尽管确实掌握了它，也得不到这种训练，听很多令人称赞的讲座也一样。

在教育方面如果有什么学科的地位看起来比较固定的话，那就是数学。在过去15年中，大学里没有哪个学科像数学那样在教学方法和设施上做过如此轰轰烈烈的实验。如果小学在改进乘法教学的可能性上有这种信心，那就好了。

历史、精神、道德和政治哲学在任何广泛的教育计划中都应该占有重要地位，这一点是公认的。但是，没有人比在这些学科领域教得最好的那些人更清楚地知道，被普遍采用的教学方法有多粗糙。它们不能仅被通过书本来教授，而应该由活跃、全面、审慎的教师生动地举例说明。死记硬背一个日期清单不是学习历史。爱默生先生说，历史就是传记。从深层次上看，这是正确的。当然，将历史事实传授给年轻人的最好方法就是快速地培养他们对伟大历史场景或时代缩影中的男男女女的兴趣。以此为中心，他们的兴趣可以延伸到更广阔的领域。尤其是对年轻人而言，最好是怀着强烈的同情进入历史的伟大时刻，而不是为了乏味岁月里的方方面面而分散注意力。

哲学课程永远不应该用权威来教授。它们不是既定的科学，而是充满了有争议的、开放的问题和深不见底的臆测。教师的职责不是为学生解决哲学和政治争议，甚至也不是向他们推荐任何一套比较好的观点。教师的职责是阐述而非强加观点，是使学生了解这些争议的各个方面以及每个体系的要点，向他们说明什么制度仍然有效，或什么哲学已经过时，现在流行的新东西是什么。“教育”这个词是永远反对教条主义教学的。教育在于权威地灌输教师认为正确的东西，这种观念在修道院或培养牧师的神学院可能是合乎逻辑和适当的，但在大学或公立学校（从小学到专业学院）是不能被容忍的。学术文化的价值在于打造开放的头脑，培养缜密的思维，接受哲学研究方法的指导，广泛了解过去世代积累的思想，并在其中渗入谦卑的心态。我们今天的大学就是以这样的方式服务于基督和教会的。

大学入学考试内容、范围和全面性的不断增加可能会让一些观察家感到沮丧。实际要求的增加每一年都难以察觉，但回顾过去的10至20年，变化就很显著，而且都朝着同一个方向。考试的尊严和重要性在稳步提升，这种提升标志着预科学校的进步。当美国学校的逐渐进步使它们达到德国高中的水平时，我们可能就有望看到美国大学比现在更接近德国的哲学学院。实际入学考试最好与法国大学的第一次考试相比较。这项考试通常是在法国男孩学校生活结束时进行，为的是授予文学学士或理学学士学位。这个学位授予那些刚从学校毕业，从未上过大学的年轻人。大部分被授予学位的人永远都不会进入大学。来参加我们大学入学考试的年轻人比法国文学学士的平均年龄要大。考试不仅考核考生的能力，而且考核他们学校的教学质量。在他们的生活中，这是一件大事，尽管不像在法国那样以授予任何学位为标志。考试由与接受考试的人从来没有任何关系的学院教授和导师组织进行。如果随后所有的学院考试，都能出资聘请学院以外可以胜任的考官不偏不倚地来组织进行，这将大有裨益。当教师考核他自己的班级时，不可能有实际有效的考试。如果科学、神学、医学和牙科学位的考试由权威和有影响力的专业机构任命一个独立的考官委员会负责，那么这些学位的意义将大大提升。法律学士学位的情形与此相同，这并不是说目前这个学位是只靠出勤，而不是依据出勤和考试的综合考量获得的。美国允许教师群体主持学位考试的做法，在一定程度上是由教师以外专业人员的不足造成的，这些人需要对考试科目完全熟悉，而且精通教学，知道对学生和教师的期望是什么。这个困难现在可以得到克服。然而，这种做法存在的主要原因是，当学位的取得需要成功完成一系列未经严格考查的规定课程并无过错地完成一定的住宿期限时，教师是唯一能够明智地授予学位的群体。公正地说，大学学位获得方式的改变，应该促成一个与教师群体截然不同的考试组织的建立。就大学本身而言，监事会在过去的一年里已经在朝着这个方向迈进。

严格的入学考试在整个大学学习过程中有一个好的效果：它防止了把教学资源浪费在不合格的人身上。入学标准低、毕业标准高的学校，如西点军校，在中途被迫开除很大一部分学生。这样做，一方面，不仅个人痛苦，于公于私也是资源的巨大浪费。但是，另一方面，绝不能认为每个进入哈佛学院的学生都必然能毕业，他们必须通过严格的年度考试。超过四分之一的进入该学院的学生无法获得学位。

仅在几年前，所有从这所学院毕业的学生学习的是一套统一的课程。每个人都以同样的比例[①]学习同样的课程，而不考虑他的自然天赋或爱好。学生没有选择课程和教师的自由。这一制度现在仍盛行于美国的学院，并且不乏坚定的捍卫者。它有其简单的优点。我们的祖辈上的学校所用的也是这套方法——对所有的儿童都用一本启蒙读物，一套教义答疑，一根棍棒。总体来说，对大多数美国人而言，一个经过很好的选择以满足一般需要的共

① 译者注：指课时分配比例。

同课程是非常合适和自然的事情，甚至对成年人来说也是如此。

作为一个民族，我们没有将劳动分工的原则应用于精神活动。对高度专业人员的特殊训练，我们有一种犹豫的信念。现代美国人那种自认为可以用手创造一切的粗俗的自负，不知不觉被我们提升到了荒谬的高度。我们已经习惯于看到人们从农场或商店飞跃至法庭或讲坛。我们多半相信常人也可以安全地穿上天才们的七里格长靴①（seven-league boots）。我们习惯性地要求我们的立法者需要多少知识和经验？我们通常认为外交家需要什么样的特殊训练？——虽然在紧急情况下，这个国家已经知道该转向何方。唯有经历多年的惨痛经验之后，我们才相信士兵的专业训练在战争中是有价值的。缺乏这种对自然天赋所预示的能力和围绕某一目标集中训练的价值的信任，等于国家的危险。

在教育中，不同思想的个体特征没有得到充分的关注。在男孩子的整个少年时期，学校的学习应该具有代表性。所有主要的知识领域都应该纳入其中。但是，19—20岁的青年男子应该知道什么是他最喜欢和最适合的。如果之前的训练足够广泛，这个时候他应该知道自己是否适合语言、哲学、科学或数学。如果他什么都不喜欢，至少也有感到讨厌的。在这个年龄，对于口算不出某个数的孩子，教师可能会明智地放弃只是简单给个零分的做法。当一个青年男子显现出自己特殊的兴趣和能力时，让他虔诚地欢迎它，感谢上帝，并拿出勇气。从此以后，他知道了通往快乐、热情工作的道路以及引导天赋和成功的上帝旨意。一个民族

---

① 译者注：七里格长靴这一概念源于欧洲的民间文学。里格（league）是长度单位，一里格约等于4.8公里，相当于一个人一小时步行的距离；而穿上这种七里格长靴，一步就可以走七里格。亦有版本是一步一里格，“七”代表一个人每天可以连续步行的最长时间。

的文明程度可以从其使用工具的多样性来推断。石斧和机械工厂之间有几千年的人类发展历史。随着工具的增多，每个工具都得到更加巧妙的改变以适应它独有的用途。构成一个国家的人同样如此。对个人而言，专注和自身独特能力的最大程度发展，是唯一的谨慎之举。但是对国家而言，需要的是多样化而非统一的智力产品。

这些原则证明了这所学院过去40年中逐步发展起来的选修课制度的合理性。现在，只有大一学生所学的是为所有人规定的固定课程。其他三年中，有一半以上的时间，学院都允许学生从课程清单中自由选择所学课程，包括大二6门、大三9门和大四11门课程。尽管它有一些明显缺点，但选修课的范围十分广泛。选课的自由度很大，但也有一些严格的限制。学生的学习必须完成某种体系结构，其中有一半左右的课程是规定好的。提供给学生的，并不是在自由学习、专业学习或实用学习之间的选择。所有向他开放的课程都是自由和训练性的，而非狭隘或专业性的。在这种制度下，学院的确无须要求每个文科第一学位的申请人学习一套恒定的课程。但是，这一学位的要求很高，没有弹性，学生需要用不少于四年的时间来专注于自由文化的学习。

据称，选修制必然会削弱班级成员之间的联系纽带。事实的确如此。但是，考虑到另一个降低班级亲密关系的更大原因，这一点不是很重要。大学班级规模的扩大不可避免地造成这方面的巨大变化。150个年轻人不可能像过去的50个人之间那么亲密。这种扩大是渐进式的。考虑到学生平均年龄的增长，如果没有更好的动机来进行这种改变，它将迫使大学采取不同于过去的教学方法。选修制促进了学问的进步，因为它可以自由发挥自然偏好和天赋能力，让对选定的课程充满热情成为可能，把教授及其忠实追随者从一群要被迫完成不喜欢的学习任务的学生中解脱出来，通过向充满活力的小班级提供多样化的课程，取代向人数众多的班级提供少而重复性的课程，从而扩充了教学。因此，这所大学建议坚持不懈地努力去建立、完善并扩充选修制。管理上的困难起初似乎令人生畏，但在有了短暂的经验之后即告消失。

关于讲授和诵读的优点比较有很多讨论。两者都有用，讲授知识是为了激励、引导和系统综合，只有对整个知识领域有全面了解的人才可以正确地运用它们。诵读，是为了确保和检验学生对文章或作者意思的全面掌握，是为了开展交流式的评论与扩充[①]、模仿[②]与竞争。单纯的诵读容易沦为枯燥的重复，而单纯的讲授也常常是人力物力的浪费。讲授者好似费力地给筛子注水，水可能有益，但它流走了。心智必须通过练习才能得到发展。然而，正如可以相信学生不必经常进行提问和重复也能掌握和理解作者的意思一样，诵读也有可能被弃之不用。因此，在学院学习的后面几年，一个确定的趋势是诵读次数的减少，学生的学习效果通过定期考试来检验。如果谨慎控制，这种趋势是正确的。

关于讲授和诵读的讨论引发了一些针对教科书及其用途的强烈意见。教师和学生很自然地都对教科书和教学手册感到无法忍受。这些书在很大程度上确实非常不完善，经常需要博学的教师不断修正。在目前尚未完善的情况下，刻板印象是造成它们那最令人恼火的缺陷的部分原因。要使“金属板”（这里喻指书本）跟上知识的进步，代价是昂贵的。但是，我们不能因为教科书的明显缺陷而过分笼统地指责对它的使用。在自身学科能够超越所有教学手册的教师绝无仅有。一般来说，科学的教学手册比语

---

① 译者注：内容扩充、详述。

② 译者注：指通过模仿而赶上或超越。

言、文学和哲学的情况还要糟糕很多。可是，过去20年，我们国家医学教育的主要进步是在系统背诵教科书的基础上增加了讲授作为理论教学的主要方式。医学学生的训练固然不足，但为我们主要的科学教育的方法和成果提供了一个最好的例证。好的医学院的普通学生在三年中的转变充分证明了他所受训练的效果。

人们对于笼统意义上的学院和对这所学院存在一些常见的误解，对此，我想花片刻时间说说我的看法。首先，尽管这一时期的学生经常面临道德危机，但从男孩子的少年时代至成年的关键阶段，没有什么地方比一所良好的学院更为安全。学院共同体的安全主要归功于它的各种充满活力的活动。公众对它的看法，虽然很可能不够准确，但总体评价仍然很高。它的学术品位与习性，热切的友谊和瞬时的仇恨，激烈的争辩，对知名人物以及深奥的政治和哲学问题的坦率讨论，都在防范懒散、粗俗和堕落。它的社交和独处一样，都富有教育意义。它对虚伪、自负和装腔作势毫不留情，对夸夸其谈和多愁善感只有嘲讽。在这所学院里，对真实情感的压抑确实是太过分了。缄默比任何无鉴别的交流都更值得尊敬。但是，美国人的羞怯和英国人的内敛一样，都不值得称赞。这一点特别能打动你们——还是本科生的年轻人。当你真的敬佩一位教师时、对工作充满热情时和一些精彩的话让你兴奋不已时，请表达出来。不要为这些情感感到羞愧。你热爱那些激发你更大潜能的教师，请珍惜这种自然情感。为知识的主人服务是一种极大的乐趣。我们美国人很容易失去这种幸福。德国和法国学生得到了它。如果你在以后的岁月里，回忆起你年轻时曾经付出的崇敬之情，相信我，你将眼含泪水。

许多优秀的人在任何一个学院排名系统中都感受到巨大的冒犯。但是，为什么我们对年轻人的期望要比对他们的长辈高呢？

有多少男人和女人仅凭最高动机履行他们的日常工作——彰显造物主的荣耀和改善人类的境况[1]？大部分人只是为了面包而工作，少数人是为了蛋糕。大学排名强化了更高动机。在名誉之战中，没有什么援助会被拒绝。在藐视敌人之外，拒绝盟友也是危险的。然而，设计一个适当的方法评估大学生的忠诚和学业成就，这个问题讨论了很长时间还是没有得到圆满的解决。排名作为一种激励，最糟糕的地方是让有抱负的人自我参照。简而言之，对于心智培养、智力进步和自己所处的位置，年轻人考虑得越少越好。

学院的烦琐纪律引起了支持者和反对者太多的关注。应该记住的是，无论为塑造这所学院的特征而保持高水准的行为和举止是何等必要，关于礼仪的规定还是要被公正地描述为琐碎。从技术上说，一个毫无波澜的学期不能被视为大学成功的顶点。这种成功不是用大学惩罚的频率或罕见程度来衡量的。在学术的高地，成功或失败的标准，不是极少数男孩子的恶作剧，也不是罕见的毁灭性恶行。每一年的成果都必须通过增加的教学机会、普遍的学习热情、丰富的文化和提升的品格来衡量。让学生习得廉耻心的最好方法是培养其学识和男子气概。没有什么主要力量比道德更能提升一个社群的行为举止。这所大学的章程中有关犯罪和过错的章节，需要做些修正和缩减。但是，让我们向我们的父亲表达我们作为儿子所需要的公正。对现今的我们来说显得过分详尽或细致的礼仪，在当时无疑是明智和恰当的。星期天穿黑色

---

① 译者注：出自培根1605年出版的《学术的进展》（*Of Proficience and Advancement of Learning Divine and Human*）一书，他认为科学、学术的目的就是“For the glory of the Creator and the relief of man’s estate”（彰显造物主的荣耀和改善人类的境况），这成为培根最重要的一个观点。

衣服的规定，是为了向人们灌输一种虔诚的态度并出于对神圣事物的适当考虑。但黑色并不是当今唯一庄重的服饰颜色。当然，在终止这种特殊礼貌方式的过程中，我们似乎不应该轻视那些只是外在标志而非实质发生改变的温和的教养方式。

哈佛学院一直在吸引且现在仍在吸引生活条件各异的学生。从可能不太关心他们的儿子在坎布里奇要花多少钱的城市商人或专业人士，到觉得很早就让他们的儿子为上大学做准备是一种很大的牺牲的农民或手工业者，所有人无论背景条件如何，都希望并且一直希望将他们的儿子送到这里。对这所大学里的很多年轻人而言，他们在这里花费的每一美元都是挣的或借的。每一年，许多年轻人没有任何生活来源就进入这所学院。如果他们能够证明自己是有能力和品格的男人，就从来不会因为缺钱而离开。现今，每年有超过20 000美元用于资助家境不宽裕的学生完成他们的学业，此外还有学费减免和许多的私人捐赠。后者更是源源不绝。这些源源不断的用于资助贫困学生的基金，使得董事会能够说，没有任何优秀的学生会仅仅因为贫穷而来不了坎布里奇或离学院而去。然而，这种资助有一项统一条件：受资助者必须具备能力和最优秀的品格。大学不必将优质教育提供给所有人，而只需提供给精英——即那些有能力，同时通过努力学习证明自己具备必要的恒心和毅力的人。在贫困引发的困境中为进入学院做准备的过程，本身就是一种有价值且必要的考验。此时此刻，单从经济来说，这个国家没有任何一所学院比哈佛更适合贫困学生。奖学金主要是表彰这些优秀人才过去15年的成果，而他们自会打理好自己的未来。可以预见，这一代从基金中获益并且日后取得成功的人，将会为他们的后继者提供成倍的捐赠。他们所欠的不是大学的，而是天堂里那些他们无法道谢的捐赠者的。奖学金的设立毫不奇怪。有什么是比向有前途的年轻人提供智力成长和自由亟需的财富更大的恩惠呢？天堂里的天使都会嫉妒凡人这种美好的奢侈。获得奖学金的幸福感，不限于获得者一人，还会投射给他的家庭，使一颗颗焦急的心灵感到愉悦。奖学金所带来的好处不只是他自己的，而是会一代一代传承下去，每一代都会成倍增加。得益于世代传承的慈善奥秘，没有任何其他资本可以赢得像个人文化这种利益。最贫穷和最富有的学生，在这里同样受欢迎，因为这里看重的特质无关贫穷或富有，而是他们具备的能力、抱负和纯洁的品格。在这个追逐金钱的国度，学者的贫困有着不可估量的价值。它保持了美德和荣誉的真正标准。是贫穷的修士而不是主教挽救了教会。贫困的学者和负责的牧师帮助现代社会抵御了物质繁荣。奢侈和学术互为天敌。然而，这所学院的独特品质，很大一部分有赖于那些从富有教养的家庭带来的斯文举止、高雅品位和男子柔情，加之以积极开放的大脑、知识志趣和公共责任感。来到这些学术殿堂，在有教养的人和知识分子中占有一席之地，对富人和穷人的儿子来说，都是一项至高的荣耀。对学院而言，失去那些从小就享受家庭和社会财富优势的人同失去穷人的儿子一样，都是一个重大打击。在这个方面，大学和国家的利益是一致的。当富人无知而没有教养时，国家会遭受重创。当与文化相脱离时，继承的财富则是十足的祸端。哈佛学院有时被指责带有贵族色彩。如果贵族指的是一个基于财富、出身、欧洲方式的矫揉造作的愚蠢而狂妄的阶层，那么没有什么比这更荒谬的指责了。这所学院有着强烈的美国感情和强烈的民主心态。但是，哈佛的孩子属于，并且我们希望他们永远向往属于这样一种贵族——他们擅长男子运动，拥有学术专业的荣誉和奖项，在智力劳动和战斗的所有领域表现优异。这种贵族，在和平时坚定地维护公共的荣誉和名望，在战争时第一个冲向战场。

本大学需要对当下流行的有关教育与女性就业问题讨论的态度做个简单说明。美国是这些争论的自然舞台，因为这里的女性的状况在过去和现代都比其他地方要好。美国人通常仇恨所有缺陷，无论是宗教、政治还是社会的。性别平等，无一方有特权或受压迫，是美国家庭的良好习惯。在这场伟大的争论持续期间，大学的责任是保持审慎和观望的态度。董事会不会接纳女性进入哈佛学院，也不会接受她们进入任何依纪律要求她们住在学院附近的任何专业学院。困难在于数百个个性不成熟、到了适婚年龄的年轻男女共同住宿所隐含的问题非常严重。制定必要政策法规的工作极其繁重。然而，董事会在做出这一决定时，没有受到任何对女性先天能力粗俗看法的影响。关于女性的自然心智能力，世人几乎一无所知。只有经过数代的公民自由和社会平等之后，才可能获得足以讨论女性自然天赋、兴趣和能力的必要数据。另外，董事会认为没有必要在女性是否适合专业追求这一问题上取悦一种乐观的看法。解决这一争议不是大学的工作。这个国家的大学不会承担起保护社会免受不称职的律师、牧师或医生之苦的责任，社会必须通过拒绝任用这样的人来保护自己。实际而非理论的考虑决定着大学的政策。在有的问题上，偏见根深蒂固，态度易被激怒，人们又缺少真实认知，对待这样的问题，在重大的利益攸关的关键时刻，只有一种做法是稳健或合理的——那就是小心谨慎地进行实验。实际的课题是设计一个安全、充满希望和有启发意义的实验。董事会已经计划为有能力的女性开设全新的大学课程来开展这种实验。通过这些课程，大学为那些已经受过多年良好教育的年轻女性提供她们所希望的自由文化的学习，可以肯定的是，它们没有直接的专业价值，但是能够丰富和充实智力与个性。大学希望借此促进女性的思想解放。女性在教学这一学术性职业领域已经明确地占有一席之地，学校希望以比原有程度更高的方式为这一职业培养部分女性。学校希望，通过提供这种高等教育，能够对女子学校产生投射性的影响，抵制肤浅，并且从整体上促进教育的发展。

大学的管理者是教师、监事会和董事会。大学作为一个研究和教学场所，在任何时候，都是由教师群体构成的。大学的教授、讲师、导师是知识和热情的鲜活源泉，是他们使教学成为可能。他们组合成不同的群体，包括学术教师和专业教师，每个群体实际上决定了他们自身的程序和规则。教学方法的讨论是这些群体的首要事务。实际上，大学的进步主要源于教师。在过去15至20年中，学术性教师和医学教师的情况就是典型例证。本科生通常认为学术教师的时间主要是用于进行琐碎的训练，事实远非如此。在和大学的联系上，学术教师是最活跃、警觉和忠实的群体。的确，他们经常被迫去讨论一些在没有经验的观察者看来微不足道的细节，但在教育中，技术细节作用重大。把德语作为大三学生每周一次的额外学习还是每周两次的选修课程，看似无关紧要，但是20年后，它产生的影响就是造就懂德语的一代或不懂德语的一代毕业生。通过不断地聘用辅导教师和助理教授，教师群体比大学中其他任何组织都能更快更好地“新陈代谢”。两种人可以成为好老师——年轻人和永远不会变老的人。关于学术教师的即时讨论产生大量成果，它让我们见证了自沃克就任校长以来大学的变革。人们从未厌倦这种讨论。新人继续旧的辩论，每一年的进步都不逊于前面一年。教师们的分歧从不会以新老来划分阵营，任何时候都有年长的激进者和年轻的保守者。

医学院的教师为我们提供了同一原则的另一例证——大学的

真正进步取决于教师群体。今天的医学院，其实力几乎是15年前的3倍。教学力量得到了极大提升，教学方法也有了很大改进。这个进步是医学院教师工作的成果。

既然教师如此重要，一个重要的问题是如何保持和提高教师群体的质量。大学很难找到称职的教授，很少有能力卓越的美国人能被吸引到教师这一职业群体中来。薪水太低，而且不能像其他学术职业一样通过付出单调繁重的劳动而使薪水有望逐渐提升。供求法则，或者说商品的质量与价格通过生产者和消费者之间的自然竞争得到了最好调控的商业原则，在高等教育领域从来没有得到很好的体现。尽管一些人极力倡导，但可以肯定的是，这种所谓的法则在大学中从来不起作用。原因在于父母和董事会这一方对一流教师的需求是一种天真的需求，而接受过高度教育的教师的人数如此有限，使得“消费者”没有充足的机会了解他所需求的真正质量。这个原本就很糟糕的判断，对他来说，将一直是个糟糕的判断，原因在于没有足够充分和多样的供给可以让他增长见识。况且，需要并不必然是需求。每个人都知道，即使在市场上商品供应充足且购买者非常了解的情况下，这条法则在防范短斤少两和掺假方面也非常不完善。即使是最明智的社会群体，他们在买衣服和杂货时也可能防范不足。在对知识、感召力和个人影响力的雇用上，供求规律完全失效。我们不能像管理一条铁路或一个棉纱厂那样来管理一所大学。

但是，学院教授的状况在两个方面的改进是切实可行的，并将产生不错的效果。他们的定期津贴必须也必然会提高，现在困扰他们的重复劳动数量必须减少。选修制的一个重要特点，就是通过缩小班额、专业细分以及增加课程种类，让教授们的工作量变得适度。

经验告诉我们，能力最强和最忠诚的教授在增进知识方面会有所贡献。或者，如果他们自己的创造很少，也会捍卫、解释或传播他人的贡献。然而，这一代美国学者的主要工作是定时且刻苦的课堂教学。除了捐赠的天文台之外，大学没有用于确保学者闲暇和从事原创研究的财富。

监事会的组织和职能，值得所有对美国那种通过私人组织机构向社会提供高等教育的方式感兴趣的人认真关注。自1866年以来，监事会成员均由校友选举。每年选出5位，任期6年。因此，这一机构有很多明智的支持者，并且更新很快。在任何一年，提名人数都两倍于实际席位数，这种新颖独特的方式作为一种可能应用于政治的手段值得认真研究。监事会真正的功能在于激励和监督校长和大学成员。没有监事会，校长和大学成员将成为一个自我维持和自我控制的私立董事会。由于有两个管理委员会，大学享受了所有美国政府拥有的那种重要保障——法理、权力和特权基础不同的两种机构的天然对立。在与董事会共同关心最深层意义的大学的福祉和学问的进步的同时，监事会成员应当永远对董事会保持警惕怀疑的态度。他们应当永远对董事会施压和监视。监事会所行使的公共监督职能的重要性很难被夸大。经验表明，我们对大学功能的持久维系和不断扩大的期望，必须依赖这一双重的组织方式。英国那种建立单一的私立董事会组织，根据某个或某些创建者的个人指导经营大学或慈善机构的方法，无疑已经被证明是非常糟糕的。如果我们用几代人来算的话，以这种方式建立的机构已经被证明寿命不长。如果没有监事会的存在，导致英国捐赠学校（endowed schools）衰落的同样原因，也会威胁到大学的生命。这些学校通常通过封闭的法人团体来管理，自我选举，自我控制，缺乏活动动力，完全没有外部的刺激和帮助。这种机构对人来说太没有责任感约束了。通常到了在这种机构供职的人生阶段，休息才是愉快的。最容易的活法往往就是最好的活法。碌碌无为虽然实际要承担更大的责任，但看起来要比有为轻松。这些机构经常因为创建者的遗嘱，以及既没有办法执行，又阻碍系统改进的法律条文而受到束缚。目前对此类机构还没有全面的督导和公开的报告。我们不能洋洋自得，觉得在同样的条件下我们总是可以安全地防范这种危险。被令人震惊的辱骂激怒后，英国一些教育界的友人甚至宣称应该毁掉所有这些对学校的捐赠，将来也没有可能建立这种信托机构。法国的法律则实际禁止私人创建这种信托机构。

与监事会成员对大学的监督和对其状况公开报告的权力紧密联系的，是他们在提供建议和督促改进方面的重要职能。一所规模庞大的大学的惰性是十分可怕的。如果好的过去使我们满足现状，不为未来做准备的话，这无疑是危险的。我们的监事会目前的章程，已经激励新英格兰的其他几所学院的校友，并要求对拥有学校所有权的迄今为止作为唯一权威来源的董事会具有类似的控制。

我们现在来谈谈大学的核心——董事会。这一机构掌握基金、负责任命和制定薪酬，是大学组织法律所有变革的推动者。这个执行机构必须小才能高效。它必须包括在财政上有着良好判断力的人，且以文学和学术为业的人士在成员中的占比应该得到充分体现。董事会的成员应该缓慢进行更换，因为对大学而言，管理机构有稳定的目标以及独立于个体和代际传承的主流精神是至关重要的。这种精神应该是什么呢？第一，它应该是一种兼容并包的精神。大学必须是本土的，必须富有，但是首先它必须自由。自由之风必须吹遍大学的所有地方，就像飓风卷起麦浪。学术自由的氛围是文学和科学的原生空气。这所大学有志于通过培养具备学术诚信和思想独立的人为国家服务。董事会要求它所有的教师庄重、虔敬和高尚，但给予他们与学生同等的自由。大学不是由某个教派创建的，而是由国家创建的。

第二，大学的推动精神必须是一种忠诚的精神——忠诚于数百无论贫穷或富有，都怀着为地球带来永恒福祉的美好愿望而为校长和哈佛大学教师提供资金的人们的委托和信赖，董事会一直在尽最大努力使这些愿望变成现实。199年前，威廉·彭诺耶（William Pennoyer）将英格兰诺福克郡的一些土地的租金捐出，用于这所学院“永久教育、培养和保持两名成员和两名学者”。这一捐赠的收入从未落空。今天，四项“彭诺耶”奖学金的其中一项是威廉·彭诺耶的弟弟罗伯特的直系后裔在维持。同样，丹弗斯总督（Governor Danforth）的一位直系后裔受益于丹弗斯1699年给这所学院的捐赠。董事会无论事大事小，都同样竭尽忠诚。他们在一个方面受到极大的祝福：董事会的整个生命周期历经七代人，其中无人因为管理或服务的疏忽造成损失。对所有委托的严格忠诚是董事会最宝贵的财富。有了这一点，学院就算失去所有一切也能生存。这一点如果丧失且无法修复，大学将时日无多。立遗嘱的人在处理他们的捐赠资金时，首先看的就是机构的可信度和持久度。董事会感激所有可能增进知识的捐赠，但是，他们相信，如果捐赠应用的领域不被限制得太窄，大学的福祉可以得到最有效的提升。无论何时捐赠者提出请求，董事会都会同意将每位捐赠者的资金单独放到捐赠者的名下，全程确保这笔资金用于捐赠者指定的目的。但是，通过这种特殊投资，将特殊捐赠吸纳进普通基金的保障措施消失了。独立设立的基金，可能因为设立中的一个错误判断而受损甚至丧失。在一代中，这种损失很小，但是数个世纪累积起来它就很可怕了。一般性的指定，如薪水、书籍、宿舍、公共建筑、本科生和研究生奖学金、科学收藏、实验室花费，都有持久的意义和作用；同时经验表明，在资金使用上的规定如果太具体琐碎，往往会由于数代人之间不断变化的需要和习惯而无法执行。

此外，董事会还应该充满进取精神。一个如这所学院的机构，当满足于所获捐赠而裹足不前时，它就会走向衰老。在基金投资上，委员会应该一直致力于寻求如何安全地再赚0.25%——0.25%意味着一个新的教席。它应该不断寻求更多的教席，更好的教授，更多的土地和建筑，更好的仪器设备。它应该保持热切、不眠不休和不知疲倦，从不浪费时间去计算已经赢得的荣誉，随时欢迎和应用社会的慷慨捐赠，在学问和公众美德事业上，心系于需要克服的困难和需要完成的工作，而非展望前景如何。

先生们，你们已经看到了我所描绘的这所学院董事会的真正精神。我已经描绘了新英格兰特征的高贵精髓——这一特征使我们成为自由智慧的人民。上帝保佑，这一特征也将为提升人类福祉做出重大贡献。

除了肩负的责任，董事会的实际工作比人们想象的要繁重得多。在过去20年中，大学事务的数量和复杂性已经大大增加和提高。依赖董事会每位成员的时间和思想完成的任务确实繁重。在这些日子里，董事会的工作得到了高度赞誉。

大学校长主要是一名执行官。但是，作为两个管理机构和所有院系的一员，在辩论中，这或多或少会影响他与大学的完美密切关系，他的个人影响力的大小可能碰巧使他有资格这么做。一个事必躬亲的管理者，做得其实很少，而且很少的这部分也做不好。校长的首要职责是监督。他应该了解每位工作人员和雇员的工作是什么，以及各人是如何完成工作的。但是，要求校长决定一切——从购买门垫到任命一位教授——的时代过去了。政府、工厂、巨型公司所通用的，使一个现代军队的运转成为可能的责任分割和下放原则，必须运用于大学。校长应该有能力辨明复杂而旷日持久的讨论的本质。他必须知道理论中哪些看似有前景的部分应该经过实验来检验，必须确定有哪些可取的事情同时也是可实现的，必须明白在很多项目和方案中哪一个是最成熟且可以实施的。他必须把握一切可以赢得资金的机会，寻找杰出的教师和学者，影响公众的观念去增进知识。他应该具有前瞻性，预见公众对教育问题的舆论波动、供养大学的机构的进步、大学提供的职业变化状况、新兴职业的兴起、社会和宗教习惯的逐渐改变等因素对大学的影响。大学必须及时调整自己以适应其所赖以生存的民众特征的显著变化。任何国家的高等教育机构都是一面忠实反映其民族历史和特征的镜子。在这个流动性较强的国家，大学与社会之间的作用与反作用，总体上比僵化的国家更敏锐和快速。因此，校长不需要在理解建造一所房子的计划之前先看到房子的建造过程。他可以通过与各种各样的人进行广泛的交流，并通过对教育、立法和社会学的每一次真正的讨论来获益。

大学校长最重要的职责是在教师任命上为董事会提供意见，特别是对于那些暂无时间和机会向大众证明自己的年轻人的任命。校长正是通过履行这一职责掌控着大学的未来。除非他有洞察力，除非他能够（有时透过表面）辨别出真正的绅士和天生的教师，否则他不可能做好这项工作。这是校长的一项沉重责任：与之相比较，其他所有的职责都要轻松些。每天看到一项错误的任命带来的恶果，必然会是一种最残酷的折磨。幸运的是，一项明智的任命所带来的益处也是不可估量的，而且这里和别的地方一样，善比恶更具渗透力和扩散性。

现在，为了使较轻的职责不会排挤较重要的职责，至关重要的是规定校长职责的法规必须重新修订，学院的风俗习惯应有所改变。但是，无论校长的职责多么重要，千万不要忘了他是一位坚定的大学章程执行者。重要的是他的个性和判断，而不是他的观点。他是一个审议机构的执行官，主持讨论之后通过投票结果做出决定。这些决定约束着他，他不能将自己的观点强加于任何人。大学是这个世界上最容不得独裁者的地方。学术界永远是一个共和国。这里可以有偶像，但不能有主宰者。

社会可以为大学做什么呢？它可以热爱、尊敬和珍惜大学。热爱它、尊敬它吧！大学是依靠公众的感情和尊重来维系的。在它的孩子们对它的忠诚中，它找到力量和勇气。董事会、监事会和一些教师群体需要感觉到，公众舆论的领导者，尤其是学院的“儿子们”站在他们身后，随时准备给予他们慷慨和明智的支持。因此，我们欢迎州的最高长官、参议员、法官和本州其他政要出席这个古老典礼，见证马萨诸塞州从它这所最古老的大学所感受到的荣耀。因此，我们为今天出席典礼的广大校友感到高兴，这证明了他们对学院的热爱，这里尽管一切都变了，但依然是他们的家，请珍惜它。这所大学，尽管在美国学院中还算富有，但与欧洲伟大的大学相比依然十分贫穷。美国社会的需求已经远远超出了大学所能提供给它们的范围。我们必须尽力同时满足少数精英和多数普通人的需求。我们不能忽视艺术。除了军营之外，我们同样需要森林和草地。在这个急剧扩张的城市里，不久之后我们将没有机会得到这些。但是，首先，我们需要教授、书籍和仪器以加强教学和学术研究。

那么，大学会为社会做什么呢？首先，它将以知识、诗歌和虔敬作为丰厚回报。其次，它将培养公共责任感——这一成就共和国的伟大美德。哈佛学院的建立是践行公共精神的一次英雄之举。一个多世纪以来，这个州的公共精神以及个人捐赠维系了它的生命。过去50年中，大学友人的公共精神已使捐赠基金达到了以前的四倍。那么，接下来几代在这里接受教育的年轻人如何回报创建者们的虔诚关照呢？他们崇尚自由和热爱自己的国家吗？作为回应，我们应该为国家提供优秀的服务，为参议院、内阁、外交部门、陆空军和海军培养人才。在座的各位尊敬的先生，向世界展示了这所学院毕业生的公共素质。他们的服务并非为了利益。其他的劳动领域更吸引他们，而且会更好地回报他们。但是，他们内心充满了共和国应有的崇高理想。最近，一直有人质疑，文化是否是无私的，品位高雅的人是否真的热爱自由和准备为此忍受苦难？简言之，这个世纪的绅士是否像过去忠诚于国王一样，忠诚于崇高的理想？那边的旧操场，是纪念这里所培养的男子气概的合适地点，在那里不久将建立一座雄伟的纪念馆，世世代代向这些肤浅的质疑提供令人信服的答案，因为在纪念馆的门口处将写着“纪念为国献身的哈佛的儿子们”。这所大学的未来将无愧于它的过去。

二

在丹尼尔·科伊特·吉尔曼就任约翰·霍普金斯大学校长典礼上的致辞

在丹尼尔·科伊特·吉尔曼就任约翰·霍普金斯大学校长典礼上的致辞

（1876年2月22日）

这个国家最古老的大学热诚地欢迎一个最年轻和杰出的盟友——一个有着雄厚物质资源和崇高目标的盟友。

约翰·霍普金斯大学的董事们和先生们，我对你们的崇高工作深表祝贺。巨额财富——长期努力和智慧累积的财富果实中最重要的一部分，已经交到你们手中。在慷慨与智慧兼备的条件下，这些财富将被用于一项为下一代提供自由文化的公益事业。你们的董事会拥有强大的权力。它必须保存和管理大学的财富，任命人员，确定薪资，同时将具体的法律和行政事务交给一些即将设立的院系处理，它还必须规定大学的基本章程。随着时间的推移，你们的任务和工作会日益繁重。但是，幸运的是，依据这个国家建立的优良传统，你们将无偿地服务于与你们的工作密切相关的公益事业并因此获得助人的快乐。激励你们董事会的是一丝不苟忠诚于使命的精神以及提升大学福祉和增进人类知识的不竭热情。从无私、慈善和永恒性来看，你们的工作可谓世所共知且无与伦比的纯洁而高尚。愿你们所肩负的神圣工作得到当代人善意的同情和耐心的期待，并获得子孙后代的钦佩和感激。

这所在约翰·霍普金斯先生慷慨捐赠中崛起的大学必须是无宗派的。没有什么比建立这样一所大学更合适的了。现在的一种普遍观点是，非宗派学院或大学必须无宗教信仰，但是，宗教控制的缺失不应与缺乏虔敬相混淆。一所管理者和学生来自很多不同教派的大学，与一个宗教信仰多样化的社区一样需要虔敬。如果对大自然和人类的所有属性和工作进行的彻底研究，比如大学所做的研究，导致了学者们的不虔敬，这将是一种可怕的预兆。但事实并非如此。相反，这样的研究使人们时时面对不可思议的神秘，让人心生谦卑和敬畏。大学的全部工作是提升、完善和精神化。它包含[1]：

> 触及生命的一切事物
> (Whatsoever touches life)
> 带着向上的动力；神无所不在
> (With upward impulse; be He nowhere else)
> 凡解放与升华之处，皆有神
> (God is in all that liberates and lifts)
> 凡谦卑、喜悦和慰藉之时，神亦在。
> (In all that humbles, sweetens, and consoles.)

一所大学不能建立在一个教派基础之上，除非整个国家所有

---

① 译者注：出自哈佛出身的美国诗人和批评家詹姆斯·罗素·洛厄尔（James Russell Lowell）1870年出版的《大教堂》（*The Cathedral*）。

受过教育的人确实都属于一个教派。这所大学不限制管理者和学生的宗教信仰，也不向他们强加任何宗教组织的教义。尽管如此，但我更应该说的是，它更能够通过高尚的教师产生强烈的道德和宗教影响。它能够为年轻人的大脑植入崇高的情感和有价值的抱负，在他们心中注入荣誉、责任和使命感。

市长先生，我祝贺巴尔的摩，几代人之后，她将拥有一所富有而有强大影响力的大学。对她的市民来说，大学的场地和建筑将会成为他们的兴趣和骄傲。大学图书馆和它的藏书是人类已经掌握知识的仓库，由此继续开启未来新的发明和进步。它们是所有文明社会的重要财产。社会的氛围将因为大量受过高等教育之人的存在而显著受到影响，他们在平静而简单的生活中将自己投身于哲学和教育，致力于人类共同追求的目标。大学将保持高度的公共责任和公共精神，扩大受教育的阶层，他们的与众不同，靠的不仅仅是财富，还需要良好的教养和精神。

我祝贺马里兰州，她的行政首长出席此次典礼，亲自见证一所独立的高等教育机构的建立。对于一个自由州的存在而言，小学并不比大学更有必要。公立学校系统依赖高等教育机构，而且没有它们就不能保持真正的功效。在很大程度上，学院、大学和专业学校履行的是公共职能。它们的工作主要而且确实是有赖于个人完成，但最终是为了公众利益。它们在形成和塑造公众品格方面发挥着强有力的作用，而公众品格是一个州一切宝贵事物的基础，其中甚至包括物质财富的繁荣。在培养法律和医学专业人才方面，这所大学将为马里兰州和临近的州提供很好的服务。在过去的40年中，联邦绝大多数州对这些令人尊敬和信赖的职业的管理规则一直随意放松。由于我们草率地放弃了我们父辈所采用的更安全的方式，无论在物质上还是道德上，我们现在都正遭受着巨大的损失和伤害。运用充分的途径把年轻人培养成这些职业的良好专业人才并为这些专业学位确立高标准，是这个国家的优秀大学职责所在。

尊敬的丹尼尔·科伊特·吉尔曼（Daniel Coit Gillman）校长，这一杰出人士的聚会为你鼓劲喝彩。我欢迎你承担此项艰巨的任务和重大的责任。在日常的生活中，你将不会看到自己大部分的劳动果实。因为创建一所大学不是一两年的事情，而需要几代人的努力。尽管“未竟之事业会给实干家带来压力”，有时难免感到焦虑，但是你的工作享有一项巨大的殊荣。在日常工作中，你将主要和那些受过良好教育和受人尊敬的人士打交道，这是一种宝贵的特权。看到前赴后继的年轻人充满希望和勇气，每年持有更好的装备奔赴生活的战场，这是一种多么令人高兴和欢欣鼓舞的景象。这是一项通过提升文化来服务国家和社会的特权。但最重要的是，你将享受将自己毫无保留，或“不求回报”地彻底奉献给高尚的公共事业的巨大幸福。对于今天你所公开承担的职责，由于个人经历我深知它的性质，熟知它的忧虑和劳苦、希望和恐惧、考验和成功，我与你分享它带给你的快乐，并欢迎你加入到这项需要全身心投入的事业中来。

这个国家的真正伟大不在于领土、收入、人口、商业、作物或制造业，而在于非物质的或精神的东西，在于人民的纯洁、坚韧和正直的品格，在于他们所创造的诗歌、文学、科学和艺术，在于他们的历史和生活的道德价值。对国家和个人而言，只有至上的道德是亘古不变和永存善念的。大学，通过明智地管理和储存人类的知识资本，成为精神和道德力量的源泉。因此，我们整个国家和你们一样高兴，因为你们正充满希望地在创建一个学问和虔诚之所。在这里，愿年轻人的双脚避开充满低俗欲望和世俗野心的肮脏道路，谦卑地跟随往昔已逝英才——诗人、艺术家、哲学家和政治家们的脚步前进。在这里，愿新思想开拓崭新的领域和增进知识。在这里，愿伟人被培养成人民的领袖。在这里，愿不时会有让人类欢呼的天才光芒闪现。最重要的是，在这里，愿一代又一代的年轻人学会公义。

三

教师的任期

教师的任期

马萨诸塞州教师协会

（1879年12月30日）

我不打算讨论这样一个问题，即一个为期一年的学校委员会是否可以与一名教师签订一份比他们自身任期更长的合同。如果公众舆论认为，在保证良好的行为和效率的情况下，教师的任期是权宜的和可取的，那么就可以找到一些合法的方法来获得所期望的东西。

略过这个暂时的难题，我们马上就会问，在公立学校，教师最合适的任期是多长？对于这个重要问题，我认为不可能立即给出绝对的答复。有一个优先的问题需被审慎地考虑，随后的问题才可以得到合适的处理。终身任用一位没有合格证明的教师显然是荒谬的。长期任职意味着负责聘任的官员要做出审慎的选择。如果没有明智的选择教师的方法，则任期越短越好。西部某个城市的一名学监曾经告诉我，他们所有的教师每年都要参加三次候选，他希望次数还能增加。他说，经常有清退教师的机会是必要的，因为有许多不称职的人被任命，原因是教师的任用采用由赞助者提名的办法，这在美国是常见的情况，但赞助者在很大程度上没有能力区分有潜质的和没有潜质的候选人员。

很显然，在实施教师的长期任期之前，一个健全的选择和证明体系必须建立起来。离开选择问题，我无法讨论任期问题。审慎选择的方式有两种。一是学校所教课程的考试，以及其他诸如此类最能展示候选人能力的考试。这些考试应包括一系列可选课程，因为需要检测的是候选人的学习能力而不是实际所学，而且这些能力在什么特定的知识领域得到发展无关紧要。二是在教师工作主管人员监督下的试用期服务。如果要用适当的审慎方法选择教师，试用期的实际服务就不可或缺。因为考试只能测试知识和准备状态，而优秀的教师还必须有责任心、热情、奉献精神和性格力量。是否具备这些品质，只有在实际教学中才能体现。

我认为可以有三次连续的试用期。第一次的期限应该短些，不超过一年。第二次应该长些，但不超过三年。第三次，也就是最后一次，应设为五到六年。通过一段时间足够长的试用期，让教师步入30至32岁的年龄段，将为他们带来一个很好的优势。到那时，男人和女人通常都将展现他们未来可能的样子。一些早期的蓓蕾可能枯萎，有些迟开的花朵则以非凡的活力生长。此外，领薪人士通常在这个年龄之前已经结婚。结婚通常会妨碍一名女性的教学工作，而对于男性，这常常是一个严肃的变化，通常是变好，有时是变坏。

然而在这里，我们遇到了一个严重但并非不可克服的困难。除非有能力且负责任的主管人员监督每一次任命所提供的服务，并掌控决定教师留任与否的权宜，否则试用期是没有任何用处的。因此，主管人员的监督和检查是首要的。很显然，一个轮替制的、不拿报酬且非专业的组织，如学校委员会，是没有能力充分履行监督和检查职能的，他们必须把这项工作委托给具备高尚品格、良好判断力并能长期任职的专业人士。没有必要证明教师长期任职制度单单依靠称职的学监和督察员就可以成功实施，他们自身的位置相当安全，并且实际上是长期任职的。长期试用意味着对候选人的长期观察，是一项刻意设计和不断追求的永久性政策。

波士顿学校委员会组织一个常设监事会的努力应该得到所有专业教师的衷心支持。因为对于改善公立学校教师状况和前景的全面计划的成功而言，维护这种稳定的权威非常重要。

现在假设在30至32岁这个年龄，一名教师已经给出了所有经全面的初步检查和长期的试用期所提供的关于未来有用性的证明，我们会问，最终任命的性质是什么？从专业和社会的利益考虑，它应该没有时间限制。反复的候选也不应该出现。然而，教师应该因不能充分履行职责或行为不当而被免职。此外，我们还应该建立一项基于退休金或年金的定期的教师退休计划。在这里，我要提到一个关于任期问题的无法回避的后续问题：从逻辑上讲，长任期包含退休金和年金。此外，还应该有一个绝对的安全措施，防止每一个获得永久任期资格的人被削减薪水。如果城市和城镇的财政状况迫使削减教师薪水—— 一个几乎不可能的假设的发生，这些削减应该只针对新任命的教师，永远不应针对老教师。我知道，这一良好的公共管理原则正被我们的联邦、州和地方政府肆意地违反。但恕我直言，我们的各级政府在这方面的做法是极度野蛮、无能和不经济的。需要注意的是，这个评价只适用于公共管理。工业界或其他收入不稳定的私企雇员不能在商业逆境中得到完全的保护。但是，政府，无论是联邦、州还是地方政府都应该为他们的雇员提供两项回报，这在很大程度上可以取代即时的货币支付，即收入安全和公共关注。抛弃或不利用这些显著优势，对政府而言是一种恣意挥霍。

从每年重新候选的必要性和减薪的担忧中解脱出来，将大大提升教师生命的尊严、独立和自由。使人得以从对未来的焦虑中解脱出来是多么大的恩惠啊！在早年生活中，只要一个人乐意不断变换自己的人生追求，一个不确定的任期并不是什么巨大困难。但是，当生命的黄金时代过去，僵化的头脑虽然仍适合熟悉的劳动，却不再容易适应新的挑战，一个不确定的任期会给一个个性谨慎、把未来交给命运的人带来可怕的焦虑。

一个有保障的职位所赋予的独立性是多么珍贵！这对教师来说是珍贵的，对公众也极具价值。任期的保障会增加公众对教师工作的重视。毫无疑问，实际的任期长短对任何非纯粹的政治性工作的尊严都有非常大的影响。

那么，让我们想象一下具有代表性的被证明有能力的教师基于良好的行为举止和有保障的足以支撑普通家庭生活的工资，在30至32岁这个年龄得到任用。他将过上宁静、独立和高尚的生活，在我们所熟知的人类年龄范围内延长寿命以及身体和精神活动的时间。有些人自然会问，我们在这里没有遇到对长任期制度的强烈反对吗？将来学校里是不是全是上了年纪的教师？在一个完善和健全的制度下，当然不会。为退休的老教师提供合适的退休金是长期任职制度的必要补充。对任何一个城市或城镇而言，当教师对工作感到疲惫、效率低下，校方又没有合适的方法将他们清除出学校时，无限期任命一个即便有合格证明的教师都是非常轻率的。退休金制度的可取之处有三。第一，它能使一个有意愿从长期的日常繁重劳动中解脱的老教师荣誉退休，享受世人公认的他应得的休息。第二，它使城市或城镇能够以一种体面、公正和可接受的方式让那些忠诚但其服务不再被需要的教师退休。第三，习惯性使用退休年金（部分是自愿认领，部分是非自愿接受)，使得教师晋升的速度比其他任何时候都要快。这是一个伟大的目标，教师职业本可以吸引雄心勃勃的年轻人加入，但缓慢的晋升前景阻碍了他们。在不同国家和不同服务领域，有很多种养老金、退休年金或养老金津贴制度，如果不做修改，没有一种能够完全适用于我们的公立学校，但将它们综合起来却可以为我们设计一个明智的计划提供安全指导。

显然，任何退休金制度的管理都必须委托给一个教师和公众都可信赖的永久性权威机构。在这里，我们再次面临需要一个由公正和明智的监督员组成且长期任职的委员会的问题。

以上所述就是组织良好的公立学校服务的三个主要特点：通过考试和试用期谨慎选择教师；没有时间限制的最终任用；退休年金制度。这些原则，无论是公开承认的还是默认的，都是世界上每一个公正、经济、高效的公共管理的基础。毋需怀疑这三项原则制度的可行性，因为在几个高度文明的国家里，这一制度组合长期以来都在践行。

我恳求你们，不要被肤浅的批评者肯定用到的某些令人震惊的形容词——例如不民主的和非美国的——所吓倒而拒绝坦诚地考虑我所提出的建议。我所提倡的任用方式代表着在有能力做出裁决的主管人员面前的没有限制的和长期的竞争，它既消除了所有不当影响，又不存在任何从中得到偏袒的可能。在我看来，这一过程显然比美国现行的获得公共职位的方式更为民主。众所周知，这种现行方式包括：首先就某一职位向那些在大多数情况下对该职位的职责或申请人是否适合知之甚少的人士征求建议；其次，这个职位本身掌握在某个赞助者手中，他大概没有能力做出明智而审慎的遴选，并且他本人拥有这个权力的时间也只有一天。当这种赞助方式被称为比公开竞争更民主时，话语已经没有了意义。

不能认为长任期本身是不民主的，因为即使在年度候选的规定下，这个城市的校长职位的实际任期通常也很长。在很多其他公共服务领域，比如学院、中学（academies）[①]、银行、保险公司、制造企业、铁路公司，长任期制都是司空见惯的，它的优势很容易被理解。也不能认为退休金是不民主的，看看支付给士兵、水手、法官的国家退休金，或支付给警察和消防员的市政退休金，这种指责起码是不成立的。事实上，两个伟大的政党都害怕对方会先一步投票赞成退休金。

但是，关于"非美国的"，我该如何应对这一轻易提出的反对意见呢？它太过于不可捉摸了，以至于无法通过辩论加以反驳。这里提倡的公共管理制度是非美国的，仅仅指的是此时此刻没有在作为一个整体的美国的所有地方得到施行。但是，让我们怀抱这样的希望，即接受事实并且取得进步并不是非美国的。

我们只需要秉持公正、科学的精神谨慎地探究，当前的制度是否建立在人类文明的真正需要和理性欲望之上，并且是否符合常识和公义。如果是的话，那即便它不存在于今天的美国，但我们不是应该努力让明天变得如此吗？人民的奉承者向他们保证，他们不需要向其他国家学习，因为他们目前的意见和做法是最明智的。但奉承者更应对人民的智力和正当目的有坚定得多的信念，认为人民一旦理解了任何能够被证明比现在更人性、公正和有效的管理措施，他们都会采纳。

---

① 译者注：academies 指（美国或苏格兰）中学（在美国尤指私立学校）。埃利奥特在谈及教育（尤其是中等教育）时，用过公共学校（common schools）、公立学校（public schools）、私立学校（private schools）和捐赠学校（endowed schools）等词汇，为了与文中的私立学校（private schools）相区别，因此将 academy 翻译成"中学"，通常指美国私立高级中学。后同。

四

论牧师的培养

论牧师的培养

《普林斯顿评论》(*The Princeton Review*)

(1883年5月)

我要写的东西只适用于新教牧师，而且大多数情况下，仅指这个国家的新教牧师，尽管我论述的很多事实和原则在欧洲具有和在这里同样的意义。在开始时，让我保护自己以避免三种可能的误解。第一，在敦促大力提升牧师教育的时候，我的意思并不是说不需要没有受过教育的牧师。在这个世界上，可能存在一些虔诚的、未受教育的布道者，但很显然，培养这样一类人不是大学和神学院的工作，而且这类布道者的无限供应不能满足社会对受过良好教育牧师的需求，哪怕是最小需求。第二，我很清楚，天才不是通过系统训练和制度化教育培养出来的。他们靠的是自我教育。他们不能容忍通畅之途，而是去跨越普通人难以逾越的障碍，冲向所有教育的目标——能力。但是，无论牧师还是其他任何学术职业都没有太多的天才。在任何职业中，一千个人中都难以有一个人能迸发出一点天才的火花。一个常见的实际问题是，应该如何训练和培养那些勤奋、虔诚且天赋良好的年轻人，使他们拥有智力和道德上的优势？第三，如果在这篇文章中，我没有提及牧师的敏锐、热忱和虔诚等品质，并非因为我不知道这些品质对他的工作成功的重要性。我只打算探讨牧师培养的环境和智力要素，不涉及精神层面。

尽管我的主题有限，为方便起见还是可以分为以下两点：第一，一百年来，新教牧师的地位和环境已经发生了根本变化；第二，为了更好地适应现代社会，应该对牧师的传统培养方式做出比以往更大的改变。

一

第一，不到几个世纪前，牧师是唯一能读会写的人。仅仅一个世纪前，在所有能够被称为文化阶层的人中，牧师占了绝大多数。1761至1770年的十年里，在哈佛毕业生中牧师的比例是29%，耶鲁的是32%，普林斯顿的是45%。换句话说，所有受过教育的人中，有三分之一是牧师。1871至1876年的六年中，哈佛毕业生中牧师的比例是5.75%，耶鲁的是7%，普林斯顿的是17%。这就是说，这期间这些大学的毕业生选择牧师职业的人数不超过十三分之一。我最近发表了一份1226名哈佛学院近期毕业生的职业统计表。这份表格显示，三分之二的哈佛毕业生选择了所谓的专业职业，即法律、医学、神学、科学和教学领域的工作。但在这三分之二的毕业生中，每十三个人中只有一个是牧师，其余十二人都认为自己在智力和能力上完全和当牧师的不相上下。但是，如果我们充分意识到，今天的牧师遭遇了与一百年前他们的前辈们所面对的完全不同的竞争，我们就必须超越这些统计数据，考虑一百年前其他所谓专业职业的不发达状况以及我们现在所说的媒体的缺乏。除牧师培养体系外，当时没有任何公共措施用于为任何专业系统训练男性。一个年轻人如果想当律师或医生，只能跟随一些有经验的律师或医生学习。今天在高中、中学和古典私立学校从教的教师阶层在当时根本不存在。科学职业则并不像想象的那样。法律事务主要与房地产纠纷和债务催收的监禁程序有关——当然，一些居住在或临近于海港地区的知名律师会涉足与航运或政治有关的业务。医学在那时还是一门经验主义的艺术，虽然有少数极富天分的从医人员，但理发师充当外科医师和无知的助产士的现象还尚未绝迹。在这个比较中，最重要的是，现代报纸、期刊和廉价书籍在当时都不存在。在上个世纪，除了极少数能买得起昂贵书籍的人，每周的布道和祈祷会几乎是我们的先辈唯一的智力活动。在我们这个时代，一个男性四天的劳动所得可以支付的读物，要比一个普通农民或机修工的家庭一年中愿意阅读的东西还要多，具体来说就是一份当地报纸、一份宗教报纸、一本杂志，还有一些廉价的时事书籍。最安静的村庄、制造业重镇和海港的牧师在和媒体这位新“教师”竞争，后者通过定期和频繁的公共邮件向每个家庭提供教育。因此，很明显，在过去的一百年中，牧师的竞争对手在数量和影响力上都有了惊人的增长。

接下来，让我们考虑今天的社会状况和钱宁[①]出生时（1780年）有多么不同，以及自革命[②]影响牧师职业以来，社会发生了多么剧烈的变革。着眼于商业、慈善、宗教、教育或娱乐业发展的联盟原则已经大大扩展，相当于引入了一项新的原则。过去有合伙企业，很少有基于商业目的的公司，更没有现代意义上的公司。教会由唯一的法人团体——国家支持。在我们的革命时期，“经营”这个名词在字典里根本找不到，那种人类生活方式还不存在。没有对诸如酗酒、卖淫、离婚和贫穷这样的社会弊病的持

① 译者注：威廉·埃勒里·钱宁（William Ellery Channing）。
② 译者注：指美国独立战争。

续讨论，也没有与这些罪恶进行斗争的相关行动。贫富差距远没有达到我们现在这样的广度和深度。我们的先辈的表现就好像在最适宜的生存法则被发现的一个世纪之前，他们就已经预先接受并默许了它。他们中的体弱多病者死去，精神错乱者在无望的监禁中备受煎熬或狂躁不已，贫穷和懒惰者饱尝饥寒之苦。没有任何一种慈善观念会干扰他们对上帝审判及天命皆苦的确信。没有任何卫生学的建议让他们感到不安：他们认为病痛是上帝的愤怒导致的结果，可能在更大程度上要归因于人类的疏忽。公众对所有这些问题的信念和期望发生了多么大的变化啊！在今天，无论多么困难，没有什么社会问题是牧师不希望去思考并准备采取行动来解决的。然而，与这些问题有关的罪恶的起源和发展都极其复杂，对它们的补救措施是众所周知的难以设计和应用，进展缓慢，在实际操作中难以执行。在这些问题上，感情用事往往很不可靠。最冷静的哲学家，即便熟知政治经济学、医学和代表公共道德立法的历史，也常常犯错。所有这些困扰今天的牧师的困难都是最近才发生的。在这个国家，它们的出现很少早于本世纪。在我们祖辈发展的鼎盛时期，化学、动物学和地质学等学科还处于非常初级的状态，电力几乎还没被发现。此外，没有任何自然科学得到普及。归因于上帝的说法还没有与上帝的话语原文进行过批判性的比较。

第三，我们会看到，在一个世纪内公众的情绪在几个方面经历了一个奇妙的变化，极大地影响到牧师职业。首先，所有权威的影响力都大大减弱了，公认权威的来源与一个世纪前有很大的不同。像世俗统治者一样，神父已经失去了以往让大众产生敬畏之心的魔法或巫术，在我们国家的新教徒中，牧师的神圣权力就像国王的神圣权力一样已经逝去。现在，牧师的权威来自他品格的纯洁和力量、智慧的活力和学识的深度，以及其演讲的感染力。坦率、知识、智慧和爱都能赋予他权威。他的服饰、公职、神圣的品格不再像以往那样靠自身就能给他带来尊重。形式、仪式和礼仪可以保护他免受粗鲁的攻击，但不能赋予他一丝的威势。其次，现在的人们对所有事情和所有人都提出质疑，不接受任何未经检验的东西。他们发现，讨论常常引出真理，争论对很多难题有益，在某些情况下，几个脑袋总比一个脑袋强。因此，他们已经学会了不信任所有不容置疑的说教，在信奉新的信条之前等待很多人的认可。我们几乎不知道最近公众是如何获得这些宝贵习惯的，也不知道这些习惯在多大程度上影响了牧师的地位。在现代人看来，律师每天都要和他的对手交锋，商人要和他的竞争者打交道，政治家要应对他的政敌，但没有人回应牧师。人们认为，一个受保护的人可能不是一个强大的人。本世纪以来，在我们国家，政治思想对神学思想产生了强大的影响。古老的君主和军事隐喻长期以来一直被用来阐述上帝的本质，但在我们今天的时代，这些隐喻不再像以往那样有说服力。因为国王、王子、征服者和耶和华的头衔都不像以前那么威严了。在我们脑海中浮现的“我们的国家”这一伟大而美丽的形象，是一个比人类的任何君主统治者更值得忠诚的对象，一个比无限的上帝更好的象征。在多数人的福祉开始被认可为主要目标，也是人类政府的唯一合法目的的短时期内，人们关于上帝政府的观念已经大大改变了。当人们认识到世俗政府是可行的，并且在政府的所有正当目标得到认可的这短短几代人的时间里，这样的政府已经能够理智地改善广大民众的境况，他们自然开始怀疑人类是否完全堕落了，是否上帝政府的永恒目标就是从芸芸众生中选出少数的人幸福地生活在这个地球上。他们质疑包含这类学说的所谓启示的真实性，也不再信任那些宗教教师，他们的信条似乎与人们所珍视的政治信念和希望背道而驰。以前，宗教因为错误地看待自己的职能和政府的职能，助长了专制权力。在我们今天的时代，自由政府的原则正在削弱虚假宗教教义的基础，但并非削弱真正教义的基础。在教会公认的教条与人民的政治信念变得相符之前，新教牧师作为一个整体无法恢复他们的影响力。人们的宗教与他们的政治观点之间的这种密切联系并不是什么新鲜事，在所有伟大民族的历史中都能看到，并且这一点很可能会继续显现出来。正如培根勋爵所说，“宗教是人类社会的主要维系”。

第四，我们来谈谈，在本世纪内导致牧师相对地位改变的最主要原因——物质科学和自然科学的兴起和发展。在这一新领域积累的大量实际知识，人类相对自然的力量的巨大提升，随之而来的每个人与他的同胞和物质世界的关系的变化（包括他们的兴趣和同情心的非凡扩展、摆脱迷信、对前途和希望的憧憬），都是人类在这一非凡时期中所经历的事实。但是，在目前的讨论中我们最关心的并不是这些事实，尽管它们很了不起。我们现在要讨论的重点是，在自然科学的发展过程中，逐渐发展出了一种新的研究方法或精神，它的特点是，从研究结果来说，研究者有不受先入为主的观念或愿望影响的绝对自由。

这种精神只寻求事实，丝毫不考虑后果。任何对事实加以歪曲或隐瞒使其符合先入为主的理论、希望或愿望的行为，任何窜改实际研究结果的行为，都是不可原谅的罪过。它是这样一种精神：既谦卑又勇敢，对细节有耐心，不关乎大小，只在乎真假；既冷静又精力充沛，为了一个事实敢于冒险进入无人荒地，只关心真理，率直如静湖，充满企图心，无拘无束，不知疲倦。

“他的工作，
他既不称赞，也不抱怨：
只求事实；
如永不言悔的自然
留下她一次次的举动。”[①]

过去60年里，在这种真挚的追求真理的精神鼓舞下，科学研究者们取得了非凡的成就。这种本真的精神本身就如此令人钦佩，以至于学界把它当成所有科学研究的唯一真正的动力源泉。现在，没有其他研究方法能够赢得人们的尊敬，甚至没有学识的人也看不起那种为预知的结论寻找证据的做法。护教学已经不再让任何人信服，如果说它曾经可以的话。因此，文明世界建立了一种新的知识诚信标准。新教神学家和牧师们如果想要继续赢得人们的尊敬，必须达到这个标准。

在过去，除了牧师以外，外交是唯一一类需要有学识的人从事的职业，彼时这个职业的状况是多么不同！甚至法律职业，随着逐渐与牧师职业区分开来，对精神上的诚实和独立也没有形成如此强烈的要求。是科学的光芒让整个学术的殿堂变得如此纯洁透明。

这些话意味着，牧师作为一个阶层，因为传统的受教育和任职方式，特别容易缺乏理智上的坦率。这是我和成千上万思考过这个问题的人共同的真实想法。我进一步想，许多受过教育的人

① 译者注：出自美国哲学家、散文家和诗人拉尔夫·瓦尔多·爱默生（Ralph Waldo Emerson）的一首长诗《纪念》（*In Memoriam*），英文原文为：“Work of his hand, He nor commends nor grieves: Pleads for itself the fact; As unrepenting Nature leaves Her every act.”

持这种看法，但其中的大多数人对此保持沉默，这是过去四十年里牧师职业衰落的主要原因。这既是牧师个人的错，同样也是教会和教派的错。因为几乎每一个教会或教派都试图用一个信条、一套规则或教义将其成员尤其是牧师联系在一起。这种联系在很小的时候就由大多数牧师组织起来，并且要终其一生保持不断，这可能会割断他们与至爱之人的联系，或者会使其失去生计。50年的学习、阅读和经验积累就是要达到让他们年轻时的观点不会有实质性变化的效果。这些信条或规则，可能有些模糊而有弹性，但实在不能做过多延展。现在，世俗世界相信知识的进步，因为它已经见证了这种进步。人们相信，和其他学科一样，神学也必须不断进步。我们不会看到哲学家、医生、历史学家、化学家、动物学家或者地质学家在年轻时代就信奉一套观点，而且要信奉一生，始终不可改变，哪怕只是一天。相反，我们看到所有学者阶层在发现新的事实或对旧的事实有更好解释之后，随时准备改变他们的现有看法。而且，通常情况下，对比年轻和老年时期，在很多重要方面他们实质上修正过自己的观点。确实如此，在学者中，固定不变的观点是不体面的。有人会说，神学不会有进步，因为启示是固定的，答案就是启示本身。然而创造，必须是变化的。换句话说，对人类思想新发现的阐释，必须和创造一样，不断流动、转变，并随之提升而提升。没有哪个职业像牧师职业一样，受到如此巨大的对知识不诚实的诱惑。与此同时，知识公正的公共标准又设得比以往任何时候都要高。正是这种状况阻止了许多有能力而独立的年轻人进入这一职业，并且导致了公认有能力的牧师的稀缺。毫无疑问，对这一职业的公众舆论并非完全公正，而且毫无疑问，阻止年轻人进入牧师职业的坏处并没有他们想象的那么严重。但是，现实依然严峻，即外界的公众舆论在这点上对这一职业是不利的，而有能力的年轻人正是被此种舆论阻止。

最后要看到，一方面，牧师的地位不再像上个世纪那样稳定，生计也没有那么安稳。他对会众的控制完全是个人的，在很大程度上没有国家或任何教会的权威的支持。另一方面，对比基本生活必需品的价格，牧师的平均工资要高于上个世纪，而且在这个职业中，在薪酬和对他们的关照方面有许多价值很高的奖励。考虑到这些奖励数量大、竞争小，这个职业并不是特别的没有吸引力。对任何学识性职业而言，都不是平均收入而是少数奖励在吸引雄心勃勃的年轻人进入。

1824年，钱宁在他的同事接受圣职时说："道德和宗教真理的传播是人类最重要的事务。" 45年前的夏天，爱默生对哈佛神学院高年级学生说："你们打算将自己奉献给这个神圣的事业，我希望你们感受愿望和希望悸动的召唤，这是世界上最重要的事业。"这两位先知所表达的观点仅仅建立在观察、推理和经验上。他们宣告的是对所有时代和全部人类的判断，还没有发生任何能够证明它不成立的事情，人类知识和力量的每一个进步都证实了这一点。这一职业的地位毋庸置疑，但一个实际问题是，如何培养胜任这一职业的人。胜任牧师职业比以往任何时候都困难，但它也更崇高，并应该更具吸引力。对牧师而言，受众在智力、兴趣范围和求知欲上的普遍提升，应该是一种收获，而非损失。在知识生活中，比前辈拥有更多的同仁，应该是一种满足。有许多值得尊敬的竞争对手在以各种声音争取公众的倾听，不应该让他气馁，而应该是种激励。与以往相比，在实际事务中，这一职业对牧师的知识水平和判断能力提出了更高要求，应该只会激发他们准备好满足这些要求的雄心和抱负。这一职业在不经意间形成的特殊地位的消失应该使他们感到高兴。毋庸置疑，过去一个世纪的政治变革在向着好的方面发展，科学的进步使地球变成让人类更为愉悦和舒适的家园，现代社会比以往任何社会更值得去布道。物质生活水平有了惊人的提高，现在的人们比以往任何时候都更清楚，“人不能单靠面包生活”。许多通往荣誉和卓越的新途径已经向充满活力的人们开放。但是，真正的牧师从未拥有比今天更高的地位和影响力。正如爱默生在上述演讲中所言，“将这样的神职授予人类，无论在职或缺席，你应当遵循他们天使般的爱的指引”。

因此，应该如何比过去更好地培养担任神职的年轻人，传统的牧师培养方式应该如何改进和扩展以满足现代社会对他们提出的新要求，这是一个实际而及时的问题。现在我将进入主题的第二个部分，也就是培养牧师适应现代社会的工作就应当对他们的传统培养方式做出重大变革这样一个命题。

二

第一，神学研究，如果想要得到在俗信徒的尊重，教师和学生必须享有和其他伟大学科领域一样的自由。这一基本原则并不如某些人所设想的那样，意味着神学教师（我在最广泛的意义上使用这个词）将会没有信念，或者至少不会表达任何信念。它仅仅意味着，只要看起来对他有益，教师可以自由思考和表达，只要愿意，随时可以改变自己的想法；在学过这一学科后，学生可以自由地采纳任何基于自己判断的观点或理论。在大学和规模大到足以成为智力活动多元化中心的城市，比在孤立的宗派神学院更可能获得这种学术自由。因此，我很欣慰地看到，这个国家越来越多的神学学生去大学和位于大城市的神学院学习。

第二，在在俗信徒看来，两种败坏牧师声誉的做法应该制止。我指的其一是，用宗教团体的经费补贴中学和学院的男孩子，认为受益者之后会从事牧师职业。其二是支持心智、身体或道德能力不佳的年轻男性到神学院学习，并最终把这种做法强加于教区教徒。在俗信徒普遍认为，这些男孩子是因为自由教育的诱人条件才许诺从事牧师职业的，无能和无用的人被免费的食宿和指导吸引到神学院，这对新教神职人员的伤害是不可估量的。这种看法在其最重要的部分损害了这个职业的声誉，因为它损害了人们对这个职业的真诚的信任。各教派神学院所提供的普通神学训练的这种免费性质，本身对新教牧师就是一种伤害。总的来说，如果除了那些父母可以提供支持或有能力、精力实现自食其力的人，没有任何其他人能够进得来，对这一职业会更好。这些考验形成一种自然选择的方法，长期以来一直在其他学术领域广泛应用，大有益处。那些有确定价值和前途且需要支持的年轻人需要例外考虑，对这些人进行能力和品格测试，结果令人满意的话应该给予奖学金①。非常让人期待的是，那些不完全依赖自己

① 原注：在我看来，受益资助的用处依赖于严格遵守以下管理规则：1.不能仅仅基于推荐信或证书，或是在学识和品德测试有结果之前做出任何资助的承诺。2.所有奖学金的发放都应该并且只能基于优秀品质。3.除了身体、心智和道德发展前景确定无疑的人之外，其他人都不予捐助。4.能够立即回报捐助的人应该得到很高的奖学金。5.资助应该少于全部需要的支持，除非是看起来能够从事推动知识进步研究的高能力学生。6.所有资助都必须公开，以能使受益人得到尊敬的方式设置获得资助的各种条件。7.不能让受益人在宗教信仰、个人习惯或未来职业方面做出任何明确或暗示的保证；不能期望他们提供任何有别于其他学生的服务，或遵守任何有别于其他学生的条件，除非他们确实能够对教学提供帮助；在我看来，在这个国家，不经甄别地使用一些最重要的教育团体和神学院的巨额捐赠基金给牧师职业造成的伤害，绝非无药可医，但在能够被治愈之前，这种弊端必须为这类捐赠基金负责任的管理者所认识。

收入生活的年轻人——例如富人的儿子，应该进入牧师职业，因为他们常常进入法律和医学领域。除了体面的生活外，这个职业还有很多可提供：恰当的思考、有用的感觉以及思考人类最高福祉和重大主题的伟大特权。有适当的能力，或者他的父母像其他多年支持年轻律师和医生的父母一样支持他，这样的年轻男性从事牧师职业，要比除了工资没有其他生计的人更有优势：人们知道他独立于教会的金钱关系，而这一公认的独立性增强了人们对其真诚和无私的信心。

第三，让我们思考一下牧师的精神装备应该是什么。在我们今天这个时代，一个候选进入牧师职业的人要准备的科目可以分为两类：那些每个候选人都应该掌握的和那些每个候选人应该从中做出有限选择的。我所要列举的所有课程，在任何一所受人尊敬的大学都将被教授，学生在哪个院系找到他需要的教师并不重要，但是因为许多必修课程并不都在普通神学院里教授，对于一个打算进入一所与大学无关的神学院的学生来说，有必要在其他地方进行一些初步学习。在大学里，一个积极的学生应该毫不费力地掌握一个文学学士学位申请人需要掌握的所有预备课程知识，并且继续学习到达到学位申请标准的程度。在我看来，每个神学学生都应该修习的预备课程如下：

1.语言：希腊语(包括新约希腊语)、拉丁语、希伯来语和德语

2.英语文学，包括写作练习和文体研究

3.心理学原理

4.政治经济学原理

5.宪法史，或一些令人关注、长度适宜的断代史

6. 科学：在实验室或野外学习的植物学、动物学或地质学

在这份课程清单上，英语之外的语言要求是目前神学院习惯性执行的唯一要求。在所有四种语言的学习中，在阅读中掌握推理能力是主要目标。这些语言的学习对于训练、思考和信息的掌握，以及提升（在拉丁语和德语例子中）学习其他课程（用上述两种语言编写的书籍）的能力都非常有价值。无论其信众有没有文化，一个牧师都非常需要对英语文学有全面和批判性的认识。然而，具备这一点的人是如此之少！目前，神学院对这门课程不作要求，而且因为很多美国学院对此很不重视，文学学士学位并不足以证明毕业生有足够的机会系统地学习英语文学。如果有人想说这门课程可以留到几年以后再学习或者由学生自学，我的回答是，没有任何其他课程的学习像它这样需要好的指导，不是每个教区都有大型图书馆，将这门课程留给每个人自学的做法已经尝试了很长时间，结果发现效果完全不能令人满意。一个牧师应该了解一些有关思想领域的科学，这个无须多说。对牧师而言，了解政治经济学原理有很多方面的作用：第一，指导他的慈善和感化工作；第二，防止他在贸易、金融、税收、资本、劳工和他的教区居民肯定比他更熟悉的类似话题上公开犯错；第三，中和一下他惯常的学习所致的偏向感性的慈善的倾向。一个牧师的预备教育应该包含一些片段式的政治历史，使他能够早一点了解应该如何学习历史。英国或美国的宪政史，或某些重要时期的历史——如宗教改革史、英联邦史或法国大革命史——可以达到这些目的，关键取决于教学的方法而不是主题的选择。最后，一个牧师应该在年轻时期很好地掌握至少一个自然史分支的知识，这可以培养他准确的观察和叙述能力，掌握科学的思维习惯和科学

的学习方法。敏锐的观察力对牧师和诗人同样重要。受过教育和未受教育的人都同样尊重这些能力，并且享受他们运用这些能力的成果。人们会很高兴听到他描述那些他们习以为常却从未注意到的事情，从已知的但从未联系在一起的事实中汲取新的教训。对自然清醒的热爱激发和强化了对上帝和人类的爱：这些情感是一体的，分离则受损。任何宗教教师都难免有时要应对人和上帝与自然的关系的问题，因为无论是头脑简单还是思想开化的人都会对这些问题有浓厚的兴趣。如果在广阔的科学领域中熟练掌握一个小的分支学科，牧师将会更明智地应对这些伟大的主题。

完成所有要求的预备课程的学习，牧师职位申请人就可以准备进入高级阶段的学习，也可以称之为专业学习。因为布道是他最重要的职能，他自然要把自己大量的时间花在说教术、写作和口语练习上。对于其他那些现被归于神学这一综合性名称的课程，我将其分组如下：

1. 闪族语学习——语言学、考古学和历史
2. 新约的评论和注释
3. 教会史
4. 比较宗教，或历史宗教比较
5. 心理学、伦理学和宗教哲学
6. 系统神学、基督教教义史
7. 慈善和感化法、基督教社会与淫乱、酗酒、贫穷和犯罪的斗争主题

只需列举这些课程，任何一个理智的人就都会觉得，如果给予神学学习的时间通常不超过三年，就必须允许神学学生在这几

组课程之间做出选择，否则他们不可能全面掌握任何一门课程。这些课程所涵盖的范围足以满足各种不同兴趣和能力的需求：它们当中有语言学、历史学、哲学和实践科学。全面掌握这七个学科分组中的任何三组，再加上说教术和前面的预备课程，根据我的判断，将给予今天的新教牧师比现在我所知的神学院所能提供的好得多的训练。它会使一些可能从未学习过教会史、新约评论甚至系统神学的人获得神学学士学位，进入牧师职业，因此可能有人会反对这一方案。这种结果是可能的，当然，这本身并不可取。但是，让我们看看这一方案的补偿优势。首先，我要强调对一至两个有限学科进行全面学习的重要性，因为这样的学习对一个人的整体心理和道德倾向有重要影响。急躁和肤浅的学生容易自负、专横和轻率，精通者则谦逊、不招摇和谨慎。第二，我想说的是，神学已经是一个如此广泛的领域，即便以最仓促的方式，也没有人能在三年内对其进行全面学习，而且通过旧主题的无限延伸，加上新主题的不断加入，它的范围每天还在不断扩展，试图全部涵盖是不可能的。第三，我们应该看到，培养一个年轻男性进入牧师职业的目标在于精神力量而非知识的传授，而获得精神力量最重要的一步是掌握一种正确的工作方法和一个公正的学业成就标准。但是，正确的工作方法可以在认真学习我粗略划分的现有神学课程分组的任何一组课程的过程中获得，因为真正的研究精神在各个领域都是一样的，即现代科学的自由、公正、无畏和忠实的精神。

牧师的教育不应以神学院为终点，而应该像教师或医生那样，延续至他生命的最后一天。他必须不断地学习和成长。为此，他必须每周抽出时间来阅读和学习，他应该继续做一些比布道写作更连续、更渊博的工作。大多数牧师精神已经枯竭，或者像集市喷泉一样，一次又一次地从小箱子抽取同样的水。为了防范这种危险，牧师必须日复一日地从文学、科学和艺术的生活源泉中汲取知识。教会对牧师的精神枯竭负有极大的责任。他们期待牧师每周提供的服务太多，以各种方式束缚他，要求他拜访教区，给他的假期不够，驱使或诱使他养成长时间、无准备演讲的致命习惯。

如果坦诚地允许牧师时而对一本新书发表评论而不是布道，时而读一下别人的而不是自己的布道，并在通常情况下引导他的听众去读好书，让他们了解人类的在世或逝去的领袖人物的思想和著作，牧师和会众之间的关系会有很大的改善。明智的教授或教师认为指导学生阅读是他们工作的重要组成部分，并且尽可能拓宽阅读范围。如果他被强制规定除了给学生讲课，别的什么都不能为他们做，他会觉得自己好像被扔回了中世纪。讲坛布道是印刷术之前的黑暗时代遗留下来的习惯。有人可能对此持反对意见，认为与世俗教师不同，宗教教师只需要一本书——《圣经》，当然英国圣公会还要再加一本祷告书。这样的反对者可能会认为牧师主要是在公共场合的宣读者，因为如果他承认牧师还可以是一名讲解者和评论者，会立刻产生对各种评论或阐述的需求，其他的书就会被添加进来。福音派宗教出版的大量材料为这一反对意见提供了最好的答案。并不是所有有能力和受过良好教育的人都能产生许多有用的思想，他们也要在明智的引用、良好的编译和知道去哪里借鉴上下功夫。一个业务熟练且诚实的好的精神食粮的提供者是一个非常有价值的人，如果一个教会在它的牧师中间发现了一个好的精神食粮提供者，应该感到高度满意。

最后我想说，牧师必须有思想和语言表达的自由，从而将其教育延伸至整个人生。许多牧师都不太敢自由地阅读和学习，唯恐他穿不上高雅的牧师服。教会没有给牧师足够的成长空间。他们把一个刚从修道院的生活中走出来、对世界知之甚少的25岁年轻人固定下来，期望他能去宣告一套关于人类思想和经验的最伟大主题的观点，并且终其一生坚持这些观点。任何谨慎和公正的人都不会在一些对基督教的品格或正确生活至关重要的问题上改变看法，如果一个牧师在这些问题上改变了看法，他就会发现自己不得不离开一个教派，寻求另一个教派的庇护，或者离开一个教会去另一个教会，并且每一次改变看法都可能导致责备和冒犯。其他学识性职业则不那么受限。而且在现代社会中，如果新教教义要成立，它必须有，也相信会有成长的自由。没有人知道，新教教派的教义和教规是否会被教会组织或宗教会议所改写，这也不重要。因为和普遍化行动一样，所需要的这一自由也可以通过单个教会、小型组织或地方公约所采取的静悄悄的行动而获得。当新教教会清楚地意识到，在绝大多数明智的世人眼中，教义的僵化和飘忽不定是堕落和卑劣的行为，他们会找到针对助长这些行为的恶劣条件的补救办法。他们自己的历史很可能会使他们倾向于让他们的牧师们有一些合理的个人判断权。

五

什么是自由教育?

什么是自由教育？①

《世纪》（*The Century*）

（1884年6月）

在过去的二百五十年间，知识的普遍增长以及新的文学、艺术和科学的兴起使得人类有必要重新定义自由教育，以及扩大作为自由教育惯常证明的文学学士学位的意义。这个古老的学位已经悄然经历了许多重大的变化，现在它应该从根本上做出公开改变。

文学学士学位的学习课程通常持续七到十年，其中四年在学院，三到六年在中学。就我当前的目的而言，这样漫长的学习被视为一个整体。我想论证，第一，学校和学院本科学习中，可接受的具有同等重要性和地位的学习的数量需要大幅扩展。第二，在可接受的课程中，有相当多的可选课程应该被允许从更早的年龄开始。第三，现有的学习顺序在一些重要方面应该改变。“可接受的具有同等重要性和地位的学习”，这一短语需要做一下解释。我用它来描述那些需要被讲授得同样细致和完整，得到同样的权威支持，能为它们各自的拥护者赢得平等的学术竞争、荣誉

① 原注：这篇论文于1884年2月22日在巴尔的摩约翰·霍普金斯大学（创建于1876年，有效地促进了文中提倡的许多改革）的成员面前宣读。

和奖励，并能同等地达成文学学士学位自由教育的传统目标的课程。地位相当的学习必须在各方面都是同等的：在两种学习中，如果一种必修，另一种则可选，一种要求详尽全面，另一种只要求初级，一种可以获得荣誉和奖学金，另一种不能，一种指向重要的文学学士学位，另一种只能指向地位很低的理学学士或哲学学士，那么这两种学习不是并列的——它们在学术上没有同样的重要性或地位。

上述这三个主要建议将导致一个结果，对现有体制中大多数受过教育的人来说，它乍一看是令人厌恶的。例如，随之而来的是，孩子们可能不会接受他们父亲所接受的训练，在同一机构中同时接受教育的年轻人可能不具备相同学科的知识，不能分享同样的智力快乐，不能培养起相同的品位，文学学士学位将不再证明——已经证明了近三百年——每一位用大部分时间学习拉丁语、希腊语和数学的接收者的优越性。导致这种结果的建议不可避免地会冒犯所有天生观念保守的人。大多数受过教育的人的共同信念是，他们自己所学的学科不可缺少，这强化了人类在教育方法上的普遍保守主义。这种有用的保守主义背后牢牢地隐藏着一个普遍事实，即任何一代通过教育机构传授给下一代的东西，作为一种规则，必须被相当数量的老一辈人以可以接受的准确程度所理解。因此，一门新的学科只能逐渐被纳入所谓自由教育的范围。例如，在欧洲广泛传播一百多年后，希腊语才被巴黎和牛津大学视为学术课程的一个常规组成部分；物理和化学还没有完全获准进入这一课程体系，尽管波义耳1660年就发表了他的《关于空气弹性及其物理力学的新实验》，拉瓦锡1783年对水进行了分析，伽法尼1790年发现了“动物电”，道尔顿1808年发表了《化学哲学新体系》。确实，当我们往前看，阻碍教育进步的障碍似乎是如此坚不可摧和不可逾越，以至于我们回首过去时会吃惊地发现，现在被普遍认可的东西得到普遍认可的时间是如此短暂。

数学被普遍认为是教育不可或缺的组成部分，其地位很早就得到认可。但是当我们仔细研究这个国家所教的数学时，发现它们都是最近的发现，与由希腊几何学、圆锥曲线和算术所代表的17世纪前的数学完全不同，它们根本没有提供相同的智力训练。正如休厄尔（Whewell）在40年前指出的那样，现代数学——代数、解析几何、微分和积分、解析力学和四元法，几乎使数学科学的古老形式消失了。莱布尼茨于1684年发表《微分学原理》，牛顿于1671年撰写《流数法和无穷级数》，欧拉于1768—1770年发表《积分学原理》，但是拉格朗日、拉普拉斯、蒙热（Monge）、勒让德（Legendre）、高斯、哈密顿，这些我们现在称之为数学科学发展的主要推动者的人们，都生活在这个世纪。学士学位所要求的学习课程的名称是古老的，但是内容本身是新的。休厄尔的《自由教育》（*Of a Liberal Education*）这篇论文对数学教育价值进行了冗长讨论，其结论部分的一段简短引文会解释和强化这一论断，即欧几里得和阿基米德的数学所提供的智力训练与现在的分析数学所提供的几乎完全不同：

> “因此，基于这些原因，我敢断言，在我们认为数学学习作为一项永恒的学习，在培养人的推理能力方面具有不可估量的价值时，我们也必须承认，作为一个基本要求，数学的几何形式必须得到特别的保持和维系。分析数学绝不可能达成此目的，如果试图这么做，不仅无用，而且对人的大脑极为不利。”

被休厄尔如此指责的现代分析数学，实际上正是目前在美国被普遍使用的唯一的数学。

此外，很明显，本世纪的拉丁语学习精神和方法在很大程度上和前面几个世纪非常不同。在这个世纪，它被当成一门“死”的语言（也许在意大利和匈牙利的部分地区除外）来教授，而过去，它是作为一门“活”的语言被教授，是所有学者（包括世俗学者和神职人员）的共同语言。那些认为“死”的语言比“活”的语言更有训练价值的古典学习的倡导者们，将很难对我们之前任何世纪流行的拉丁语教学模式感到满意。无论如何，当年轻的学者不仅要学习阅读它，而且要学习流畅地书写和表达时，拉丁语提供的是一种不同的训练。

接下来，我要冒昧地探讨一下，希腊语在被认可的自由教育中享有现在的地位有多长时间了。尽管希腊语的学习早在1400年就在意大利生根发芽了，在1453年君士坦丁堡陷落后迅速推广，但在1458年之前的巴黎大学，或者在15世纪末之前的牛津大学，它很难说是一门值得学者关注的学科。1458年后的很多年，在巴黎大学，希腊语的教学乏善可陈，而且教授大多是被排除在大学统治特权之外的外国人。的确，这门学科似乎一直处于我们现在应该称之为“额外学习”的状态，教这门课的教师的地位很像美国学院里的现代语言教师，不被学校的教授会接纳。曾在佛罗伦萨学习希腊语的格罗辛（Grocyn）、林纳克（Linacre）和拉蒂默（Latimer）在15世纪的最后几年将其引入牛津。然而安东尼·伍德（Anthony Wood）说，格罗辛的讲座如何开设随他自己的自由，但没有任何报酬。可以肯定的是，1578年，剑桥大学的本科生从学习语言元素开始接受希腊语教学，而且，很有可能直到16世纪末希腊语在英国文法学校里都没有真正的影响力。巴黎大学在1600年通过的章程中将技艺（arts）的范围定义为拉丁语、希腊语、亚里士多德哲学和欧几里得数学，而且将希腊语列为法学院的入学要求之一。然后，用了200年的时间，希腊语言和文学才在很大程度上逐渐取代了形而上学——后者和经院神学一起，历来都被认为是自由教育的主要内容。而且，这种取代是在经过了艰苦的抗争之后才实现的，恰如18世纪和19世纪的新知识正在经历的赢得学术认可的过程。复兴的古典文学曾经遭到激烈且发自内心的反对，被认为是轻浮、异端和无用的训练，正如自然历史、化学、物理学和现代文学现在遭到的反对一样。那时候的保守派提出了和今天的保守派同样的观点，不同之处只在于那时这些观点被用来反对古典文学，现在则是被用来支持它。不要以为形而上学和神学在12至16世纪的受过教育的人眼中和在我们今人眼中一样。它们在当时是智慧、博学和虔诚之辈的主要旨趣所在；它们是至少12代人的最佳精神食粮，它们在欧洲激发起的学习热情，在此后的几个世纪里难有什么与其比肩。12世纪早期当彼得·阿伯拉尔（Pierre Abélard）在巴黎教书时，数以千计的学生围着他。在13世纪中叶，当多明我会的托马斯·阿奎那（Thomas Aquinas）写他的《神学大全》（*Summa Theologise*）和在巴黎、博洛尼亚、罗马、那不勒斯讲学时，他有大量的追随者，而且三个世纪以来，他的名声和影响力与日俱增。14世纪初，当方济各会的邓斯·斯科图斯（Duns Scotus）在牛津大学讲课时，到大学求学的学生似乎比以往任何时候都要多得多。我们可以确信这些奇迹没有被完全尘封，然而，神学和形而上学在很大程度上被取代了，代替它们的是古典文学三百年的主宰地位。

真实的历史记录了早期文科范围以及随之而来的公认的自由教育方案的重要变化。当伊拉斯谟还是一名学生时，即在15世纪的最后三分之一时间里，在希腊语被认可为自由艺术之前，长期以来的常规的12年学习课程包括：阅读、算术、语法、句法、诗歌、修辞学、形而上学、神学，所有这些都用拉丁语学习，其中形而上学和神学占据了整个学习时间的一半以上，甚至是整个大学时期。但是在11世纪，阿伯拉尔创立经院神学之前，自由学习的权威清单是完全不同的，只有一行：语法（lingua）、修辞（tropus）、逻辑（ration）、算术（numerus）、音乐（tonus）、几何（angulus）、天文（astra）。大多数学生满足于前三种——语法、修辞和逻辑，也有少数人学习算术、音乐、几何和天文，如果说这些严肃的名称可以恰如其分地指代当时那些被当作科学的、由希腊语和阿拉伯语版本翻译成拉丁语版本的晦涩难懂的文献所陈述的、夹杂着事实和幻想的奇怪混合物的话。在12世纪初，经院神学成功入侵的正是这一特殊清单。入侵的成功可能是由于这样一个事实，即宗教是唯一可以系统学习的东西。

这一匆匆的回顾显示：第一，一些现在被普遍认为的自由学习课程取得目前的优势地位的时间并不长；第二，在过去，一些新的学科不断地在寻求完全的学术地位，尽管有来自保守派的反对，还有来自当时既有的教师和学习机构的更强烈的抵制——它们的地位总是受到崛起的新兴科学的威胁。历史教师大胆地主张完全承认现代文学和科学作为人文学科的地位。

在我想来，第一个有资格与现在其他任何最受尊敬的学科具有同等学术价值或地位的学科是英语语言和文学。当希腊语开始在欧洲复兴时，英语只是一种文学形式。但是，当希腊语在人文学科中获得现在的地位时，莎士比亚在文坛崛起，英语语言形成了，而且英语文学很快就成为现代文学史上最伟大的文学。拥有大量的诗人、哲学家、历史学家、评论家、批评家、讽刺作家、剧作家、小说家和演说家，它现在怎样？毋庸置疑，英语文学是世人所见识到的最伟大、最多样、最精彩的文学。至于英语语言，说它是这种文学的语言足矣。希腊文学与英语文学相比，就好像荷马与莎士比亚相比，也就是婴儿与成人的对比。更进一步说，英语是那些在性格、进取心和财富力量方面表现卓越，且其政治和社会制度比人类迄今为止发明的任何一种都具有更高的道德福祉和更伟大前景的民族的母语。除了英语天才们的原创作品，还有不少被翻译成英文的宗教或世俗界的杰作。通过希伯来语、希腊语或拉丁语，而不是通过英语来了解犹太人、希腊人或罗马人的学者，其实并不多。

现在，带着我们的年轻人触手可及的这些美妙宝藏，美国学校和学院英语教学的地位如何呢？在学校课程计划中，英语文学是最重要的吗？绝对不是，它充其量只是次要地位，在许多学校中，它根本没有地位。在我们的学院里，英语与希腊语或拉丁语的地位相同吗？绝对不是，不仅从教师的数量和地位来说不是，从教师和学生对这一学科的看法来说不是，从攻读这一学位的人所花的时间来说也不是。一些美国学院对学位申请人的英语知识不作要求，这一情况直到几年前才有所改变。现在，一些学院对英语要求不高，考试的主要结果就是证明了他们对自己的语言和文学的严重无知，这在我们国家得到录取的年轻人中非常普遍。我们应该像往常一样被告知学习英语最好的方法是学习拉丁文和希腊语吗？答案是，事实并没有确证这个不可能的假设。美国的很多年轻人学习拉丁语和希腊语，但是没有由此而学到英语。而且，这一假设显然不适用于文学。我们应该像往常一样被告知任何语言的学习都不能脱离母语的学习吗？那么希腊语该如何学？我们应该被告知英语文学知识的掌握不需要系统的努力吗？答案是：第一，事实上美国年轻人没有掌握这些知识；第二，从来没有充分的理由表明可以如此，对一个普通的年轻人来说，合格地掌握英语文学知识并非易事，而是要付出艰苦的努力——不是娱乐性的阅读，而是严肃的学习。事实上，充足的指导和系统的教学在任何其他一门学科中都不像在英语中那样有价值。在过去10年里，哈佛大学一直在努力，一是鼓励预科学校重视英语，二是在英语系发展和提高英语教学。但迄今为止，成效一直不明显。预科学校对英语重视不够，以至于大学花在英语上的时间、精力和资金，有一半要投入到为这门课程打基础上。此外，就在今年，在哈佛的以英语授课的符合大学水平的教学，还不及以希腊语或拉丁语教学的一半。其他学院和大学在这方面与哈佛的情况相似。

美国的学校和学院对这一最伟大文学的相对忽视无疑是一个显著的现象。这如何解释？第一，因为这种语言和文学比较新，而引入新的知识方面的重要内容需要两三百年的时间。第二，因为存在教好英语的真正难点——一个最近几年才被克服的困难。第三，因为14、15世纪希腊和拉丁文学的复兴所带来的西欧思想的灿烂辉煌。通过习俗、传统、继承的品位和传播观念的力量，今天的教育方式遵循的依然是17世纪的模式。那时的学者们看到了从黑暗中照射出的巨大光芒，他们崇拜它。我们作为他们的第九代后裔，自己身上已经散发出更大的光芒，却仍在与过去同样的神庙里继续我们的崇拜。让我们继续在那里崇拜吧，但是让我们至少对已经被点燃的光芒给予同样的荣耀。

接下来我主张与希腊语、拉丁语和数学学术地位平等的学科是法语和德语。这一主张并非基于这些语言对导游、游客或商务旅行者的有用性，也不取决于它们作为语言的价值，而是基于文献的重要性、价值以及一个毋庸置疑的事实，即对于一个学者而言，无论他学习哪一门学科，阅读的语言能力是绝对必要的。直到近一百或一百五十年前，学术界才有其共同的语言——拉丁语，这使得欧洲所有民族的学者无论是说话、写作或发表都有了一种完美的交流方式。但是，民族精神的培养和民族文学的发展要求放弃拉丁语作为共同的学术语言，每个学生在自己学科之外，除了拉丁语，还必须至少学会阅读法语和德语。的确，对我们今天的高年级学生来说，免除拉丁语学习要好于免除法语、德语或英语学习。因为，尽管任何学科领域过去的出版物都是用拉丁语发表的，但最近的（可能会包含过去所有最好的东西）出版物将会使用这些现代语言中的某一种。法语和德语对美国或英国学生的不可或缺性，我无论怎么强调都不会过分。如果没有这些语言，他们在与同时代人交流方面会比17世纪能够读和说拉丁语的学生的情况更糟糕，因为通过拉丁语，1684年的学生可以和当时所有的学术人士直接交流。据我所知，美国学者对于年轻人掌握这两种语言的必要性在意见看法上没有分歧。语言学家、考古学家、形而上学者、医生、物理学家、自然学家、化学家、经济学家、工程师、建筑师、艺术家和音乐家都认同，若要在他们各自的学科基础之上继续学问上的追求，有关这些语言的知识是不可或缺的。每位大学教授无论在哪个院系开设一门完整课程，都会发现自己不得不要求学生查阅法语或德语权威文献。在任何现代实验室的参考书阅览室，无论化学、物理、生理学、病理学、植物学还是动物学，大部分的书籍都是用法语或德语写的。语言学家、考古学家或历史学家的工作图书馆也是如此。如果没有这两种语言的知识，就不可能在任何现代工业、社会或金融问题上获得世界性的经验，也就不可能掌握任何需要应用现代科学的专业。我不是在主张功利主义的观点，而是基于文献的丰富性、价值，以及对所有学者来说这些语言的不可或缺性，主张法语和德语应得到完全平等的学术地位认可。

这些就是应该在早期阶段的训练中向所有年轻学生教授法语和德语的原因，那么这些语言在美国学校和学院中的教授状况如何呢？为了回答这个问题，我将描述耶鲁学院（它在美国学院中占据着领先地位）法语和德语的教学状况。耶鲁的入学条件中，没有法语或德语方面的要求，在大三之前，也不提供这两种语言的教学。到了大三，德语必修，法语可以选修，每周四个学时。大四那年，两种语言都可以每周学习四小时。换句话说，耶鲁学院并不建议预科学校教法语或德语，不给它的学生掌握这些语言以便其他学习之用的机会，在他们获得学士学位之前，也没有提供给他们任何充分的机会去了解这两种语言的文献。我们还有没有比这更有力的证据来证明法语和德语在我们多数学校和学院中被轻视的状况？最近，一些学院要求在入学时掌握少量的法语或德语，一些学校已经满足了这一非常小的要求。但是，普遍的情况是，上大学的美国男孩子要花两三年时间学习希腊语和拉丁语，而在预科学校几乎不学习法语和德语，在大学只用后半段课程的部分时间来学习这两种语言。在我们的学校和大学中，学习希腊语和拉丁语的机会和条件不算太好，但可以肯定的是，学习法语和德语的机会和条件实在是太少了。现代语言和古代语言的地位应该平等。

下一个我认为其在美国学校和学院中所占地位应当彻底改变的学科是历史。如果有什么学习是自由的且能够使人获得自由的话，那就是对历史的当代学习——学习不同种族或社会的情感、观点、信仰、艺术、法律和制度，以及人类的欢乐、苦难、冲突和成就。文献学和纯文学宣称有资格享有“人文学科”这一称谓，但是，有什么样的学习能像历史学这样恰如其分地拥有这个光荣的称号？毕竟，它既关乎社会性，又是对于不断进步的人类实际经验的学习。什么知识能够像井然有序的历史知识那样对立法者、管理者、新闻工作者、政论家、慈善家和哲学家都如此有用呢？如果一项学习的人文性或自由性取决于其对学生智力与道德的提升和对同情心的激发，使其与真理和美德为伍并厌恶虚假和罪恶，那么就没有什么比历史更人文、更自由了。这些都是一般历史学习的正当要求，我们所属的社会和国家的历史还有一个更迫切的要求应引起我们的关注。这一学习向年轻人展现出公共荣誉和耻辱的源泉，在他们面前展示国家的缺陷、弱点和罪恶，通过展示过去的失败和苦难来警告他们防范未来的危险，在他们心中供奉民族英雄，增强他们对国家的珍爱之情。人们可能想当然地认为，至少美国和英国的历史已在美国学校和学院的课程中占有重要的位置，并且在最好的学院和大学里，就教师的数量和等级来看，应该没有哪个学科教师比历史教师更有地位。事实与这种自然假设不符。绝大多数的美国学院（近400所）的入学标准对历史没有要求，而且也没有任何历史教师。人们难免会想，恐怕只有次等的大学才会这样。我要说的是，在达特茅斯学院这样古老而完善的学院里，也没有历史教师，无论是教授、导师或临时讲师。在普林斯顿这样优秀的大学中，只有一位历史教授（与此相比希腊语教授有三位），而这位唯一的教授在历史教学中加入了政治学。如果没有一位希腊语教授、拉丁语教授或数学教授，没有一所学院可以自称是学院，但几乎所有这些学院却可以连一位历史教师都没有。这些学院的做法也影响着预科学校。当对历史学习感兴趣的年轻人问我，如果以教历史谋生，对他们而言是否明智，我不得不说，这对他们来说是高度的不谨慎。我们整个国家对合格的历史教师的需求微乎其微。过去，一些学院在入学时要求考生掌握少量的希腊和罗马史——一个聪明的男孩在三四天内就能记住的东西，某些学院（例如哈佛学院）现在仍有这种情况，这种让历史蒙羞的状况因为这种做法只会变得更加明显。人们几乎不知道这一要求中最应该关注的究竟是历史主题的选择还是内容细节的数量。历史这门伟大的学科在美国教育中没有适当的地位，难道不是很明显吗？

与历史学习紧密相关的是一门被称为政治经济学或公共经济学的新学科的学习。我说新学科，是因为亚当·斯密的《国富论》直到1776年才出版，托马斯·马尔萨斯的《人口论》1798年才发表，大卫·李嘉图的《政治经济学及赋税原理》1817年才出版。这个学科与历史有关，主要在于它所获得的最重要事实是基于对过去的制度、工业和社会状况的研究。就它涉及私人或国家财富积累、保护、享有和分配的方式而言，这是一门有关财富的科学。当涉及社会理论和经济状况的道德影响时，它与伦理学有关。它在某些方面可以被称为国民健康科学，因为它的结果揭示的是国民应该如何依据身心规律幸福地成长和生活。到目前为止，这是现代教育必须考虑的最复杂且最困难的科学，因此，它不应被过早地引入文学学士学位课程。而当它被引入的时候，应该使学生学得足够充分而非略知皮毛。

当我们考虑到下一代人必须努力解决的工业、社会和政治问题是多么难以应付时——当我们看到不平等的状况如何日益严重，尽管平等的理论得到普遍接受；人口如何以势不可当的方式在大幅度聚集，尽管有证据说明这种聚集对身心健康不利；人们对生活享乐的渴望如何变得日益强烈而非缓和；政府与社会的关系如何变得越来越复杂，而人们的管理能力似乎并没有相应地增强；自由机构如何就困难重重的经济问题向广大民众保证公共政策的决心，例如关税、银行、货币、国内贸易、对外贸易和税收等问题——我们很难不认识到向大量的美国学生提供足够的条件学习经济科学知识的重要性。

为了满足学生和社会学习政治经济学的需要，我们的大学的通常规定是怎样的呢？为了不低估这一规定，我将描述哥伦比亚学院（据说是所有学院中最富有的）和布朗大学（新英格兰最富有的学院之一）的情况。在哥伦比亚大学，大三学生有半年的时间每周必须上两次政治经济学课，大四学生可以全年选修这门课，每周两小时课时。在布朗大学，大三学生可以在半年内选修这门课，每周两小时课时，而大四学生有优先权。在布朗大学，希腊语的规定教学课时是政治经济学的5.5倍，占总学习课时十一分之七的希腊语学习课时是对所有学生的要求，除此之外还有预科学校的学习要求。但是，政治经济学没有课时要求。哥伦比亚大学进一步规定，取得文学学士学位的学生可以再花一两年的时间学习历史、法律和政治科学，或者如果学生愿意，也可以多花一年的时间学习这些课程以直接获得哲学学士学位而不是文学学士学位——这一年的学习是一个巨大的代价。如果这就是东部两所居于领先地位的学院在政治经济学教学方面的状况，我们在一般的美国学院中又会发现怎样的情况呢？我们应该会发现它在质量上很差，在数量上很少。鉴于这门相对被忽视的学科对我们这一代人和后人的重要性，人们不禁会发牢骚问道，我们的年轻人是为在20世纪工作还是为在17世纪工作而在接受教育？不能假装把政治经济学当成一门容易的学科，或者假装它不能提供智力训练。事实上，它要求如此精确的陈述、精确衡量的前提和缜密的推理，以致许多20岁的已经学了6至8年希腊语、拉丁语和数学的年轻人发现，这是对他们能力的最大挑战。它也不能仅仅被称为物质的或功利的学科，因为它充满了严肃的道德问题，涉及许多公共荣誉和义务的问题。

我主张纳入自由学科范围的最后一个学科是自然科学。16世纪确定的所有学科都是自由学科，而且我前面论述的所有课程都是在书本中学习的。但是，自然科学不是通过书本而是通过事物来学习的。学习语言、文学、哲学、数学、历史或政治经济的学生阅读书本或听教师讲课，而学习自然科学的学生仔细观察、触摸、衡量、测量、分析、解剖和检查事物。通过这些练习，他的观察和判断能力得到了培养，而且养成了观察自然的外表、变化和过程的宝贵习惯。就像猎人和艺术家一样，他有着开阔的视野和良好的判断力。他精通某个自然领域。最后，他掌握了源于该领域并不断完善的科学研究方法。今天，一个真正的学者研究印第安人的箭头、楔形文字，或砂岩中爬行动物的痕迹时所体现的是同一种精神，尽管这些研究对象分别属于三个不同的学科——考古学、语言学和古生物学。那么这种精神是什么呢？它是一种耐心、谨慎、诚实、自我引导的自然科学精神。格拉斯哥大学最优秀的古典学者之一杰布（Jebb）教授用以下有力的言辞陈述了这一事实：“被特别称为‘科学’的东西的传播同时也带来了一种‘唯一精神’的传播，在这一精神下，任何知识都会被持续质疑，直至它被认为具有了永恒的知识价值。”此外，建立在化学、物理学、植物学、动物学和地质学之上的技艺是我们时代文明的主要元素，而且在物质和道德方面的影响以惊人的速度在增长。自本世纪初以来，它们在人类与其居住的地球之间的物质联系、国家界限划分、工业组织、政府职能和家族生活模式等方面带来了惊人变化。它们肯定会像现在为我们所做的那样，在20世纪做同样多的事情。它们不仅仅是机械或物质力量，也是巨大的道德力量。我认为这样一门年轻的、已经给所有学科带来新的且更好的精神和方法，并且为文明带来新的力量和无限资源的科学，配得上自由学科的所有可能荣誉。而且，这样一种适合培养在现在年轻人的学习中大多没有得到培养的高贵能力的学科，应该被认可为与学术课程具有完全同等的地位。

15世纪的智者们利用了他们那个时代最好的知识和道德资源，即古典文学、形而上学、数学和系统神学，使它们成为自由教育的主要内容。当我们利用他们那个时代和我们今天最好的知识和道德资源列一份当之无愧的自由学科课程清单，且这些学习是为训练所需时，我们是否应该忽略在结果上为现代文明提供了某些最重要力量的自然科学呢？我们的确忽略了它。在这个国家，我还没听说过一所让自然科学拥有足够或者接近足够地位的预科学校，尽管最近已经开始出现一些苗头。如果像学习语法和历史那样，在书本上学习自然科学，其作用微乎其微。因为虽然有些科学信息是这样获取的，但科学所能提供的特殊训练不能通过这种方式获得。在多数学院里，学生通过讲座和使用手册可以得到一些科学信息，但是没有得到科学训练。这门学科的引入很少早于大二，一般在大三才开始学习，这时学生已经深陷语言和数学学习形成的思维习惯，以至于他会发现掌握科学方法有很大困难。在他看来，做实验或做解剖是很荒谬的。防止年轻人的思维在语言和抽象推理方面这种不成比例发展的唯一方法，是在学校课程中引入相当数量的观察科学的训练。在四种语言、数学原理和历史原理之外，必须加上一些对事物的精确学习。如果还需要其他论据的话，我会在它能增加生活的乐趣这一点中找到，这一乐趣源于对外界自然奇迹和美好事物的早期了解和永恒的亲密感。对于男孩子和年轻男性来说，这种亲密感是快乐的新鲜源头。

因此，对于在16世纪被称为自由教育的学习清单，我要加上英语、法语、德语、历史、政治经济学和自然科学作为同等重要的学科，在我们还在奉行的自由教育当初被定义的时候，这些学科没有一个以成熟的形式存在。在一所大型的大学里，许多其他语言和科学将成为学习的对象。在此，我把自己的讨论限制在那些根据自己的判断在一般大学里最为理想的学习课程上。我们现在可以考虑，允许在这些课程中进行选择的必要性是如何出现的。

我要论证的第二个和第三个主要建议——在协同学习中应该允许早期选择以及现有学习顺序需要修正，这处理起来可能会比第一个建议简单得多，尽管在这中间存在着整个讨论的实际应用问题。当16世纪的人把他们那代人所知的所有科学都列入他们的自由课程时，其总量不足以大到使一个学生的学习不能有效地涵盖整个学习内容。但是，正如我极力主张的，如果自由课程的清单扩大，显然，没有人能拥有涵盖整个学科领域且对任何一门都十分透彻的了解。因此，有必要让学生在众多协同学习中选择他将专注学习的课程。美国大学的管理者们曾徒劳地试图在1600年的课程中至少引入一些关于新科学的概念，但这使得学生们不可能对任何一门学科有透彻的了解。一个学生学习希腊语和拉丁语的机会比学其他任何东西都要多，但在这些语言中，学生没有得到足够的教学使得他足以掌握它们。如果他遵守学校正式的学习时间安排，他对任何其他学科的学习都不可能超出最基础的部分。思考一下，仅从一本整个庞大的学科都被一种先入为主的观念过滤过的、中等大小的教科书中，可以得出何种形而上学的观点，从一个简短的讲座课程和一本由并非研究者的教师编写的三四百页的小手册中可以得出何种物理学思想，或者从一篇作者并非一流学者的短篇论文中又可以得出何种政治经济学观点。这些不是虚构的情景，而是真实生活的描绘。这就是在绝大多数美国学院中盛行的处理这些学科的模式。我无须赘述这一每年都在造成无限伤害的巨大弊端。补救措施非常简单。第一，在旧的课程上加上新的课程，而且允许学生在这些并列课程中进行选择，以确保学生有机会深入学习某些课程。为了有效，课程选择必须比现在更早地被允许。这个建议，即“应该更早做出选择”，如果不同时考虑学校和学院的学习顺序，则是无法讨论的。

少年时代是男孩子学习语言的最佳时期，因此，法语、德语、拉丁语和希腊语这四种语言应该尽可能多地在学校中开始被学习。但是，如果要求所有将来想接受自由教育的男孩在上大学之前都要学习这四种语言，那些不善于学习语言的男孩将很少有时间进行其他学习。英语、数学基础和一些自然科学基础的适当教育以及对英国和美国的历史的了解被认为是基本的，显然，为了不过分限制上大学男孩的数量，必须允许在四种语言中进行一些选择。通过很好的教育，许多男孩在18岁之前无疑可以勉强通读所有四种语言的作品而不会牺牲一些更重要的东西。但是，也有一些其他学科能力优秀的男孩子无法完成这个语言学习任务。在联邦的许多州，学生不太可能得到关于所有这些语言的很好教育。因此，我认为在大学的入学考试中，应该允许考生在这四种语言中有某种选择，任何三种都可以接受。这种选择取决于父母的意愿、教师的建议、考生的最终学习目标、哪种语言在当地的教学质量更好，以及考生就读学校的便利性等因素。对于任何一种考生在入学时没有选择到的语言，他都应该有机会在学院里开始学习。

关于学习这四种语言的最佳顺序，我注意到，大多数思考过这个问题的人对某种理论有着或多或少的自信。但是，说英语的人很少有甚至没有这方面的经验。人们自然会认为，由易到难是个好原则。但是，这不是这个国家目前的做法。相反，通常拉丁语学习会在法语学习之前，14岁开始学习希腊语，20岁开始学习德语。在教育问题上，和其他事情一样，我坚信一个原则，即花最小的努力来完成目标。如果学习一门语言，我会用人们熟知的最容易的方法来教，而且要在它最容易被掌握的年龄。但是有另一种很少被明说但常被奉行的理论，即为了达到训练目的，应该故意给男孩子强加本可以避免的难度。例如，强迫一个没有语言天赋而且永远无法掌握它们的男孩子学习很多种语言。在我看来，任何一种训练、锻炼或操练的唯一正当理由是要能达到这种训练的合理目的。在最适合学习的年龄，一个男孩子花费数年时间在一种他永远无法达成目标的训练上，而他如果把这些时间花在另一种不同的训练上，本可能会有所成就。这对社会是一种资源浪费，对个人是一种暴行。这就是学校和学院课程应允许选择的根本原因，它们都是自由的。不考虑能力和兴趣差异的智力训练是无益的。由此可见，教育必须多样化而不是采用统一规定。在无知或缺乏思想的人看来，时至今日，世界的智慧和经验应该能够创造出一个对所有男孩子都有益的统一教学课程体系，它由具有永恒价值的学问构成。但是，有两个强有力的理由让我们相信这种轻而易举得出的结果是无法实现的。第一，完全相同的男孩子是没有的；第二，随着新知识的积累和新科学的形成，任何既定学习的教育价值都很可能在不断变化，远非永远固定不变。

毋庸置疑，11世纪时人们认为自由教育有一些永久课程：语法、修辞、逻辑、算术、音乐、几何、天文。毋庸置疑，伊拉斯谟所遵循的学习课程被当时的教师们保持下来，以提供仅在当时来说是充分的自由教育。而且，我们都知道大约自1600年以来，最明智且最有教养的人都认为希腊语、拉丁语和数学是唯一好的训练课程。休厄尔，其学科偏好无人不知，毫不犹豫地用“永恒”来形容这三种学习。但是，如果说历史已证明教育的主要内容实际上已经改变了，理智则更清楚地表明它们必须改变。有组织的教育未曾考虑知识的进步，这确实令人难以置信。我们可以肯定的是，现实世界的主导知识力量正在逐渐渗透教育过程，已经展示出自身成果和力量的语言、文学、哲学和科学必须获得承认，它们可以成为自由课程和进行智力训练的适当方法。

对我所提出的观点，思想保守的人会立刻提出两种反对意见。我经常会被问到这样一个问题：三百年来至少含义还算清晰的传统文学学士学位是否要被剥夺一切确定的意义，以至于将来人们不可能知道持该学位的人学习了些什么？我的回答是，这个学位将继续证明它现在所证明的主要事实，即学位获得者接受了8至10年的自由教育，年龄在12至23岁之间。我可能会补充说，最重要和最有价值的文科学位在任何领域都可以授予，其例证如德国的哲学博士和文科硕士学位——尽管意味着早期学习了几年德国高中课程，但并不代表任何特定学习，在任何个别情况下也不意味着与学位相应的特殊学习。

第二种反对意见是用这样一个重要问题来表达的：如果赋予所有这些新学科平等的地位，希腊语和拉丁语学习将会变成什么样？这两种语言以及它们所代表的文化在新课程入侵中能幸存吗？对于这个问题，我的回答是：第一，我的建议不是要用新的学科取代旧的学科，而是将新学科与旧学科放在一起平等竞争，不是要关闭现有任何一条通往文学学士学位的通道，而是开放新的通道；第二，为所有准备读大学的男孩修改现行的希腊语和拉丁语规定，使希腊语和拉丁语班级能够摆脱不情愿和没有能力的学生，这对留下的学生非常有利；第三，取消对古典课程现在给予的人为保护将使得古典课程的学习——用吉布教授在本特利（Bentley）[①]传记的最后一页精心组织的一段话来说——“不再依赖一个狭隘或排他性的规定，而是基于对这一学习在自由教育中正确地位的合理认识”。一个人越是将希腊语和拉丁语视为文化财产，其设定的价值就越高，当它们不再被人为保护的时候，他对这些学习的永恒性的信心就越坚定。在教育领域，和其他地方一样，适者生存。古典课程和其他课程一样，必须坚守它们自己的价值，因为将学习课程或特殊智力训练强加给不情愿接受它的几代人，这不是大学该做的事。它们不能不谨慎地承担这一职能，在一个没有既定教会和社会贵族组织支持，且如果大众产生排斥心理的话会让几代人轻易远离大学教育的国家，尤其如此。

我想强调，主张扩大自由学科的范围是基于高等教育和提供这种教育的机构的利益需要。在一个学术职业群体中的绝大多数人没有受过自由教育的国家，自由教育不会安全和强大。现在，这个国家的情况就是如此。绝大多数从事法律、医学、新闻、公共服务、科学职业的人和工业领导层，都没有文学学士学位。事实上，今天唯一一个由拥有文学学士学位的人占很大比重的学术职业是牧师。这一令人遗憾的现状无疑部分归因于美国社会的早期状况。但是，我认为这也应归咎于美国学院课程和学校预科课

① 译者注：英国地名。

程普遍过时的现状。学术机构拒绝承认被大量以知识为生的男性认为与它们传授的所有学科同等重要的语言、文学和科学作为自由学科，而且无法提供训练性学习，这就阻断了他们对学术机构的同情和支持，对自身和它们服务的国家都造成了不必要的伤害。学术机构拒绝聆听那些要求增加通往它们的路径，并要求将新的路径提高至与旧路径相同程度和水平的父母和教师的意见，暗示着它们和多数在现代社会因为性格、智力和实践训练的力量产生重要影响的人之间已经存在难以逾越的鸿沟。过去二十年的迹象并不令人满意，美国学院没有跟上人口和财富增长的步伐。我认为，导致这种相对衰落的主要原因是学校和学院学习课程的狭隘性。

我所提建议的实施将涉及学校和学院学习课程顺序的重大变化。因此，科学教育应该在学校课程的早期开始，英语教育从学校生活开始到学院生活结束都要持续，而且对多数男孩来说，其他语言的学习顺序应该从根本上改变。我们不能指望这种变化会突然发生。它们必须通过公共舆论的压力逐渐实现——通过受教育阶层的公共舆论，借助已有教育手段逐渐产生影响。家长对私立学校的要求，主管捐赠事务及公立学校的受托人和委员会对学校课程的影响，捐赠者和创始人捐赠时附加给自由教育的条件，工业和技术学校的竞争，学院和大学中现代课程对古典课程的逐渐侵蚀，都将造成这种变化。所有这些影响因素都在起作用，并且它们在过去的十五年里已取得了很大的进展。

六

论教育自由

论教育自由

纽约十九世纪俱乐部

（1885年）

如何将一所有一套统一课程的学院转变为一所完全没有任何规定性课程的大学，是关心美国学术和教育的朋友们日益关注的问题。今晚，我希望让你们相信一所文理综合型大学必须给学生三样东西：

1. 选择学习的自由；

2. 在单一学科或特定学科中赢得学术荣誉的机会；

3. 一种明确要求每个人有责任形成自己的习惯并指导自己行为的训练。

这三个问题我将逐一论述，其中第一个问题将占用我的大部分时间。

1. 选择学习的自由

关于这个问题，首先让我提出一个我称之为机械论的观点。一所规定课程的学院必须为每个年级提供每周16小时的教学，或者为所有四个年级提供每周64小时的教学，不允许出现重复的讲座或教学。如果不需要重复授课，6到8名教师可以轻松地提供这样一所学院所需的所有教学。如果年级规模很大，需要分成两个或更多的班级，就必须任用更多的教师。如果在课程之外提供一些额外的或可选的教学，则必须再进一步增加教师的数量。然而，对于任何一所这类学院而言，20名教师的定额是宽松的。因此，据我所知，目前有数百所美国学院的教师不足20人。在课程统一规定的制度下，这样一所学院即使有更多的教师，也不可能为他们提供工作。哈佛学院今年有80名教师，不包括实验室助理。这80名教师每周提供大概425个小时的公开教学，没有任何重复，这里面不包括他们许多人在实验室提供的非常重要的指导。一名本科生四年所能接受的教学不足学院所有课程的十分之一，而且由于这种教学的五分之四比一所规定课程的学院所提供的课程教学程度要高，所以一名勤奋的学生需要40年的时间才能完成覆盖所有现有学科领域的学习。在这些年间，这个领域还将进一步拓展，远远超出他所能掌握的范围。由于学生不可能接受所有的教学，似乎有必要让他选择其中的一部分。因此，学院应该要么严格限制教学，要么为每个学生提供一些选择学习的模式。限制教学对任何渴望成为大学的机构而言都是难以忍受的选择，因为只要有需要，一所大学就应设法开设每门高于其入学要求等级的课程，并把它教得足够彻底，将优秀的学生带到现在的知识范围内，使他有能力进行原创性的研究。这是大学对其教学所能恰当做出的唯一限制，因贫困造成的那些严格限制除外。另一种方案是对学习的选择。

哈佛的选修制度已经有六十年的发展历程，其中有十四年——从1846年到1860年——几任校长和大部分教师对此都不赞同，但他们找不到别的办法摆脱我前面所说的困境。他们不能故意减少教学量，因此选择性学习在某种程度上是不可避免的替代方案。

于是，现实的问题是，在什么年龄，在他的教育过程的哪个阶段，可以向一个美国男孩提供自由选择式的学习？或者换句话说，一个美国男孩最好在什么年龄去一所自由的大学？在回答这个问题之前，请你们注意初步看到的四个现象。

（1） 欧洲男孩是在十七岁到二十岁之间的不同年龄去自由的大学，而美国男孩显然比同龄的欧洲男孩更成熟，更能照顾自己。

（2） 从学校到大学的转变应该早点进行，因为青年人最好能较多地与比自己年长的学生交往，而不是较多地与更年轻的学生交往。换句话说，对年轻人而言，做大学里最年轻的学生要好于做中学里最年长的学生。不过，中学也许依然可以为年轻人做很多，因为大学对他来说可能有点太自由，所以教育者必须平衡利与弊。但是，最明智的决定是让他及时从一种低于其成长范围的训练中退出来，并把他放在一个他将要获得成长的训练中。当我们想让一个男孩去学院的时候，我们老想着他的新自由对他造成的偶然和特殊的坏影响，而不是滋养他的男子气概和发展他的美德的那些由学院同伴带来的习惯性和普遍的影响，正如我们倾向于将遗传视为传递邪恶和疾病的手段，但通常它也是传递和积累各种美德和有用能力的手段。

（3） 一个年轻男子会受到比其年长者对他的期望的很大影响。如果他们期望他像个孩子，那么他挥之不去的幼稚将常常支配他的行为。如果他们期望他像一个男人，那么他早期的男子气概就会变得更加坚定。美国普通学院那虚伪的家长式或僧侣式管理体制，在我看来似乎培养的是孩子气而不是男子气概。他所表演的恶作剧、他喜欢的秘密社团以及他所接受和传播的野蛮或愚蠢的习惯，即是证明。保守的观点是：学院必须把学生当作他实际的样子对待，他将成为他已经成为的人，即一个毫无思想、毫无目标、懒惰而且可能邪恶的男孩。因此，给他自由的政策是不切实际的。开明的观点是：调整学院政策，使它适应最好的学生而不是最差的学生；改进政策，最后错误政策的恶果将消失。在这点上，我只想主张，一个富有远见卓识的教育政策必须是，既要考虑实际情况，也要考虑潜在的可能；既要考虑现实的状况，也要考虑情理之中所希望的、所规划的和力求实现的事情。

（4） 中等教育的状况在我们面对的问题中是一个重要因素。理想的情况是即将享受大学自由的年轻人应该已经在学校里接受了大量的训练，其中基础知识的四大分支——语言、历史、数学和自然科学——都有充分的体现，但必须承认，现在只有极少数的学校提供这种令人满意的训练，而且全国许多地方连教学质量可以勉强过关的中学都没有。对于中等教育的这种状况，学院负有部分责任，因为除了在古代语言方面，学院很少培养出好的教师，而且除了希腊语、拉丁语和数学的基础之外，几乎没有什么入学要求。但是，这种状况怎么能影响到一个想方设法获得合理数量的准备充分的学生的机构的政策呢？因为整个国家的中等教育状况不令人满意，我们就应该停止试图创建一所大学吗？这种无所作为的做法暗示着一个困难，即中等教育的改革和发展依赖于大学的正确组织和行为。这还是那个老问题：鸡和蛋，哪个在先？在考虑学院生活与中学生活的关系时，许多人都被一个误导性的比喻，即建筑所迷惑。他们对自己说：在薄弱的基础上，建造不出强大的上层建筑。中学奠定了大学赖以建设的基础。因此，如果预科学校没有做好工作，大学接下来就不可能做好适当的工作。这个比喻似乎是完美的，但却有这样一个致命的缺陷：教育是一个有活力的过程，而不是一个机械的过程。为此，让我们用营养的重要功能这个例子来说明。上述观点就好比因为一个孩子在婴儿时期缺乏牛奶摄入而发育不好，所以当他长出牙齿并且可以吃面包、肉类和燕麦片时，你不给他这些应有的固体食物，仅给他喝适合婴儿的加糖牛奶、水以及市售的婴幼儿辅食。一个男孩的精神食粮没有什么时候比在学校时更应该富有营养和丰富多样。所以当他就读于学院或大学时，他的精神食粮一定是他在学校应该吃，但是错过了的东西。教育涉及学生内在每一部分的成长或发展。从把一块石头放到另一块石头上的过程中得出的比喻在教育讨论中是没有用的。哈佛学院现在每年能从全国各地100多所中学中招收近300名勉强做好准备的学生，它才刚刚开始收获过去18年自己的政策和训练变化的成果。中学跟着大学走，会最终成为大学想要它们成为的样子。

有了这些初步的建议，我开始回答这个问题：一个美国男孩最好在什么年龄才能去一所有选择学习之自由的大学呢？我还会为我的答案做出答辩。我相信在合理有利的条件下，正常年龄是18岁。首先，我认为一个男孩的性格、体质、精神禀赋和道德素质到18岁的时候都已充分确定。有潜力的人已经开始展露其天赋。只要他在中学的学习具有相当的代表性，他的能力或无能对于他的老师或者任何有见识和亲密的朋友来说都是完全可见的。如果他的历史学习仅限于希腊史、罗马史和美国史入门，那么他对历史学习的兴趣和能力就不会被他的老师或他自己所了解。如果他没有机会学习自然科学，那么他在这个领域的能力不会得到很好的证明。但是，如果学校课程相当全面，那么关于他后续学习最有益的方向是显而易见的。男孩的未来很大程度上取决于他所受的快乐或不快乐的影响。但是，假定所获都是有利的影响，那么他的潜能是基本确定的。如果他有选择他最能吸收的精神食粮的自由，最幸运的心智影响就在他的掌握之中。其次，对美国男孩而言，到了18岁，强制的外部纪律已经不再起作用。动机和刺激可以生动地展现在他面前；他可以被告知，他必须怎样做才能赢得他所渴望或珍视的东西；可以向他呈现或近或远的奖品和奖励，但他不会被外力驱使去做任何有益的思想活动。再者，一个受过良好教育的18岁年轻人，可以为自己——不是为其他任何男孩或虚构的“普遍男孩”，而仅仅是为他自己——选择学习课程，这要比任何学院教师或任何对他、他的祖先和他以前的生活并不了解的贤者为他选择的都要好。

在选择课程时，他自然会向熟悉他的老师和朋友寻求帮助，他将在那种强烈的保守主义的支配下，在那些天然存在而非由任意规定所提供的各种保障下做出自己的行动，幸运的是，正是这种保守主义在整个教育问题上激励着文明开化之人。当一个我以前从未见过的年轻人问我他最好在学院学什么时，我感到无能为力，直到他告诉我他喜欢学什么，不喜欢学什么，什么样的努力使他感到愉快，他喜欢什么运动，阅读兴趣是什么，他的父母和祖父母是做什么的，他将来想成为什么样的人。简言之，我只能告诉他如何运用自己拥有而其他人没有的自我了解来为自己思考这个问题。一个18岁的男孩带着天生秉性的帮助可以选择自己的学习，比其他任何人为他做出的选择都令人满意，这个建议乍看似乎是荒谬的。但我相信这是建立在事情的本质之上的，对我来说也是一个显而易见的观察结果。我将首先从事情本质来陈述观点，然后描述我自己的观察。

每一个18岁的年轻人都是一个无限复杂的有机体，其副本既不存在也不会存在。他的遗传特征与任何其他人不同，他的成长环境与任何其他孩子不同，他的激情、情感、希望和欲望此前鲜少与任何其他生物相关联，就像它们天然萌生在他的体内一样。他的意志力完全是以他自己的方式得以激发、刺激、发挥和耗尽的。我们知道人类身体形式和特征所能具有的无限多样性，只不过是呈现出寄住在这些不同躯壳里的思想和性格更深层次多样性的一个模糊形象。人类的任何洞察力和智慧都不足以辨别并适当地考虑到这些差异，除非每个人自发的倾向、自然的偏好和最容易发生的习惯性行动得以展现。为了个人的幸福和社会的福祉，这些心智的差异性应该被培养而不是被压抑。个人最享受他最适合的智力劳动，当每个人的特殊技能、才能或天赋得到最大程度的发展和利用时，他才能最好地服务于社会。因此，可以推定宜在最早的可能时刻反对教育的一致性并赞成多样性。什么东西决定这一时刻？在我看来，强制性统一教学的界限应由教学的基础质量和所教授学科普遍公认的效用来决定。例如，每个孩子都需要知道如何读、写并掌握一定程度的算术，这是毋庸置疑的。因此，小学可以有统一的课程。人们自然会认为，认真细致地学习母语及其文学将被视为对所有年轻人的一种统一要求。但事实上，人们在这个问题上并没有达成这种一致。在美国的学校里，英语及其文学还很难说已经为自己赢得一席之地。只有两种外语基础和代数、几何基础，可以说被普遍认为是对所有享有17岁之后还能继续学习这份殊荣的年轻人的正确训练来说必不可少的。关于可取的自然科学基础的统一要求，还没有一致的意见。对于两种外语的选择存在很大的分歧，大多数受过教育的人认为两种古代语言[1]更可取，少数人认为现代语言应该被允许。因此，关于所有将要接受高层次教育的人应具备的基础知识，得

① 译者注：这里指希腊语和拉丁语。

到共同认可的范围是狭窄的，在恰当的教育下，任何一个有一定能力的年轻人都很容易在18岁之前达到和通过它。在此，至少在教育上被认为正当的对统一性的追求应该停止。在此，至少对学习的选择应该开始。而且，给明智的选择提供最安全指导的是每个人的兴趣、倾向和特殊才能。当谈到职业选择时，每个人都知道唯一的智慧是追随兴趣。在我看来，在决定哪些自由学习的课程在18岁以后是最有益的时，唯一的智慧是追随兴趣。因此，必须让每个年轻人能自己选择最适合自己的学习课程，因为这最能引起他的兴趣。正是选择的事实在很大程度上保证了他的意志的合作。

我已经暗示，在一所自由大学里，每一个被要求选择自己的学习课程的年轻人，都有一些天然存在的指导和保护。让我们看看这些天然存在的帮助是怎样的。第一，已学课程在停止时以及一门新课在开始而不是中间时，它不能提供帮助。第二，大学教授的许多课程都涉及提前学习课程。因此，如果不熟悉三角几何和解析几何，在物理学上谁都走不远。分析化学要以普通化学为前提，古生物学要以植物学和动物学为前提。除非能读懂德语，否则任何人都不会在学习德国哲学上占有优势。在掌握政治经济学原理之前，没有学生能对实际经济问题进行有益的讨论。每门高级课程，无论是语言、哲学、历史、数学还是科学，都需要预先掌握一些初级课程。第三，每个有能力的学生都有一种普遍的倾向，那就是一旦开始学习任何一门适宜的课程，就能走得很远。压制这种最幸运的倾向将使真正的学术变得不可能。这些天然保护措施对防范学习选择时的浮躁和不稳定是如此有效，以至于人为的规定是多余的。

接下来我谈谈我自己对选修制工作的一些观察结果。为了让你们了解我过去的经历，我将简要介绍一下我的观察机会。作为一名本科生，我曾经经历过几乎完全必修的学院课程，因为我几乎恰好处于哈佛学院实施选修制（始于1825年）后的最初阶段。在1854至1863年的九年里，从一名喜欢行政细节的教师和助理教授的角度，我对主要是规定性的课程的运行非常熟悉。在离开大学的六年里，我有两年在欧洲当学生，有四年在麻省理工学院做教授，1869年我回来当校长，发现哈佛已经在实施一种相当广泛的选修制。董事会的愿望和外部环境都支持着它，这一制度迅速发展。必修的课程逐渐被废除或推迟，结果先是大四课程完全选修，接着是大三，然后是大二，最后在去年六月，大一的课程也主要是选修课程。现在已经没有必修课了，除了英语写作、法语或德语（两者之一为入学要求）基础和一些化学和物理讲座。哈佛对以前独有的主要课程如希腊语、拉丁语、数学、逻辑学和形而上学，都不再要求，而且教师不建议任何特定的课程组合或选择。因此，我在哈佛有足够的机会观察过几乎完全必修制、几乎完全选修制以及所有中间课程方案的运行。在欧洲我研究了自由大学的方法；在麻省理工学院，我看到一种选修制——对技术类学校非常好——从统一规定的课程库中选出若干定义明确的分支课程。

我可以用最简洁的形式来表达我的总体观察结果：我从来不认为有哪一位处于任何能力水平的学生为自己选择的一套覆盖四年的课程，其理论和实际价值是显然比不上我的学生时代的必修课程的。每一种规定的课程从头到尾都必然是初级的，而且非常混杂。正是这种对所有课程的强制要求使得没有一门课程的学习程度可以超越它的基础范围。无论多么博学和热情，都没有一个教师能培养出在所有学科上都十分优秀的学生。无论多么能干和渴望，没有一个学生能在任何一个学科上取得重大的成就。在选修制下，绝大多数学生都可以自由学习一门或数门课程，达到某种合理的深度。这种单线集中产生了高深内容的教学，最终结果是教学水平的普遍提高。对任何特定课程感兴趣的学生，都可以明智地将大部分学习时间投入到这门课程和它的同类课程中。那些已经决定了未来职业的人明智地选择与他们未来职业相关的或基础的课程。如此，未来医生的学院课程最好大部分是法语、德语、化学、物理学和生物学，而未来的律师将学习逻辑学、伦理学、历史、政治经济学以及英语议论文写作和口语。在哈佛学院现有保存的关于学生连续四年选择的几千个学院课程记录中，很少能找到一个不明智的学习序列。这里需要指出的一点是，所有列入哈佛文学学士学位的学习课程都是自由的或纯学术的，任何技术或职业性质的课程都不被认可。

说了这么多关于美国学生自由选择学习课程的方式，我想指出的是，如果真的这么做的话，一个美国年轻人必须享有18到22岁这几年间大学生活的殊荣。三分之二到四分之三的学院毕业生从事需要复杂专业准备的职业。医学生需要四年的专业训练，法学生需要至少三年，好的教师和技术娴熟的建筑师也一样。那些为商业公司服务或者自己创业的人需要学习商业——这个过程通常需要几年。如果一个年轻人22岁获得文学学士学位，很难指望他在26岁之前开始他的职业生涯。这已经够晚了。哈佛学院大一新生的平均入学年龄是$18\frac{2}{3}$岁，在大多数学院里，新生的年龄比这还要大。如果他还想享受这份无上殊荣，在接下来的3到4年里他必须有选择学习的自由。

接下来，对选修制的两种常见的反对意见应该引起我们的注意。第一种常常以疑虑的形式出现。对于认真的、有抱负的或者对某些学习有强烈兴趣的学生来说，选择学习可能都很有益。但是，在这种制度下，那些没有任何兴趣或知识追求的粗心、平庸、懒惰的男孩子会怎样？我用类似的疑虑来回答：这种孩子在统一的必修制下又会怎样？他们在那种体制下有任何收获可言吗？在我看来没有。这些未被唤醒的心智同样是在混日子，两者真的没有多大差别。然而，与必修制相比，在选修制下，这样的年轻人从昏睡中醒来的机会要大得多。当他们追随着他们感觉到的这种微弱的欲望所发出的提示时，他们至少摆脱了由于被强行安排上某些教师的课和学习某些课程所带来的不满和厌恶感。选修制并不意味着有什么都不做的自由。最不在乎成绩的学生每年也必须通过一定数量的考试。他可能选择那些他认为可以付出最少的努力获得最佳成绩通过考试的课程。但在选修制下，就是这些同样课程的教学也比必修制下所能达到的水平要高，而且和他要是在别的课程付出同等的努力但收获更少相比，这对他更有好处。从小学到大学，一个重要的教育原则就是在一定数量的学习努力中可见的学业成就越大越好，而且这个原则对于能力强和能力弱的学生来说都同样强有力的适用。对能力弱和迟钝的学生而言，在课程的选择上具有相当大影响的，是他们对于将会遇到什么水平的教师的内心假定。受到与他们同类的高年级学生的引导，他们通常会选择那些可能对他们影响最大的教师。剑桥大学的教师们一致认为，与必修制相比，在选修制下这类学生学得更多更好。

说了这么多关于自由选择对不被看好的学生的影响，我必须补充说，任何级别的教育机构的政策都不应该由能力最薄弱的学生的需求来决定，无论怎样说，一所大学应该以满足最优秀学生的需求为目标，能力薄弱的学生的需求只有在不损害最优秀学生的权益时才能得到满足。一套统一的课程，强制规定肤浅的内容，阻止全面深入的学习，这明显是为了资质平平的学生而牺牲了最优秀学子。自由的学习选择在为年轻的天才提供最充分机会的同时，也没有损害懒惰和愚钝的学生的发展可能。

我想讨论的第二种反对意见是：自由选择意味着没有什么课程被认为具有最高价值，每个年轻人都应该学习，是这样吗？人类积累的智慧是否有可能明确地规定哪些学习最能普遍地发展18到22岁之间的人类的心智？首先，我们必须回答“否”，这当然看似很奇怪。但是，如果我们简要地回顾一下人类对现在大学里所教授的大部分学科的认识程度，否定的答案似乎就不那么令人惊讶了。今年哈佛大学课程表上的200门课程中，若想挑出在本世纪初就开设出来的、能够适用今天看来对课程的教育质量至关重要的那些插图、材料和方法的课程，则很难达到20门。所有自然科学，以及比较语言学、政治经济学和历史学实际上都是新学科；除了算术、代数和几何，所有的数学都是新的；伦理学和形而上学最近有了很大的拓展；18、19世纪的文学在几种欧洲语言中非常重要。考虑到这些方面，就会更容易理解这种经验积累的缺乏。大学教育的内容和方法一直是，而且永远都是，从一代到一代在变化。19世纪是一个前所未有的增长和进步的时期，我们认为这也许是事实。但是，这不过是因为这个过程是累积性的，如果没有发生灾难的话，每个世纪都可能见证了人类文明的空前进步。储存人类积累的知识，并用之于让每一代年轻人带着他们的前辈所取得的所有有利条件出发，是大学最重要的功能之一。因此，一所大学在不忽视古老的知识宝藏的同时，还必须密切关注最新发现的领域，必须呼吁学生们同时在新开辟的和长期存在的道路上行走。就所有这些新学科的直接教育影响力而言，还不能说人类已经积累了很多的智慧。

然而，有一项相当大范围的假设可以根据经验得到确定。在每一个新的知识领域里，探索者和发现者的精神力量得到了充分的发挥和富有成效的训练。某个或某些具有非凡头脑的人定是为了每一门新学科殚精竭虑。可以合理地假定，年轻人在跟随老师们进入任何需要他们竭尽所能去探索和描述的领域时，都会经历一些艰苦的官能训练。学习伟大的人物对任何知识领域的征服，一定是对志同道合的年轻人心智的良好训练。对成熟的学生来说，所有健全知识的分支学科都具有同等的地位和同等的教育价值，这是我们今天唯一乐观和站得住脚的观点。一个人要掌握人类已经获得的知识总量中的哪怕是微不足道的一小部分，在很久之前就已是完全不可能的了。

在我结束选修制这个话题之前，我要指出的是，在欧洲大陆资源充足的大学里，完全的学习自由都盛行已久，无一例外。牛津大学和剑桥大学最近为学生提供了几乎完全的学习自由。在我们国家，现在有些不错的学院提供相当比例的选修课程，通常，在教师、捐赠和经费方面的资源越丰富，它们的选择原则就越自由。然而，许多学院似乎仍然对这一原则的有效性不抱希望，而且我们受过教育的公众也是刚开始意识到它的重要性。美国教育机构获得欧洲大学的资源和影响力的速度是如此之快，它们会采用适合于任何地方大学的方法。目前，我们最好的学院在教师数量上远远低于欧洲标准，因而在教学的广度上亦是如此。

从这个角度来说，到目前为止，美国还没有大学——只有对此显赫声名的渴望。更重要的是，我们应该了解大学发展的条件——最不可或缺的就是选择学习的自由。

2. 在单一学科或特定学科中赢得学术荣誉的机会

一所大学必须给予学生在某些学科或某些方向的学习上表现优异的机会。统一的课程导致了统一的学位，第一名和最后一名会获得相同的文凭。一所大学不可能在这种方案之上发展起来。在毕业典礼上，它必须为在单个学科领域取得杰出成就的人授予学术荣誉。这些荣誉鼓励学生在单个学科领域走得更远。这样，在所有系科中产生了开设高级教学以获得这种荣誉的需求。这种需求，与不同系科之间自然形成的竞争联系在一起，激励了教师，教师反过来激励他们的学生。每个系科为想获得这种荣誉的学生提供的详细指导，对于那些想要从事专业工作的学生来说，是非常明确的建议。这是这一制度的附带优势，按照系科组织教学又使它得到促进。拉丁语、历史或哲学教师发现有必要有序地安排课程，对他们的方法和结果进行比较，并尽可能地使他们共同提供的教学丰富和多样化。许多欧洲大学，特别是英国大学会为有优异专长的学生提供荣誉或奖励，或者两者都提供。在德国，具有高度价值的哲学博士学位是颁给在一个或两个知识分支学科中获得很大成就的人，证书上会提及专攻方向。哈佛的教授会在1866—1867学年宣布了他们的荣誉制度，但他们从来没有通过一项更有效的规则。1879年，他们在毕业典礼上设计了荣誉提名的规则，这也很有效。在任何系科获得荣誉通常需要一年半的时间，获得荣誉提名需要大约一半的时间。所有这些设计的重要功能是促进学习的专业化，从而发展高级教学。不必多说，这与包含相当多基础学习的统一必修课程制度是截然对立的。

3. 一种明确要求每个人有责任形成自己的习惯并指导自己行为的训练

一所大学必须允许学生总体上进行自我管理。它必须有大量学生，否则大量高度专业化教学的课程中就会有很多没有听众，学生自己也不会感受到那种来自与大量不同民族、国家、学校、家庭、教派、党派和生活条件的年轻人相互观察和接触的非常有益的影响。今天，一所大学最好位于或临近有相当数量人口的地方，如此它的管理者和学生就可以享受各种高雅的乐趣，感受一个高度文明的社会的激励和约束。罗马、巴黎、维也纳、柏林、莱比锡、克里斯钦[①]、马德里和爱丁堡的大学有力地证明了这两种优势。这些条件使得一所大学，无论在乡村还是在高墙和围栏后，都几乎不可能以任何与世隔绝的原则来对待学生。1500 名身强体壮的年轻人住在大门日夜开放的楼宇里或在分散的寄宿处，他们在大学不可能再像在自己家里那样可以得到机械的保护以免受诱惑。他们的保护必须来自他们自己。他们必须在家庭的记忆、纯洁的陪伴、努力的学习、学问上的抱负、宗教的情感和道德的目标中找到这种保护。一种个人自由和责任感强化了这些保护的影响，而要求有很大权力却又没有有效的手段来行使权力的监督机构的存在则会使之弱化。替代父母（in loco parentis）理论是一个古老的谎言，不应该再欺骗任何人。任何美国学院，无论在哪，都没有任何有益于抑制或排除恶习的规训方法。品性不良的学生在最小的村庄也能找到放纵自己的所有办法，而最坏的恶习都是最无声无息的。不用假装对学生保持任何家长或僧侣似的约束，而应坦率地告诉他们必须自我管理，这是真正的大学教

① 译者注：挪威首都奥斯陆的旧称。

育方法的一个显著优势。大学政策的道德目标应该是通过自由培养年轻人的自我控制和自立。大学的任务不是培养那些从事需要绝对服从的工作的人。相反，它应该为那些极其需要自我管理、独立和原创力的职业培养人才。不要想象一个年轻人在一所活跃而有趣的大学里处于特殊的道德危险之中。事实远非如此。这样的大学对于任何有内在目标的年轻人来说，是世界上最安全的地方——远比账房、商店、工厂、农场、军营、水手舱或牧场安全得多。学生生活在令人振奋的气氛中，书籍会吸引着他，好的同伴会邀请他，好的职业会保护着他，有益的朋友围绕着他，纯洁的理想在他面前展现，雄心壮志会激励着他，荣誉在召唤着他。

七

学校课程能否缩短和丰富

学校课程能否缩短和丰富

全国教育协会华盛顿监督司会议

（1888年2月16日）

在改善美国中学、学院和专业学校的过程中——自内战以来这一过程一直以非凡的能量在继续——总体上，高等教育特别是学院，已经出现了一些新的困难。这些困难与年轻男性在什么年龄能够为上大学做好准备有关，因而也与男孩子在什么年龄完成之前的各个教育阶段有关。哈佛学院的平均入学年龄在过去60年里一直在上升，现在已经达到了18岁零10个月的极限。哈佛学院在这方面一点都不独特，事实上许多乡村学院发现它们的学生的平均入学年龄比这还更大。毋庸置疑，学院毕业生的平均年龄接近23岁。而且，在他获得文学学士学位之后，如今他必须用至少3年的时间接受专业教育。

关于令人满意的专业训练所需的时间长度，美国教育界的实践自内战以来有很大变化。20年前，哈佛大学学生要获得法学学士学位所需的住校时间为18个月，现在这一时间是3年。许多州通过的法案，实际上使3年成为取得律师执业资格的常规年限。雄心勃勃的医学生的医学训练时间现在是4年。20年前，顶尖的学院还满足于招收文科毕业生担任拉丁语、希腊语和数学助教。现在他们期望助教或讲师职位申请人在获得学士学位后再花上两三年的时间学习。学校董事会和董事们也相应地要求严格。简而言之，美国的专业教育正变得越来越全面和复杂，因此要求渴望从事这些职业的人花越来越多的时间学习。一般的学院毕业生要为从事任意学术职业做好准备，包括从事教学，他在27岁之前很难开始自立。

在美国这样一个新国家，这种状况如此不合理——在欧洲最古老、人口密度最大的国家，这种情况几乎不存在——以至于迫切需要采取一些补救措施。第一个局部的补救措施是将学院的平均入学年龄降到18岁。这种降低将会节省大约一年的时间。为了让这种节省有效，人们不希望降低美国学院考生的录取成绩的平均水平。因为这种节省本身可能是不够的，而且公共利益可能要求另外缩短普通学院四年课程的时间。因此，学院的执教者急切地想看看美国的中学课程是否可以缩短和丰富：缩短，这样我们的男孩子就可能在18岁而不是19岁入学；丰富，这样他们18岁入学时学到的可能比现在19岁所学的还多，如此一来文学学士学位的标准可能不会降低。

美国学院和大学整体的相对衰落，加剧了对学院的运作负有责任的人士看待这个问题所体会到的焦虑感。哥伦比亚学院巴纳德校长20年前就已经明确指出的这种相对衰落，近年来尤为明显。据最权威机构预计，美国人口每十年将增长大约三分之一。1875年至1884年（包括在内）的10年间，教育署署长公布的包括学院和大学的统计表中显示，它们的学生人数仅增长了11%，而没有增加三分之一。如果我们同一份表格中选择关注1876年至1885年这10年间的变化，增长率是16%。但是，对这一高增长率的解释是，1876年的学生总数异常少，比1875年少

2400人。如果我们把女子高等院校和所有科学学院都列入学院和大学，我们会发现，当列入名单的机构增加后，学生数量的增长依然与人口的增长不同步，尽管科学学院在上述年份取得很大的进步。如此算下来，在1875年至1884年的10年间，大学和学院、科学学院和女子学院增长的学生人数全加在一起，也只有1875年学生总数的23%。很明显，有严重的阻碍影响了所有接收18岁至19岁的年轻男女并使他们接受三四年通识教育的机构。其中一个阻碍无疑是，学院作为一个整体，固守中世纪课程的时间太长。然而，将所有可能的因素考虑在内，一个更大的阻碍是受过良好教育的儿子在27或28岁之前还不能从事他们的职业来养活自己而导致的强加于父母身上的负担。因此，一个重要的问题是，可以缩短并丰富学校课程吗？

对这个问题的研究，首先自然指向有时也被叫作预科学校的学校，也就是最好的高中和中学。但是如果我们考察一下这些学校的课程，我们会发现学生在校的四年时间里学业通常非常忙碌。因此，位于新罕布什尔州埃克塞特（Exeter）的菲利普斯学园（Phillips Academy）——美国最好的中学之一，有一个四年的课程，它是如此丰富以至于几乎不可能采用任何缩短或缩减的建议。但埃克塞特的入学要求是什么呢？“一些公共学校（common-school）的算术、写作、拼写和英语语法基础知识。”这些要求对一名小学毕业的8岁男孩来说或许是合理的。然而，埃克塞特的平均入学年龄是16岁半。现在，埃克塞特不满足于自己如此低的入学条件，除非受到强制。如果它要从一般的生源对象中招到更好的学生，它就得提出更高的要求。但是，它是大范围招生，它的经验是反对提出更高的要求。埃克塞特的课程本身就被一些适合10岁男孩的学习所拖累。因此，它在算术上花了很多时间，并教授英语和英语文学基础。一所有义务从这种上过埃克塞特的一般水平学校的男孩子中招收学生的中学，在学生从16岁到20岁之间的四年里很难说能为他们做得比现在更多。埃克塞特的真实情况，就是整个高年级学校的真实情况。它们必须弥补低年级学校的不足。因此，有必要从头来审视美国学校的课程方案——从小学开始，到文法学校和高中——看一下在哪些地方可以节省时间和精力。

这个问题看似主要对学院有意义，但实际上它的范围更广。首先，任何为那些教育时长可能需要延长至25岁的孩子所做的对学校课程方案的改善，也将会改善没有那么幸运、所受教育较为简单的那些孩子的课程方案。公立学校永远不会向高一级教育机构大比例输送在它们那儿受过训练的儿童。但是，提供给他们的课程方案最好能充实、系统，符合最聪明和最幸运的学生的需要。此外，我们可以尽量合理地让每个阶段——小学、文法学校和高中——以及每一年级的课程方案本身即是一个好的方案，同时又为下一阶段的课程学习提供很好的引导。课程方案本身越好，就越能为下一步的学习做好准备。对于小学和文法学校，这一原则完全适用。在高中和中学阶段，这一原则只需在外语方面有所例外，在课程方案的这一部分应该允许有所选择。这样，美国学校课程能否立刻缩短和丰富的问题，就有了广泛的范围，涉及了所有人的利益。

讨论到我们的学校课程方案缩短和丰富的可行性，作为有助于形成公正看法的证据，两种涵盖8至17岁年龄的公立学校课程方案——一个是法国的，一个是美国的——可供我们做实质比较。一种方案是法国中学课程，在法国所有被称为高级中学（Lycée）的学校里实施。另一种是将波士顿文法学校的前三年与波士顿拉丁学校的完整课程整合在一起的方案。这里假定波士顿文法学校是这个国家此类学校的恰当代表。事实上，波士顿拉丁学校被认为是最好的，因为它是美国最古老的由地方税收支持的古典学校。表中提到的这些方案并排放着，这样可以方便地比较同年的课程。每一种方案都列有古典课程，但是，可以在拉丁语和希腊语被其他课程所取代的方案之间进行类似的比较。在法国学校里，拉丁语和希腊语在很大程度上可以被数学和科学取代，在波士顿英语高级中学，它们提供了一个类似于拉丁学校的课程，但是同样存在数学和科学对全部希腊语以及部分或全部拉丁语的类似替代。目前的研究目的完全可以通过将比较限定在古典课程方案中而得以实现。之所以选择法国的而不是德国的高中课程方案，是因为这是一个稍微初级的比较，德国的方案更全面、复杂和困难。法国的课程方案是最近对1880年至1885年间实施方案的缩减，缩减量大约是20%。两种方案（法国的和美国的）每周习题课的次数几乎是一样的。根据比较条件，这是最好的外国课程方案，因为法国从社会类型的角度来看是一个民主国家，在政治上是一个共和国，在工业方面是一个国民面临国内外激烈竞争、主要依赖生产阶层的智力与技能的国家。在所有这些方面，法国和美国都非常相似。而且，我认为法国男孩在体质、智力或耐力方面不可能有胜过美国男孩的优势。他们的体格没有美国普通男孩那么强壮，而且吃得不够好。

对这两种课程方案的简要比对考察揭示了几个重要事实。法国方案无疑更为充实。也就是说，与美国方案相比，它要求学生更努力，更早让孩子接触重要课程，而且通常更有趣，更能开发智力。例如，在8岁时法国男孩开始学习一门外语（英语或德语）。美国男孩开始学习现代语言的时间较之晚了5年，是在13

岁，此时学习一门外语的最好时期已经过去了。法国男孩8岁开始以一种有趣而刺激的方式，通过学习人物传记的方式来学习历史，而美国男孩直到13岁学习希腊历史时才开始接触历史。8岁的法国男孩花在学习算术上的时间只有美国男孩的三分之一，而且在整个学习过程中，花费的时间不超过美国男孩的三分之一。然而，在实际应用上，法国人在数字方面的技能不亚于美国人。法国男孩比美国男孩更早地学习自然历史，而且科目成绩更好。法国方案代表了一个实际的事实，大多数法国男孩通常在方案指定的年龄学习相应的课程。然而，波士顿拉丁学校为11岁到16岁学生准备的课程实际上涵盖了13岁到18岁这个年龄段。比较波士顿男孩和法国男孩的学业成就，我们必须在美国方案中增加整整两年的时间。这样，波士顿方案的劣势变得非常明显。美国课程方案中没有一门课程是法国男孩完成得不如美国男孩的。在比较两种课程方案中的拉丁语和希腊语的内容体量时，这点似乎很明显，而在几何学和物理学中同样如此。此外，法国课程超出了美国课程范围一年，而且在一门叫哲学的课程上对哲学和伦理学进行了全面介绍，这在美国从来没有对17岁的男孩子尝试过，而在法兰西共和国却被发现切实可行而且极为有效。在法国方案中，法语作为母语，教学量优势最为明显。在拉丁语和希腊语被引入之前，法语占了整体课程的一半。当拉丁语和希腊语的学习到达一定高度时，法语仍然占据了课程方案的很大一部分。在最后一年，也就是所谓的哲学年，法语几乎独占了整个课程。在过去的十年里，在美国最好的学校里，英语和英语文学的学习取得了很大的改善。但是，英语在美国学校尚未取得法语在法国学校那样的地位。在法国高级中学，几何教学先于代数教学，在绘画的帮助下，学生在大力进攻代数之前全面学习几何。平面几何在男孩14岁时就学完了。而在波士顿拉丁语学校，根据课程方案，平面几何课程要到男孩17岁才结束，实际情况是要到19岁才结束。对这两种方案的简短讨论即可使人们信服，法国男孩在18岁时所取得的学业成就，比有机会上最好学校的美国男孩在19岁时取得的学业成就要大得多。对这些研究进行深入考察只会强化这种看法。

上述比较并不是采取急躁的革命行动的理由。它所建议的转变不是一年就能完成的，而应该是多年耐心努力的目标。每个人都知道，外国的教育制度是不能移植的，一个国家的教育制度受到其政治、道德和工业条件的强烈影响，学校和学院的改善必然是缓慢的。但是，从这种方案比较中可以合理地推断，美国中学的状况目前处于劣势，国家不应该对这种状况感到满意，确实应该努力改善。美国课程方案确实存在缩短和丰富的空间。如果有人说，美国男孩毕竟表现得很好，美国社会作为一个整体和法国或德国社会一样聪明，那么现成的答案是，自由制度本身对全体人民来说就是一种相当重要的教育。这个国家在自由制度方面比欧洲有优势，这一优势不应该与学校的劣势地位相调和，它也应该致力于拥有最好的学校。如果能使美国中小学变得更好，就应该着手进行改善工作。

从上面的对比中可以推断出改善是可行的，因此思考一些改善美国公立学校（从小学到高中）的措施将不无益处。

1. 首先，更好的课程方案需要更好的教师。法国、德国和美国中学的巨大差别在于教师的质量。两种改善公立学校教师队伍的模式需要特别关注。第一，学校委员会、学监、教师本身以及所有关心公共教育的朋友都应该不断努力为美国教师争取更好的任期。美国的学校将永远比不上德国和法国的学校，除非能力得到充分证明的教师能够在有良好的行为和工作效率时获得有保障的教职任期，就像那些国家的教师一样。思考、尊严和思想的平静将会伴随永久的任期。在这个国家，在公立职位能在这方面变得与私立职位一样好之前，公立学校的职位将永远无法与私立教育机构的职位相竞争。第二，公立学校教师的平均技能可以通过提高学校中目前男性教师的比例来提升。这是美国的教学劣于法国和德国的教学的一个重要原因。美国学校女教师的比例远远高于欧洲。在任何公立学校系统中，女性的比例越高，每年的新任用教师比例就越高，临时替补人员的工作量就越大。新任用和替补通常意味着教师缺乏经验，至少也会造成教师突然被安排在不熟悉的地方工作。当然，男性教师的优势与男人和女人的相对智力或忠诚没有什么关系。众所周知，许多女性作为教师进入公立学校，并没有长期从事这一职业的打算。此外，女性的缺勤率是男性的两到三倍。以教书为权宜之计的男性年轻人也不能令人满意。学校需要受过高度训练和经验丰富的教师的长期工作。在这两种提高公立学校教师平均质量的最重要措施之后，是不应忽视的次要措施。例如，学监和学校委员会通过不断提倡把钱花在教学上而不是花在机械设备或建筑上，也有益于提高教师的水平。廉价的教师、昂贵的设备和建筑恰恰与明智的做法背道而驰，尤其是如果这些精美的建筑连防火都做不到的话。第三，当然，公立学校的教学质量还可以通过建立教师考试制度来提高，它可以确保普通教师有更好的准备。另外，公立学校可以通过监督的方法，了解试用期教师的相对优势。在过去10年（1878年—1888年）里，我们在这个方向已经取得了很好的进展。

2. 第二个不懈努力的方向应该是改善课程方案，因为课程方案对于整个学校系统从上到下的稳定发展至关重要。当然，一个好的课程方案不会被自动执行，它必须通过好教师才能被赋予生机。但是，一个不明智的课程方案对于改善一个城市的学校而言几乎是一道不可逾越的障碍。一般来说，从小学一年级开始，美国的课程方案就显得不够充实。这道“饮食”中没有足够的“肉”。它们不能让孩子快速前进以维持自己的兴趣，并诱导其发挥自己的力量。经常会有对公立学校压力过大的抱怨，但弗里德里希·包尔生(Friedrich Paulsen)可能是正确的，他说导致过度疲劳的原因不是工作，而是缺乏兴趣和有意识的进步。尽管他可能在工作，但他并没有完成任何事情，这种感觉更容易出现在最强壮的成年人身上，而不是在孩子身上。一个难以解决的数学问题会比十个容易解决的更能激发一个孩子努力尝试的兴趣。没有智力乐趣的一小时工作比使人感兴趣的两小时工作更能累坏一个人。现在，公立学校大部分工作的困难在于，对幼稚的头脑来说，学校课程根深蒂固而且不可避免地了然无趣。因此，丰富学校课程方案，让重要的课程比现在更快地彼此跟随，不一定会增加孩子的负担。然而，这必然需要提高教师的技能。因此，教师的进步必须与课程方案的改善携手并进。减少压力的最好方法是增加兴趣、吸引力、学业成就感和成长感。美国学校和学院现在的教学主要是驱动和评判；它应该是引导和激励：这里有一些美丽的田野——我将给你指出通往那儿的道路；这里有一些有益的训练——我将向你展示如何练习；这有一些高山——我将引领你们攀登。

3. 通过减少检查复习的次数，以及绝不确立检查复习、跟踪考试所要求达到的那种学业成就的精确性目标，小学和中学可以节省出很多时间。知识的准确性和陈述的准确性连成年人都很少具备，为什么要成为对儿童的习惯性的要求？有多少受过良好教育的成年人能正确地把一长串数字加在一起，或找出6个到8个数字的最小公倍数或最大公约数？只有练习才能使一个人在这些操作中保持熟练。我们可能会理所当然地心存感激，因为很少有人被强迫保持这种必要的练习。很少有成年人的大脑能准确地记住大量孤立的事实，人们常常看到的是，在这方面擅长的大脑通常不是最好的大脑。为什么我们要让孩子做连我们自己都不想做的事呢？在掌握低级内容之前继续学习高级内容，而不是在掌握了一个内容之后再进入下一个内容，这样做几乎总是明智的——彻底地掌握学习内容这件事本身就非常罕见。

在掌握理论的过程中，我们成年人应该做多少新的阅读或思考？不是复习算术，而是学习代数，因为代数将证明算术并提供许多算术过程的例子。不是重读一个熟悉的故事，而是读一个新的故事，这将会更加有趣，而且常用的词汇也会重现——常用词汇是迄今为止最有价值的词汇。不是重温北美自然地理，而是学习南美自然地理，在那里，学生也会发现山脉、分水岭、高原、宽广的平原、巨大的溪流和等温线。温习一门课程真正有益的时间不是我们刚刚学完它的时候，而是当我们用它来学习其他课程并且已经看到了它与其他课程的关系以及它的好处时。例如，法国课程方案将算术、代数和几何的复习放到了最后一年。通过代数和几何的学习，法国男孩的所有数学能力都得到了提高，他的测量和代数学习包含了所有的算术练习，他在十七岁重返算术课程时，发现比他十四岁时要容易得多。此外，法国男孩已经逃过了那些最让人恼火的一个简单的代数运算可以解决的算术难题。许多受过教育的新英格兰人直到今天还记得，在科尔伯恩的续集[①]（Colburn's Sequel）上苦熬了好几个小时的问题，后来被发现在对舍温的代数（Sherwin's Algebra）学到中途时就能在几分钟内解决，他们当时几乎怒不可遏。让孩子们以一种艰难的方式去做一些现实生活中从不运用、一两年后就能轻松做到的事，难道不是一种对时间和精力的可恶浪费吗？在任何人都必须遵循的训练过程中加入任何人为的困难，是一项不可饶恕的教育罪恶。不用去人为地制造，这个世界已经有足够多的艰难，尤其是对孩子。仔细查阅所有年份使用的公立学校课程方案，将会发现通过放弃获得夸张的、完全不自然的学业成就精确性的努力，在许多地方都可以省时省力。追求学业成就的精确性是考试最糟糕的缺陷之一。良好的考试成绩并不总是证明对孩子的训练是最好的。

4. 在这个国家发布的几乎所有的学校统计数据中，似乎各个年级的孩子年龄都太大了，他们显然是被拖住了。这一现象的产生部分是由于教师的远大志向，部分是由于家长的谨慎。用具体案例说明：在波士顿的小学，这些学校的目标是招收5到7岁的孩子，但在过去三年里所有孩子中有44%的人超过7岁。在同一城市的文法学校，这些学校的目标是招收8到13岁的孩子，但有20%—24%的人超过13岁。前面已经提到，拉丁学校的平均入学年龄并不是课程方案所说的11岁，而是13岁，确切地说是13岁零3个月。三年来，波士顿文法学校毕业班三分之一到二分之一的学生的在校时间已经超过了6年，但是课程方案只要6年。在波士顿小学和文法学校，这种倾向正朝着错误的方向发

① 译者注：这里指一本算术教材，美国数学教师沃伦·科尔伯恩（Warren Colburn, 1793-1833）出版过《心算第一课》（*First Lessons in Intellectual Arithmetic*, 1821）和《算术：算术第一课续集》（*Arithmetic: Being a Sequel to First Lessons in Arithmetic*, 1824），这两本书曾在美国学校作为算术教材，并奠定了他的声誉。

展。也就是说，1887年超龄学生的比例大于1877年。教师的远大志向往往让孩子们在好几个年级里待的时间太久，因为他们想让他们的学生在定期考试中表现良好，也因为他们喜欢把聪明的孩子留在班级上以帮助那些迟钝的孩子。父母的谨慎往往制造了同样的困难，因为他们担心对孩子施加的压力过大。他们不理解对孩子来说，和成年人一样，造成伤害的与其说是工作，不如说是担忧，或者说他们没有发现是现有的制度加剧了对工作的担忧。认为儿童有必要在掌握一件事情之后再去学习另一件事情这种夸张的观念，也要为儿童在正常课程中的延迟负责。这种延迟的结果就是儿童太晚上高中或拉丁学校。所以如果他要进入商界，就不能完成更高的课程，或者如果他的教育时间要延长的话，就太晚上大学了。根据课程方案的年龄，大多数孩子应该逐年升级，不需要延迟。任何妨碍这一正常进程的考核方式都弊大于利。在过去几年里，许多实验都是在半年一升级和其他催促那些聪明孩子的方式上进行的。这些实验的目的是值得称赞的，但统计数据引发一个质疑：半年一升级是否真的有促进作用，以及它们是否会影响到学校工作的有序开展。一般来说，任何学校的工作都必须按年设计，因此不定期的升级几乎不能弥补延迟[1]带来的普遍弊端。

5. 如果我们回顾美国学校历史上的一代或两代人，我们会发现孩子们在一年中花在学校的时间已经明显减少了。当然，同一时期我们在校舍通风方面做出了很大的改进，还有各种各样的身体锻炼，如唱歌、体操和军事训练也已经被引入。但是，上课时间的减少已经走得够远了，需要在相反的方向上采取一些措

① 原注：自1888年起，不定期和快速升级发展很快。

施。理想的学校应该是这样的，孩子的体质不会因为上学而受到伤害，他的日常生活的乐趣不会减少。这样，更长的在校时间也不会不安全或不受欢迎。需要休息和假期的应该是教师，而不是孩子们。在城市里，假期学校似乎是我们现有体制的理想补充。对于那些在家里有一些知识资源，或者那些可以去乡下或海边度假，在那里可以学到书本上所没有的东西的孩子来说，长假可能是一件很好的事情。但是，如果孩子的父母没有文化或者粗心大意，孩子们在家里没有任何知识生活，长假很可能会造成严重的伤害，尤其是在城市和大城镇。假期学校倾向于把最不受欢迎的孩子带进或留在学校，从而加快了全年总体的进步速度。

这次演讲的主要目的是：第一，指出一个使美国教育整体进程感到尴尬的严重困境；第二，简单地说明在改善我们的学校系统方面，可以明智地付出努力的几个方向，其最终目的是让学生在较短的时间内可以接受更好的训练。学监和教师的专业经验和热情将会知道如何设计并实行适当的补救和改进措施。

附表　法国和美国公立学校课程方案比较

（用于说明前面的演讲内容）

法国中学的课程方案 （1885年版本）	波士顿文法学校（前三年）和公立拉丁语学校的课程方案（1887年版本）
古典课程 （在预备班和第八、七年级，课时20小时/周，包括1小时/周的绘画。）	古典课程 （在文法学校，课时22小时/周，包括绘画和音乐。）
预备班　8岁	**6年级　文法学校（第1年课程）**8岁
法语： $9\frac{1}{2}$小时/周； 阅读、拼写、写作和最基本的语法规则。	英语： 11小时/周； 口头和书面练习； 复述故事、背诵、黑板上书写和听写、书信写作、阅读指定读本。

（续表）

法国中学的课程方案 （1885年版本）	波士顿文法学校（前三年）和公立拉丁语学校的课程方案（1887年版本）
德语或英语： 4小时/周； 阅读和写作练习； 发音、音调、必要范例。 历史： $1\frac{1}{2}$小时/周； 名人传记（旅行家、爱国者、发明家）； 1789年以来法国历史伟人的讲话。 地理： $1\frac{1}{2}$小时/周； 自然地理主要术语含义（用城镇或国家说明）； 法国自然地理概况； 地理绘图（用地球仪、图表和黑板说明）。 算术： $1\frac{1}{2}$小时/周； 整数的心算； 数、美国货币、液体与固体测量。 实物课： 1小时/周； 煤、金属、硬币、云、雨、雪、冰、泉水、小溪、湖泊、水井、运河、海水、盐、风、风暴、熟悉的动物和植物（这组主题持续2年）。 绘画： 1小时/周； 直线、角、圆、多边形、星形、椭圆、螺旋、植物的曲线、透视初步（这组主题持续3年）。	地理： 2小时/周； 地球、地图、半球、陆地、海洋、气候；重要的国家、城市及其人民。 算术： $4\frac{1}{2}$小时/周； 100 000以内整数，小数； 美国货币； 液体与固体测量。 科学基础： 2小时/周； 卫生； 植物（5月至7月）； 幼苗、海绵、珊瑚、牡蛎、蛤蜊、蜗牛、贝壳； 空气、风、雨、霜、雪、冰雹、冰等。 绘画： $1\frac{1}{2}$小时/周； 圆、椭圆、椭圆形、曲线、多边形； 根据口授和记忆绘画。 音乐： 1小时/周； 声乐、书写练习。

（续表）

法国中学的课程方案（1885年版本）	波士顿文法学校（前三年）和公立拉丁语学校的课程方案（1887年版本）
八年级 9岁	**五年级（文法学校）9岁**
法语： 9小时/周； 阅读、拼写、语法和简单写作。	英语： 11小时/周； 方法与前一年相同。
德语或英语： 4小时/周； 语法、阅读、写作、拼写初步、常用短语。英语教材是《埃奇沃思小姐的故事》（*Miss Edgeworth's Tales*）。 历史： $1\frac{1}{2}$小时/周； 路易十一之前的法国史概要。	科学基础： 2小时/周； 卫生； 植物(9月至11月，5月至7月)； 动物（龙虾和昆虫）； 太阳、月亮和星星； 附近地方的排水； 岩石和土壤。
地理： $1\frac{1}{2}$小时/周； 欧洲、亚洲、非洲、美洲和大洋洲地理基础； 发现之旅。	地理： 2小时/周； 重要国家（首先是美国自己）的自然特征、气候、生产、人、政府、风俗、城市。
算术： 2小时/周； 整数； 练习心算、解决简单问题。	算术： $4\frac{1}{2}$小时/周； 继续学习整数和小数； 体重和时间单位； 常见分数的口算。
实物课： 1小时/周； 预备班课程方案中提到的某些事物的练习。	绘画： $1\frac{1}{2}$小时/周； 二维物体、八角形、螺旋形。
绘画： 1小时/周； 与预备班相同。	音乐： 1小时/周； 半音音阶、呼吸、声乐。

（续表）

法国中学的课程方案 （1885年版本）	波士顿文法学校（前三年）和公立拉丁语学校的课程方案（1887年版本）
七年级 10岁	**四年级 10岁（文法学校）**
法语： 9小时/周； 和前一年相同。	英语： 10小时/周； 口头和书面表达（包括写作5小时，阅读5小时）； 更高级的书籍和方法。
德语或英语： 4小时/周； 语法（辅助动词和不规则动词）； 简单的散文； 阅读和对话练习； 英语教材是《桑福德和默顿》《老波兹》。	卫生： 1小时/周； 继续前一年级的学习。 算术： 4 $\frac{1}{2}$ 小时/周； 常见的分数； 立方体的测量； 继续学习小数。
历史： 1 $\frac{1}{2}$ 小时/周； 路易十一统治时期至1815年间的法国史。	
地理： 1 $\frac{1}{2}$ 小时/周； 法国地理基础。	地理： 3小时/周； 经线和纬线、气候带、风和洋流； 影响人类的气候； 北美洲、南美洲和欧洲自然地理； 地图绘制； 太阳、月亮和星星的运动。
算术和几何： 2小时/周； 整数与小数； 公制单位； 几何图形。	观察课： 1小时/周； 常见的金属、矿石、花岗岩。
石头和土壤： 1小时/周； 石灰石、石灰窑、灰浆、灰泥、黏土、砖块、陶器、石英、燧石、磨石、花岗岩、沙子、吹积物、泥土、松软沃土、土壤、化石、采石场、火山。	绘画： 1 $\frac{1}{2}$ 小时/周； 几何图形、植物图形基础设计； 圆柱、圆锥； 根据记忆绘画。

（续表）

法国中学的课程方案（1885年版本）	波士顿文法学校（前三年）和公立拉丁语学校的课程方案（1887年版本）
绘画： 1小时/周； 与预备班相同。	音乐： 1小时/周； 音阶和五线谱音程； 三个升半音和四个降半音的不同音调。
（注：对于六年级及以上的年级，课时至少为20小时/周，另有2小时绘画）	（注：对于拉丁学校，课时为20小时/周，包括2小时军训）
六年级 11岁	**六年级（拉丁学校）11岁**
法语： 3小时/周。 语法； 从法国古典文学中节选的散文和诗句； 拉封丹寓言； 简单写作。	英语： 至少3小时/周； 节选散文和诗歌的大声朗诵； 阅读美国历史； 语法； 口头和书面摘要、写作、拼写。
拉丁语： 10小时/周； 语法基础； 《古罗马名人传》（*Viri Romae*）； 将法语短语译成拉丁语。	拉丁语： 常见形态； 拉丁语与英语互译； 拉丁语听写。
德语或英语： 2小时/周； 语法、阅读、对话、写作练习； 英语教材是《埃奇沃思小姐的故事》、艾金和巴克斯波特的《在家的晚上》； 英国史入门。	地理： 自然与政治地理（包括画出美国、欧洲国家和北美其他国家的地图）； 算术： 复习； 公制单位； 百分比及其应用。
历史： 2小时/周； 东方古代史——埃及、亚述、巴勒斯坦、腓尼基、波斯。	几何： 口头教学； 形状与简单命题。

（续表）

法国中学的课程方案 （1885年版本）	波士顿文法学校（前三年）和公立拉丁语学校的课程方案（1887年版本）
地理： 1小时/周； 欧洲和地中海盆地。	生理学： 口头教学（从3月1日开始）。
算术和几何： 1小时/周； 普通分数、小数； 球体、极点、经线、纬线。	军训： 2小时/周。
动物学： 1小时/周； 人、脊椎动物、节体动物、蠕虫、软体动物； 地球主要区域动物。	
绘画： 2小时/周； 带阴影的透视画法、浮雕装饰物写生、古建筑残片写生、人物头像写生（这些课程开设2年）。	
五年级 12岁	**五年级（拉丁学校）12岁**
法语： 3小时/周; 和前一年相同; 拉封丹(LaFontaine)、布瓦罗(Boileau)、拉辛(Racine)、布丰(Buffon)的作品节选。	英语： 至少3小时/周； 散文——《探戈林故事集》(*Tanglewood Tales*)、《富兰克林自传》(*Autobiography of Franklin*)； 英格兰史； 诗歌——霍姆斯(Holmes)、布莱恩特(Bryant)和斯科特(Scott)作品选(教学方法与前面几年相同)。

（续表）

法国中学的课程方案 （1885年版本）	波士顿文法学校（前三年）和公立拉丁语学校的课程方案（1887年版本）
拉丁语： 10小时/周（到1月1日，此后8小时/周）； 语法、句法、韵律学原理； 菲德洛斯（Phaedrus）、奥维德（Ovid）和涅波斯（Nepos）作品选； 拉丁语主题。	拉丁语： 翻译简单散文和恺撒（Caesar）的《高卢战记》（*Gallic War*）（卷一和卷二）； 无准备翻译； 听写、段落记忆； 将英语译成拉丁语。
希腊语: 2小时/周（从1月1日开始）； 语法、音调、词形变化。	地理： 南美洲、西印度群岛、亚洲、非洲、大洋洲的自然和政治地理（包括地图绘制）。
德语或英语： 2小时/周； 阅读、写作、对话、翻译； 英语教材——斯科特的《祖父的故事》、富兰克林的自传、希腊史入门读本。	算术： 百分数（包括简单和复杂利息、折扣）； 复合数、比率和比例； 幂和根。
历史： 2小时/周； 希腊史。	几何： 测量。
地理： 1小时/周； 海洋； 非洲、亚洲和美洲的自然地理；主要国家、首都和商业港口； 欧洲的财富。	动物学： 口语教学（从3月1日开始）。
算术和几何： 1小时/周； 三数定理[①]； 利息、折扣，面积和体积的测量。	军训： 2小时/周。

① 译者注：Rule of three，即如果 $\frac{a}{b}=\frac{c}{x}$ $(x,b\neq0)$，则可以求出 $x=\frac{bc}{a}$，也就是用三个数计算出另一个数，故称三数定理，在19世纪曾广泛应用于法国的数学教学。

（续表）

法国中学的课程方案 （1885年版本）	波士顿文法学校（前三年）和公立拉丁语学校的课程方案（1887年版本）
植物学： 1小时/周；植物的器官——根、茎、叶、花、果实、种子； 蔬菜王国的划分；全球主要地区植物概况。 绘画： 和前一年相同。	
四年级 13岁	**四年级（拉丁学校）13岁**
法语： 2小时/周； 语法课程结束； 拉辛、塞维尼夫人（Madame de Sevigne）和孟德斯鸠（Montesquieu）作品选； 法语和拉丁语结构区别。 拉丁语： 前半年5小时/周，后半年6小时/周； 维吉尔（Vergil）、奥维德作品节选； 恺撒的《高卢战记》； 库尔提乌斯·昆图斯（Quintius Curtins）作品； 拉丁语口头和书面作文。 希腊语： 6小时/周； 语法、句法基础、简单的作文； 色诺芬（Xenophon）和卢西恩（Lucian）作品选。 德语或英语： 2小时/周； 阅读、写作、对话、翻译；	英语： 至少3小时/周； 丘奇（Church）的《来自荷马的故事》《两年水手生涯》、普鲁塔克（Plutarch）的《希腊名人传》（*Greek Lives*）； 诗歌——洛厄尔（Lowell）、格雷（Gray）和戈德史密斯（Goldsmith）作品选； 摘要、描写和口头练习。 拉丁语： 恺撒的《高卢战记》（卷三和卷四）； 奥维德作品； 《埃涅阿斯纪》（*Aeneid*）（卷一）； 部分韵律学的内容； 教学方法与前面相同。 法语或德语： 发音； 规则动词； 翻译简单的散文； 听写、词汇； 将英语译成法语或德语。 地理： 总复习； 天文和物理现象； 不同国家的政治和商业关系。

（续表）

法国中学的课程方案 （1885年版本）	波士顿文法学校（前三年）和公立拉丁语学校的课程方案（1887年版本）
英语教材——笛福（De Foe）的《鲁滨孙漂流记》、欧文（Iwing）的《哥伦布之旅》和科默小姐（Miss Corner）的《罗马史》。	历史： 希腊史（包括历史地理）。
历史： 2小时/周； 罗马史。	动物学： 口语教学（从3月1日开始）。
地理： 1小时/周； 法国地理、法国殖民地。	代数学： 包括算术的归纳。
几何： 1小时/周； 直线、角、三角形、平行四边形、圆、正割、切线、角的度量。	军训： 2小时/周。
地质学： 前半年1小时/周； 主要的岩石、地壳演化、主要地质时期；第一、二、三纪和冰川纪。	
绘画： 2小时/周； 古建筑残片写生； 版画人像临摹和浮雕人像写生； 部分建筑设计机械图的内容。	
三年级 14岁	**三年级（拉丁学校）14岁**
法语： 2小时/周； 作家——高乃依（Corneille）、拉辛、布瓦罗（Boileau）、波斯维特（Bossuet）、费奈隆（Fenelon）； 写作； 文学史概述。	英语： 至少3小时/周； 散文——普鲁塔克的《罗马名人传》、艾迪生（Addison）的《旁观者》（*Spectator*）中的文章； 一篇斯科特的小说；

（续表）

法国中学的课程方案 （1885年版本）	波士顿文法学校（前三年）和公立拉丁语学校的课程方案（1887年版本）
拉丁语： 5小时/周； 语法复习、韵律学； 李维（Livy）、西塞罗（Cicero）、普林尼（Pliny）、塞勒斯特（Sallust）、维吉尔的作品。	诗歌——麦考利的《古罗马叙事诗》（*Lays*），丁尼生（Tennyson）、爱默生、华兹华斯（Wordsworth）的部分诗歌； 外文摘要、写作和翻译。
希腊语： 5小时/周； 继续学习语法； 荷马、希罗多德（Herodotus）、色诺芬和卢西恩作品选。	拉丁语： 《埃涅阿斯纪》（卷二至四）； 塞勒斯特的《喀提林的阴谋》（*Catiline*）； 西塞罗作品的简单段落； 无准备翻译； 段落记忆； 将英语译成拉丁语。
德语或英语： 2小时/周； 应用所有形式的教学； 英语教材——《威克菲尔德牧师传》（*Vicar Of Wakefield*）、莎士比亚的故事、麦考利（Macaulay）的《英格兰史》（*History of England*）（第一卷）。	希腊语： 词形； 翻译25页《远征记》（*Anabasis*）； 无准备翻译； 希腊语听写； 词汇； 将英语译成希腊语。
历史： 2小时/周； 395年—1270年欧洲史，特别是法国史。	法语或德语： 阅读； 现代散文口头和书面翻译； 听写、段落记忆、词汇； 将英语译成法语或德语。
地理： 1小时/周； 欧洲的自然、政治和经济地理； 每个国家的地理。	
算术、代数学和几何： 2小时/周； 结束算术学习（包括平方根和比例）； 代数基本原理； 通过圆的面积结束平面几何学习。	历史： 罗马史（包括历史地理）。 植物学或物理学： 3月1日开始。

（续表）

法国中学的课程方案 （1885年版本）	波士顿文法学校（前三年）和公立拉丁语学校的课程方案（1887年版本）
物理学： 2小时/周； 半重力、液体和气体的性质； 比重、气压计。 绘画： 2小时/周； 装饰人像、女像柱、浮雕饰带； 多利安式、爱奥尼亚式、科林斯式； 人像与动物造型。	代数学： 包括算术的归纳和应用。 军训： 2小时/周。
二年级 15岁	**二年级（拉丁学校）15岁**
法语： 3小时/周； 10位16—19世纪作家作品选。 拉丁语： 4小时/周； 韵律学，贺拉斯（Horatius）诗歌的韵律； 作家——维吉尔、贺拉斯、西塞罗、李维和塔西佗（Tacitus）。 希腊语： 5小时/周； 语法复习； 荷马、欧里庇得斯（Euripides）、柏拉图（Plato）、色诺芬和普鲁塔克大部分作品。 文学史： 每周1小时用来学习希腊文学史（10讲）、拉丁文学史（10讲）、法国文学史（15讲）。	英语： 莎士比亚戏剧一部； 学院入学要求的部分英语； 散文和诗歌背诵； 翻译、写作。 拉丁语： 西塞罗的四篇演讲； 维吉尔的《牧歌》（*Bucolics*）、《埃涅阿斯纪》复习（卷一至四）； 即时翻译； 记忆学习内容； 将英语译成拉丁语。 希腊语： 《远征记》（卷一至四）； 色诺芬作品即时翻译； 希腊语听写； 将英语译成希腊语。 法语或德语： 和前一年相同。

（续表）

法国中学的课程方案 （1885年版本）	波士顿文法学校（前三年）和公立拉丁语学校的课程方案（1887年版本）
德语或英语： 2小时/周； 语法复习； 阅读、对话、翻译、写作； 英语教材——《尤利乌斯·恺撒》（*Julius Caesar*）、《被遗弃的村庄和旅行者》（*The Deserted Village, The Traveler*）、斯科特的罗曼史（*A Romance of Scott*）、《圣诞颂歌》（*A Christmas Carol*）、《大卫·科波菲尔》（*David Copperfield*）； 英国史学家作品节选。 历史： 2小时/周； 1270年—1610年的欧洲史，特别是法国史。 地理： 1小时/周； 非洲、亚洲、大洋洲和美洲地理； 气象学、气候学、生产、商业关系； 蒸汽和电报线路。 代数和几何： 2小时/周； 学到二次方程的内容后结束代数学习； 立体几何学到立体几何内容为止。 物理学： 半年时间内2小时/周； 电和磁； 声学。	历史与地理： 完成希腊和罗马历史地理的学习。 代数： 完成二次方程的学习； 代数和算术复习。 几何： 开始学习平面几何。 植物学或物理学： 3月1日开始。 军训： 2小时/周。

（续表）

法国中学的课程方案（1885年版本）	波士顿文法学校（前三年）和公立拉丁语学校的课程方案（1887年版本）
绘画： 2小时/周； 和前一年相同。	
修辞班 16岁	**一年级（拉丁学校）16岁**
法语： 4小时/周； 11位17—19世纪作家的作品选； 15堂关于路易十三以来法国文学史的课程。 拉丁语： 4小时/周； 泰伦斯（Terence）、卢克莱修（Lucretius）、维吉尔、贺拉斯、西塞罗、李维、塔西佗的部分作品。 希腊语： 4小时/周； 荷马、索福克勒斯（Sophocles）、阿里斯托芬（Aristophanes）、柏拉图、狄摩西尼（Demosthenes）的部分作品。 德语或英语： 2小时/周； 英语作家——莎士比亚、华盛顿·欧文（Washington Irving）、拜伦（Byron）、丁尼生（Tennyson）、狄更斯（Dickens）和乔治·艾略特（George Eliot）的部分作品。	英语： 学院入学要求的英语； 散文和诗歌背诵； 翻译和写作。 拉丁语： 《埃涅阿斯纪》（卷五至九）； 西塞罗的三篇演讲； 即时翻译； 方法同前一年。 希腊语： 希罗多德选集； 即时翻译； 《伊利亚特》（*Iliad*）（卷一至三）； 希腊语写作。 法语或德语： 一篇或一篇以上法语或德语经典作品的即时翻译； 阅读一部法国史或德国史。 几何： 平面几何学习结束。 军训： 2小时/周。

（续表）

法国中学的课程方案 （1885年版本）	波士顿文法学校（前三年）和公立拉丁语学校的课程方案（1887年版本）
历史： 2小时/周； 1610年—1798年欧洲史，特别是法国史。 地理： 1小时/周； 法国及其殖民地的自然、政治、行政和经济地理。 几何和宇宙学： 2小时/周； 结束立体几何学习； 天体——地球、太阳、月亮、行星、恒星；日食、万有引力、潮汐。 化学： 2小时/周； 氢、氧、氮、氯、硫、磷、碳、硅和它们最重要的化合物； 金属、氧化物和盐的基本概念； 主要的有机化合物； 命名和符号。 绘画： 真人头像写生； 版画风景临摹和实景风景写生。	
哲学班 17岁 心理学、逻辑学、伦理学和形而上学： 9小时/周； 其中8小时用于学习一般课程和两本法语作品，1小时用于学习一本拉丁语作品和一本希腊语作品；	**（波士顿课程方案里没有与法国课程方案对应的哲学班）**

（续表）

法国中学的课程方案 （1885年版本）	波士顿文法学校（前三年）和公立拉丁语学校的课程方案（1887年版本）
两本法语作品每年是从以下人的作品清单中选择：笛卡尔（Descartes）、马勒伯朗士（Malebranche）、帕斯卡（Pascal）、莱布尼兹（Leibnitz）、孔狄亚克（Condillac）、库辛（Cousin）； 感性、理性和意志； 形式逻辑和应用逻辑； 良知和责任； 家庭和国家； 政治责任； 劳动、资本、财富、永生和自然宗教。 历史： 2小时/周； 当代史（从1789年至1875年）。 算术、代数和几何： 4小时/周； 所有这些课程的复习。 物理学： 2小时/周； 光学； 物理的应用——蒸汽机、磁电机、电镀、电话。 生理学、动物和植物： 2小时/周； 营养、感觉器官、声音、运动器官、神经； 植物营养和繁殖。 绘画： 2小时/周； 和前一年相同。	

八

一所普通的马萨诸塞州文法学校

一所普通的马萨诸塞州文法学校

在马萨诸塞州教师协会的演讲

(1890年11月28日)

我将冒昧地与各位熟悉马萨诸塞州文法学校的听众谈一谈这类学校完成的实际工作，虽然我本人并没有基于长期的观察和经验而完全了解这项工作。对于马萨诸塞州的文法学校系统，我显然是个局外人。我不曾是文法学校的学生，也不曾是教师，还很少去这类学校。首先必须承认，我比一个外行更糟糕。在对大学的方式方法提出批评这个问题上，我注意到，一个有不满情绪的批评者对付起来让人难堪。无论如何，局外的批评者有不满情绪这个事实，应该在批评之初就说清楚。我的不满是，美国男孩上大学的平均年龄是19岁，知道的比他应该知道的要少得多，而且比其他国家这个年龄的男孩知道的少得多，比如与位于斯堪的纳维亚半岛的国家、德国、法国和英国的男孩相比。多年以来，我一直在寻求美国男孩低人一等[1]的原因，我无法相信是因为血统或环境，而且我确信也不是因为我们的政治体制的特性。两年前，我仔细研究了这个国家最好的高中和中学的课程方案，虽然

① 译者注：这里是指与别国相比，美国同龄段男孩的发展水平不如他们。

的确找到了一些可以缩减和充实的地方，但是我相信我想到的这个弊端的主要原因并不在这些课程里。最近我一直在研究小学和文法学校的课程，而在我的脑海里总是有这样的想法：从学生或教师的角度，我能找出一些漏洞、一些浪费的时间或者一些误导的付出吗？我能在其中任何一种学校找到可取之处，用以补救我们19岁的男孩子已成事实的低人一等吗？

当我们试图考察美国的文法学校系统时，我首先想要知道的是普通的文法学校实际做了什么。目前在这个国家，这是任何人都无法发现的。我一直在努力了解一个男孩或女孩在一所有典型代表性的美国文法学校所学到的东西，努力的主要结果就是确信没有人能确定他们学到了什么。我敢说任何人都无法确定。造成这种状况的原因有很多。第一，我们没有完善的国家或州的监管体系，也没有富于经验的核查人员的常设机构。公共教育由市和镇组织，这些市镇各行其是，彼此之间很少有合作或协调，因而对于文法学校没有一个相对统一的标准。此外，一个城市的文法学校往往存在很大的差异性。一所文法学校完成的工作量常常与四分之一英里[①]内另一所文法学校所完成的工作量大不相同。因此，波士顿的各个文法学校差别很大，不仅在于学生的工作量，还在于教师的方法和校长的目标。由此可见，在一个城市里，要确定一所普通文法学校的平均工作常常是不可能的。还有，农村学校的条件和结果的差异更为显著，可以说是千差万别。

因此，我要谈的问题难度非常大。一开始我就得承认，我无法告诉你们一所普通马萨诸塞州文法学校的实际工作是什么。我唯一的资源是一个城市的某所文法学校——不是最大城市的，也

① 1英里约等于1.609千米。

不是最小城市的；不是这个城市最好的学校，也不是最差的学校；是一所有好的校长、中等师资和学生群体混合——学生来自不同的国家、社会和宗教群体——的学校。对那所学校的工作我想我有相当的了解，但我也不能装作可以对它做出准确的描述，因为——这是一个适用于整个国家和这个州的大部分文法学校的原因——那所学校同一年级的不同班级的工作有相当大的差异。这种差异是由教师的差异造成的。一名教师比另一名教师更具警觉性和激励性，因此她的学生学到更多的东西。尽管有这些困难，我发现对这个尚有代表性的学校的实际工作进行研究还是富有启示意义的。我先来谈谈上学时间的问题。

在这个相当小的城市里，只有少量的文法学校，学校的上学时间是每天$4\frac{1}{2}$小时，每周5天。即，上午课时在9:00至11:30，下午课时在2:00至4:00，星期六没课。在一年中天最暗[①]的时间段，下午课时的时间是从1:30至3:30。我的第一个批评是上学时间太短了。在每周如此短暂有限的时间内，我们不能指望9到15岁的孩子能完成他们被合理地期望完成的事情。外国学校有更多的时间，这也是它们完成更多任务的原因之一。我认为放弃整个星期六的上学时间是错误的，我们最好回到祖辈的方法上来，即星期三和星期六上半天课。我认为应该坚持每周的四个整天上学时间是全天5小时，在每周的两个半天时间里，上学时间3小时，这样一周的上学时间就是26小时而不是22.5个小时。把这个数字再乘以每个学年的周数，结果将很可观。

我还必须表达这样一种信念，即孩子们不能像现在这样，在一年中享有如此长的假期，特别是在绝大多数儿童无法离开的城

① 译者注：指天黑得早。

市，在两个月或更长的暑假里又没有足够的事情可做。教师需要假期，但学生不需要。事实上，他们中的大多数都为此受到伤害或遭受损失。暑期半日制学校将会增加城市学校的总成本，但是对于父母和孩子来说，相对于这一支出所获得的价值是很大的。

当我们呼吁增加上学时间时，总会遇到这样的反对意见：孩子们已经很难忍受他们现在所承受的压力，我们还要给他们增加更多压力吗？对此，我相信有三个很好的答案。第一是通风。如果把多余的碳酸从教室里排出去，你可以让孩子们待得更久，而不会像现在这样伤害他们。对教师来说同样如此。教师的压力因他们日常工作场所空气状况的恶劣而大大增加。第二，上学和上课期间系统地进行体操运动会大大减少孩子们的压力。我认为，美国人民在这方面应该学习欧洲国家的经验。已经有确凿证据表明，在斯堪的纳维亚半岛国家和德国的公立学校，间歇性的体操运动能使孩子们保持良好的状态，能够让他们在不受伤害的情况下承受比我刚刚建议给美国儿童的更多的脑力劳动。第三，让学习对孩子们而言变得有趣，而不是像现在这样大多枯燥乏味，可以大大减轻他们的压力。人们将惊奇地发现，疲劳是可以通过心理兴趣来预防或减少的。我最近看了上述的这所样本文法学校所用的读本，计算了它的课时总数，并阅读了它的关于地理和礼仪的书，在我看来，通过这些书引发出来的主要教学特点——除非受到教师人格的启示——就是枯燥乏味，完全缺乏人类感兴趣的东西，也因此完全缺乏能让孩子们感受能力日益增长的东西。没有什么比枯燥、无望的努力更让人疲劳的了，那会让人感觉即使尽了最大的努力也不会有成功。这是美国学校里太多孩子的状况——不是半个小时，而是日复一日、月复一月地长期存在。让学习变得有趣，给孩子成功的感觉，那么他们现在感受到的压力将大大减少。

我接下来谈谈那所文法学校完成的工作量——首先是阅读量。按照那所学校使用的读本、语法小册子和各种各样的辅助材料，学生花在阅读和学习英语上的时间，占六年内所有在校学习时间的37%。但是，在这个时间内的阅读量是多少呢？看看一名高中毕业生连续大声朗读这所学校六年里读的所有书籍（包括历史、地理阅读课以及关于礼仪的书籍）需要多少时间吧，我设法得到了两个经过慎重估算的数据。这个估算来自两个人，他们以适中的速度大声朗读，阅读那所学校大部分教室里的孩子在六年时间里应该阅读的所有东西。阅读花费的时间是46个小时。因此，这所文法学校的孩子有超过整整两年的时间在学习一名普通高中毕业生46小时就可以读完的东西。说一下在这个考察中的一个在我看来似乎很有启发性的细节吧。大声朗读完这些早期读本的其中一本的全部内容的时间是一个半小时。我数了一下那个读本的字数，发现相当于普通星期日报纸三页，或者印刷质量较好的文章的四页半的字数。在六年时间里，孩子们所学单词的实际数量是很小的，而且在文学中所涵盖的范围也很小。如果成年人六年的阅读量局限在46小时或每天一分十五秒就能大声读完的内容，那他对英语文学的了解是何其之少！当然，在一所文法学校里进行的这种工作量测试是非常粗糙和不充分的。它完全没有反映孩子们全部的思想活动，也不能反映教师的劳动，但它给出了一些线索，说明孩子们在整个六年的时间里对文学的了解非常有限。

美国的学校课程，主要依赖算术这门课来实施被称为推理能力的培养。至少在整个文法学校的学习过程中，人们几乎找不到任何其他科目具有发展推理能力的具体倾向。然而，这是一种用于数学的非常特殊的推理，一种我们在现实世界中很少使用，在道德科学中也没有任何用处的推理。数学处理的是确定性和论证——这些东西和日常生活关系不大。在我的样本文法学校里，学生花在算术上的时间几乎是六年全部在校时间的21%。我把这一结果留给别人去考虑，21%是太多还是太少。事实上，孩子们在六年的全部时间里，有超过五分之一的时间给了算术。在课程的头两年里，孩子们学完了88页日常应用的算术，并且做完了其中的所有算术题。书中也有一些用于演练的表格以及各种各样的例子，供老师随意使用。但是，孩子们只做了这些附加的例题中很少的几个，这些我就从下面的估算中拿掉了。在学完小学算术后，孩子们每年用五分之一的时间学了两年，其所做的88页的所有题目，一名高中毕业生用了15个小时就做完了。我用于测试的高中毕业生在15个小时内把所有地方都写满了，做了所有题目，并得到了每个算术题的答案。再说一遍，这绝不是对孩子们或老师的工作量的测试。这仅仅是一个例证，让我们见识到孩子们在小学学了三年、在文法学校的两年又花了全部时间的五分之一来学习的算术这门课中，学到的东西非常之少。

至于这所学校的其他学习课程，我就简单提一下。六年时间里，有10%用来学习地理，另外10%用来学习绘画、缝纫和音乐，剩下的小部分时间分给了写作、历史、记账以及关于爱国主义、道德、礼仪、生理和卫生、体育锻炼和晨练的课程。

接下来我要谈的问题是课程的选择。除了算术之外，我的样本文法学校里所有的课程培养的主要是记忆，有超过三分之二的时间是用来培养记忆的。人们可能会怀疑数学究竟培养的是什么能力。我记得我在学校的时候仅凭记忆完成了大量的数学学习，对这种学习完全没有任何真正的理解。例如，在学代数之前，我从来都不知道求得最大公约数或最小公倍数这一过程背后的理由，但是我却可以做所有相关的算术题，因为我准确地遵循了我记准的一条规则或方法。我们不能假定文法学校里的算术学习训练的除了记忆之外还有别的。观察能力的训练就完全被忽视了。这所学校的孩子根本没有接受过任何正确观察的训练。在这所学校里，有一门课程非常适用于对观察能力的训练，即地理，但它只被当作记忆的内容来教授。学校里没有一张照片或一张立体地形图，没有任何可以把地理作为观察科学来教的教学材料。如果教学得当的话，地理是学校最有益的课程之一，但是以一种记忆的方式来教，它却是最无益的课程之一。对于一个马萨诸塞州的孩子来说，知道联邦首都的名字或许很省事。然而，我认为大多数孩子是在没有学校帮助的情况下知道这个事实的。孩子们知道联邦所有州首府的名字完全不重要，因为这些首府中的大部分都是对他们而言不重要的地方。费尽心思教孩子们联邦各州的边界是完全无用的。在这种学习中没有心智训练，也没有任何有益之处。今天在这个大厅里，除了专业教师，是否有很多人掌握这些知识，这是值得怀疑的。我确信我没有。在教育中有一种危险的理论，那就是在年轻时学习许多成年时会遗忘的东西是值得的。这个理论之所以危险是因为它里面有真理的成分。这个真理的成分就是，年轻时学习一些我们能从中获得持久力量的东西是值得的，尽管这些东西本身会被遗忘。换个角度来说，教孩子们各种各样的琐事——这些事情他们长大之前肯定会忘记，而且这里面也没有任何实质性的心智训练——这是在浪费时间。除地理外，下列课程——历史、生理与卫生、爱国主义、道德、礼仪——在我的样本文法学校里都被当作记忆课程来教。

在同一所样本文法学校里，还有另外一个机会开展一点观察性学习。它与生理学、解剖学和卫生学的学习有关。我想象那所学校里可能有一具骷髅，或者是一具人体模型，或者是大脑、胃、肺、眼、耳、手、手臂的模型，这些器官可能会被展示在孩子们面前。但是没有。学校的房子里没有这种东西，也从来没有过。关于自然历史学科的一切都是用一本小书来教的。孩子们除了所描述事物的平面图形，并被要求记住它们代表人体的各个部分，别的什么都没有。这是对科学的误用，是以一种任何科学界人士都强烈反对的方式在运用科学。对孩子们来说，仅仅记住科学事实并不像记忆语法那样有用，即使是英语语法。作为一种心智训练的手段，它与记忆拉丁语语法根本无法相提并论。当然，人体的观察性教学对儿童而言是一项有趣而有益的学习，就像地理的观察性教学使之成为无论对儿童还是成人都是世界上最具魅力的学科之一那样。除非我们能正确地掌握科学学科的教学方法，否则我们就根本不要教。在同样的这本小书中，我很遗憾地看到了可能是科学教学最糟糕方法的例子。在每一章的结尾都有一些关于酒精对胃、大脑和身体其他部位的影响的评论。这些评论显然是想就酒精的使用对孩子起一些警告作用，有些很明显是错误的，有些是荒谬的。它们中的大多数都还没有被科学证实，其中有许多可能是几个世纪内都无法证明的。在教学中，歪曲科学的最糟糕的例子莫过于对这种未经证实，而且大部分是无法证实的命题的权威性断言。教师和学生们都很清楚这本书试图把有些东西强加给他们。这种方式是完全不道德的。

从另一个角度来看，我发现我的样本文法学校很有趣。这不是一所56名学生被指派给一名教师的糟糕学校，这里的生师比不到56：1，尽管这一数据仍然太大。由于那所学校里有不同国籍、宗教和生活条件的学生，同一年级同一个教室的每一组学生都有不同的天赋和能力，但对待他们必须完全一视同仁，除非教师的聪明才智能发现摆脱这种灾难性的整齐划一的方法。有一些孩子在十五分钟内就能完成算术任务，而其他孩子五十五分钟内都不能完成，在这两极之间还有各种各样的情况。我想美国学校最糟糕的特点就是把那些能力大不相同的孩子分组在一起。有人跟我说，在西方学校里，这种弊端一般不会像在东方学校那样得不到补救。但是，我对西方文法学校没有特别的研究。在我的样本文法学校里，对于这种最严重的情况没有正式、公开的补救措施。天才的教师提供了什么非正式的个人补救呢？简单地说，当一个聪明的学生在十五分钟内就能完成课程方案分配的五十分钟的学习任务时，教师会尽量给那个孩子一些别的事情做——阅读一本书、做做别的例题或看看图片。但是，在她面前有那么多孩子，所以她不可能以这种方式对待所有的人。我想，这就是在马萨诸塞州的每一所文法学校的教室里都司空见惯的弊端。有什么补救措施？除非通过熟练程度和能力进行分级，否则任何补救措施似乎都是不可能的。我知道这是一种不会被一般的学校委员所喜欢的补救办法。我们非常执着于这样一种错觉：毕竟男人和女人几乎是平等的。以上述理论来办学，我们就是在与自然作对。相反，我们必须认识到，人与人之间唯一可能的平等就是法律面前的平等。如果我们要有好的学校，我们必须记住，孩子个体是非常多样化的，要求学得快的孩子与学得慢的孩子步伐一致，会使社会遭受很大的损失。不仅孩子们自己遭受损失，他们所属的社会也遭受严重的和不间断的损失。对于这种情况，我们应该寻求一种调节的方法，而不是靠教师个人的良好感觉和聪明才智。根据熟练程度进行分级，对学得快的学生和学得慢的学生都是有益的。没有什么比以下情况更令人沮丧和整体上更令人感到丢人的了：参加一场没有希望的比赛，感觉自己日复一日、年复一年地依然是一个劣等生，没有提升的指望，没有心智能力的进步。因此，不能想当然地认为，当我们试图推进优等生的利益时，我们就会疏于推进后进生的利益。我们应该同时做这两件好事。这是我对文法学校的未来抱有希望的主要理由。我相信，通过这种根据熟练程度和能力进行分级的方法，它的水平可以提高，它的工作能有很大的改进，给社会带来的好处将大大增加。这种方法并不新鲜，它以前在我们的公立学校里比现在更广泛存在，但现在的需求比以前大得多，因为我们的人口比40年前更加多样化。

协会指定我就这个问题来开场，我想我已经说得够多了。让我重述一下我所提到的要点——我们需要更多的学年时间；为了安全地做到这一点我们必须有更好的通风、更多的体操和更有趣的教学；实际完成的工作量应该在很大范围内予以审慎考察——不能像我做的那样只看一所学校，而是要看很多学校，通过很多教师和学监去看看目前的实际学业成就的下限是否不能提升；课程的选择需要重新考虑；最后，应该通过熟练程度对学生进行分级。

如果我们能让孩子们通过我们的文法学校系统，让他们在13或14岁的时候为高中做好准备，这个最初引起我对学校课程关注的难题——大学毕业生步入社会生活的时间太迟——将会开始得到纠正，数以千计的止步于文法学校的孩子也将会受益匪浅。我必须再次为闯入这个领域向你们表示歉意，因为你们在这个领域有更多的机会进行观察，并且比我更熟悉细节。但我知道在学院和大学事务中，局外人的意见有时是有用的。他可能会看到那些对学院或大学全神贯注的人所没有看到的东西。我有一个小小的期望，这就是我可能把你们的注意力吸引到了文法学校系统有可能改进的某些方面。我明白，对我有幸能给予的任何建议做何有益的应用，完全取决于你们。

九

论公共学校与学院之间的鸿沟

论公共学校[1]与学院之间的鸿沟

《竞技场》(*The Arena*)

(1890年6月)

去年七月，堪萨斯大学的坎菲尔德教授（Prof Canfield）在全国教育委员会（National Council of Education）会议上宣读了一份经过深思熟虑的关于美国中等教育的报告。这篇有价值的论文清晰地描述了全国中等教育的不发达状况，并且论证了这正是我们的教育体系最薄弱的部分。在美国，没有任何一个州拥有任何可以被恰当地称为中等教育系统的东西。在许多州，城市和州的小学或公共学校系统（common-school system）都尚有差强人意的组织；但是，在小学和学院之间存在着一个由少数公立高中、捐赠中学、大学预科和私立学校带来的很难弥合的巨大鸿沟，这些学校没有共同的标准，也没有统一的控制。广大农村人口——就是说四分之三的美国人——没有中学可上。城镇和城市的高中一方面既各自相互孤立又独立于上一级的教育当局，另一方面则完全受控于地方委员会，但这些委员会很少能超越支持每一所学校的特定地区的直接利益。许多州已经通过了关于维持中学的许

① 译者注：common schools，为了忠实于原文，本文将common school译为公共学校，public school译为公立学校，便于区别。

可立法，但在很大程度上，这一立法产生的效果甚微。联邦中只有一个州——马萨诸塞州——对这个问题有强制性立法。但是，这个州的230所所谓的高中，有很大一部分都不是真正意义上的中学。由于缺乏能够为学院准备学生的中学，美国有六分之五的学院和大学违背它们的意志且不顾高等教育的利益而保留了预科部。

从坎菲尔德教授的报告中人们可能会推断，马萨诸塞州——一个有60%的人口可以被称为都市人的小州——的中等教育的情况，应该比美国其他任何地方都好。事实可能如此。但是，马萨诸塞州的公共学校和它的学院之间的鸿沟有多大，可以从它们为哈佛学院提供学生的几个事实推断出来。马萨诸塞州的230所高中里每年只有9所向哈佛学院输送学生。1889年，哈佛学院352名攻读文科学士学位的学生中，有97名（或27.5%）学生来自免费的公立学校（public schools），但是这些学校的数量只有30所，而且新英格兰就占了23所。一个显而易见的事实是，在马萨诸塞州，不到十分之一的所谓高中有习惯开设一套课程，使学生能够做好准备进入哈佛学院或该州的任何在学校公告中有规定性入学要求的学院。

如果这就是可以称为城市州的情况，那么在一个乡村州，情况又怎么样呢？想象一个爱国者被迫在两者之中做出选择——一个是他的国民中不那么聪明的一半将会是完全的文盲，一个是一半有能力接受最高教育的孩子将会被中止这种教育。他会选择哪个？他会发现做出这个决定很困难，因为任何一种选择都会给他的国家带来不可估量的损失。然而，在目前的中等教育条件下，根据某种适度的估计，美国有一半最有能力的孩子没有通往学院和大学的畅通之路。

找出和实施对目前有缺陷的、脱节的、混杂的中等教育状况进行诊治的措施，是目前最值得美国教育工作者关注的问题。但在寻求补救措施时，他们必须使用“缓和剂”。既然已经认识到今天的简单事实——中学数量不足，质量有缺陷，那么在这种不利的情况下，学院在被动等待中等教育组织得更好的同时，还能主动做哪些对这些人尽可能有用的事情？坚持执行两种要求，一种针对文科学士学位，一种针对理科或哲学学士学位，且后者比前者对学习准备的要求要低得多，这难道不是它们不言自明的职责吗？美国的学院因为接收的学生的准备程度远远低于文科学士学位的要求，而受到了严厉的批评。但是，它们之中即使历史最悠久和实力最强的学院也这么做，而且它们这么做是基于一种真诚的愿望，即尽可能服务于更多的美国年轻人。一种较低水平的入学考试指向一个不同的学位，是针对全国中等教育薄弱状况的一种权宜之计。那些不能让学生为文科学士课程做好准备，但可以让他们为理科学士课程做准备的中学，以此就可以与学院联系起来。

许多大学为录取学生进入其专业学院而进行的简单初级的考试，可以说也是这样。令人深感遗憾的是，对于大多数律师和医生，社会无法确信他们都受过系统培养或通识训练。但是，这其中的责任或缺陷产生于他们的中学阶段。大学把这些人招进来接受专业训练，这个教育过程本身就已经相当费力，这样的工作可以缓解这种公认的弊端，但他们在此前的教育中形成的缺陷——除非极其罕见的情况——永远不可能得到弥补。

让学院与美国大部分没有机会接受系统中等教育的群体保持联系的另一种权宜之计，是不需要进行任何系统化的考试，直接接受那些证明自己能够学习在学院而不是别的地方教授的专业课程的人，以及那些不期望获得任何学位并愿意接受学院对其勤奋程度和能力的所有考验的人，进入学院学习。这项措施早在

1826年就被哈佛学院采用，1848年被暂时取消，1873年又再次启用。这是一种易于滥用的安排，而且如果不小心警惕，可能会损害中学的训练。但是通过这个做法，有相当数量本来没有机会的有前途和有能力的年轻人得以进入高等学府——这对他们自己和社会都大有裨益。

有些人认为，有些学院在降低录取要求设置学科和不同学位这方面已经走得过头了。这些学院似乎在说：如果一个考生不能学习我们的古典课程，他或许可以学习文科，如果文科不行，就学理科，如果理科也不行，无论如何还可以学农科。所有学位的价值似乎都受到这种不必要的对名头和条件花样翻新所引发的威胁。同一教育机构长期不断下滑的入学要求，会不可避免地对良好的中学标准造成不良影响。

然而，在目前中等教育薄弱和分散的状况下，考虑学院可能采取哪些缓解措施，远不如研究补救现存弊端和缺陷有吸引力。

为了改善美国的中等教育，有两件事是必要的：第一，设立更多的学校；第二，现有的学校要达到共同的和更高的标准，让学院可以在中学课程中为其更高阶段的教育工作找到一个坚实、广泛和合理的共同基础。

1. 更多的学校。

中学要么是走读学校，要么是寄宿学校。城市学校主要是走读学校，农村学校主要是寄宿学校。公立中学现在几乎都在城市，必须承认这种情况有可能会持续下去。因为对于在农村地区支撑一所高度组织的中学，还没有什么前景很好的建议。人们承认农村乡镇和相邻农村地区的联合体都不能正常支撑这样的学校。有建议认为，县一级有可能作为支撑的区域单位。但是，除了县府所在城镇或人口稠密的城镇之外，没有足够的证据表明农村地区能够支撑一所好的高中。为了增加现有的的确适合让学生为上大学做准备的中学数量，最有希望的行动路线是什么？第一，学校当局、媒体和其他舆论领袖应该尽全力促进无论是公立还是私立走读制中学的建立，并调整现有学校的课程使其适应一些学院学位课程的入学要求。值得注意的是，在老城市以及某种程度上年轻的城市，最好的私立学校往往就设在最好的公立学校旁边。出现一类学校的原因往往也会导致另一类学校的出现。第二，应通过适当立法授权农村社区，便于其利用所属地区的城市中学的建立和年度资助（包括对建筑的利用）。第三，应该通过法律授权设立比支撑小学和文法学校的地区范围大得多的特别中学学区，学区的设置要考虑铁路交通。对一个男孩或女孩来说，乘火车去15英里外的学校，比在任何天气状况下都要在乡间小路上走2英里去学校要容易得多。农村人口对法律认可铁路作为主要中学学区的主要判定依据抱有一定的期望。马萨诸塞州的师范学校证明了这一原则。因为事实上，它们是稍作改变的高中，一部分是寄宿学校，一部分是当地铁路附近的走读学校。第四，应尽一切努力激励私人慈善资助建立施行企业化管理的寄宿制中学或私立中学。寄宿学校均应设在乡村地区，农村中学几乎必然，至少部分来说是寄宿学校。

2. 共同标准。

提高和管理中学教学的现有途径，可以很容易地想到从两个方面着手考虑：（1）州的资助和监管；（2）学院的入学要求。这两个方面都在起作用，但都有改进和扩展的很大空间。

（1）州的资助和监管。

美国一些州，如马萨诸塞州和缅因州，鼓励创建大量低劣的高中，而不真正期望它们与学院产生任何关联，这似乎成了当地关于高中的立法目标。无论如何，这都是马萨诸塞州强制立法带来的结果，而且也一定是缅因州资助免费高中的基本结果——那个不富裕的州现在每年提供给任何一所免费高中的钱相当于支撑它的地区每年用于学校教学的拨款，毕竟该州的此类拨款在任何情况下都不超过250美元。对这些接受资助的学校，该州没有任何督导和检查，这样的立法鼓励建立许多薄弱的学校，而对那些已经很强的学校没有任何明显的帮助。

明尼苏达州的立法更为明智，该州在十二年前立法成立了一个州高中委员会，由该委员会设立的任何一所高中经检查达到以下条件则每年可以获得400美元的资助：受助学校必须免费接收男女学生；对非当地学生，只要他们能够通过公共学校所有除代数和几何课程以外的考试，也不得收取学费；必须开设"正常而有序的学习课程，包括明尼苏达大学基础院部（collegiate department）对不低于预备班（sub-freshman）学生入学考试要求所规定的所有课程"[①]。该委员会可以指定任何可堪此任的人去高中

① 译者注：collegiate department和sub-freshman两个术语，与当时美国一些大学的院系组织方式有关。以原作者在这里介绍的明尼苏达大学为例，该校设立的collegiate department，主要有三个方向/专业，即古典、科学和现代语言。在collegiate department的学习不授予任何学位，学生在学习三年后根据自己的兴趣和各学院的考试分流。一部分学生进入理科、文科与艺术学院继续接受当时被认为是正统、主流的自由/博雅教育，一部分学生分别进入医学、工程、农业等专业学院的三年级（junior）学习。但这些专业学院的学生也不都是来自collegiate department，它们自己也有从一年级招收学生的渠道。而且，collegiate department的学生学习三年后进入各学院的三年级（junior）而不是四年级（senior），原因在于，在collegiate department学习的学生第一年叫sub-freshman，第二年叫freshman（大一），第三年叫sophomore（大二）。sub-freshman这一年的学习结束后经过考试才能进入freshman（大一），但这一年又不是大学之外的教育机构办的预科，它就设在大学的collegiate department，并且是collegiate department三年学制中的一年。collegiate department和sub-freshman都没有约定俗成的固定译法，根据实际情况，本文将collegiate department译成"基础院部"，将sub-freshman译成"预备班"或"准新生"。

走访，并且支付给他们薪水，但每天不超过3美元。任何一个县的受资助学校不超过5所，任何学校一旦被委员会接受并继续遵守所有规定，受资助年限不少于3年。1878年，该州对该委员会的拨款仅为900美元，但次年增至20 000美元，1883年增至23 000美元。委员会由州长、州公共教育主管和明尼苏达大学校长组成。通过认真督察，委员会将州内的高中进行了分类，第一类的9所中学为大学一年级培养新生。这一关于高中的立法似乎是美国各州中最明智的立法。它只鼓励那些已经组织良好的学校；坚持受资助学校必须直接与某所大学联系在一起；避免了代价高昂的考试；提供了数量合理的检查；按其课程和整体效率而不是通过个别考试成绩对学校进行评价分类；不会给予一所大型学校比同样出色但规模较小的学校更多的特别好处；要求受资助学校免费接收非当地学生；几乎将整个州的拨款直接应用于教学的发展。以上这些对旨在让学校和学院受益的资金来说永远是最有效的处理方式。明尼苏达州是一个崭新的、人烟稀少的州，它的高中委员会的管理范围也不大。但是，它的高中立法原则可以被联邦任何一个州有效地复制，无论这些州古老、富裕或人口密集到何种程度。

纽约州为这个国家提供了一个绝佳的机会，来研究另一种通过州资助和监管改善中等教育的途径。1784年，这个州在文件层面创建了一个叫纽约州教育总署（University of the State of New

York，简称USNY）[①]的庞大机构，它包括该州所有的学术性和院校机构。必须承认，直到最近，纽约州和整个国家都没有认真对待这个机构。其部分原因是它不是一个教学机构，部分可能的原因是它的董事会的董事身份似乎被认为是一种特殊荣誉，适合政府官员、台前幕后的政客、演说家、编辑、律师和有钱有时间的人，而不适合专业教育工作者的任命。事实上，总署的基本法律明文规定，总署所属的任何机构的管理者都不得同时担任董事。如此，几乎所有与州教育有关的专业人士都被排除在董事会之外。然而，尽管对总署有类似“法律上的无稽之谈”和“神话”的温和批评，董事会多年来实际上行使着相当大的权力，并且它已经设立了一些工作机构，这些机构现在对整个州的中等教育有很大的影响。1863年起确立的一年一度的总署正式会议，已经大大加强了董事会的影响和作用，而且，它提供了一个引人注目的例证，说明把学校和学院聚在一种有益于讨论和协商的氛围中

① 译者注：USNY是美国当下完备的、相互联系的州教育服务系统。该机构不同于1831年建立的纽约大学（New York University）这样独立的私立高校，也不同于1948年成立的纽约州立大学（State University of New York），这是纽约州的两个公立（州立）高校系统之一，包括60多所州立高等教育机构。这一系统创建于1784年，现在依然存在的University of the State of New York并不是一所真正的大学，而是纽约州立法授权成立的一个教育监管和服务机构，它的监管和服务范围非常广泛，包括纽约州内从学前、小学、中学、大学到成人教育在内的所有文教机构，甚至还包括纽约州的图书馆、博物馆、档案馆、公共广播设施和电台、残疾成人的职业康复和其他服务机构、针对学龄前/学龄儿童和青少年的特殊教育服务机构、盲人学校、聋人学校等文教类机构，1904年纽约州教育部（State Education Department）成立后，教育部也在USNY的监管之内，或者说USNY是个决策机构，教育部是其主要的执行部门。所以，考虑到它的实际职能，尤其是“纽约州立大学”已经另有所指，本文将USNY译作“纽约州教育总署”。

可以带来巨大的好处。董事会最大和最重要的职能，是组织州内的中学和高中对这些学校教授的所有课程进行考试，以及向通过考试的人颁发有利于纽约大学形象的证书和文凭。考试的结果也成为每年10万美元的公共资金在该州的中学和高中分配的基础。因此，这种方式将州资助与州监管结合在一起。但是，这种监管主要不是通过督察学校，而是通过学校课程统一的和同时举行的书面考试来实施的。

董事会组织的考试有助于提高中学和高中教学的平均水平，并能通过摒弃学校课程方案和学院入学要求中无用的多样性将中学和大学联系在一起，从而激励维持这些学校的社区给予它们更好的支持，并为改善它们而自豪。这些伟大的服务值得其他州以及所有对建立美国中等教育制度感兴趣的人的重视。董事会已经证明，州的一个考试委员会能够对分散在一个大州的数百个中等教育机构产生激励、提升和统一的影响，并且考虑到实施的规模，可以说能够以一种简单和花费不多的方式来发挥这种影响。这个系统如此有趣和富有启发性，以至于它的缺陷也应该被仔细研究。

对董事会运作方式最明显的批评涉及40门考试课程试题的准备。董事会的考试题不是来自在教学中有公认权威的群体，也不是出自各个学科的专家，而是（据了解）由一两个人编写了所有的试卷。董事会出考试题的方式，与哈佛学院出入学考试题的做法大相径庭。在哈佛，先由每个课程的专家出一份试卷；接下来由该课程所属系科的所有教师，譬如所有拉丁语、希腊语或数学教师对试卷提出批评意见；最后，它必须得到一个代表所有入学考试有关系科的委员会批准通过。即便如此小心谨慎，有时仍然难免犯严重错误。董事会提供试卷的方式似乎过于统一和粗心大意，而且不足以体现其应有的权威性。

接下来的批评很可能是针对组织考试的方式。只要考试是在中学进行，并且是在没有任何董事会成员的监督下，由中学的管理者或其代表来组织的，它们就不具有由董事会成员所组织的独立考试的公信力。如果举行独立考试的经费是大问题——这很难以想象——那么可以建议的是，每年组织一次完善的考试，可能比以目前每年三次的方式更符合学校和学院的利益。事实上，由于许多令人信服的原因，考试次数的减少似乎是可取的。考试的公正性至关重要，任何其他方面的考虑，例如经济、快速和方便，都不能与之相提并论。董事会的年度报告准确无误地表明，阅卷工作应该全部由董事会的考官负责。在1869年至1888年的19年间，初级文凭申请的平均不通过率为15.5%，学校的校长和考官意见相左的情况超过七分之一。对于中级和语言课程，以及可选课程组，主管者和考官的裁决之间出现了类似的分歧。但是在这方面，不同机构之间的差别如此之大，而且总数如此之低，以至于平均数都不是很有意义。对于考试的诚实性问题，董事会依赖于每个参加考试的人在每一份答卷结束时所作的郑重声明以及校长的一份泛泛而谈的承诺书。这些方式似乎不够充分，而且总体来说是不合理的。这对可敬的人来说是令人反感和不必要的，对不光彩的人来说是无效的，对粗心大意的人来说是一种圈套。

另一种批评可能是针对董事会考官的素质。受聘主要负责学术性考试的有10个人，包括4名男性和6名女性，他们的平均工资是1000美元，只有两人超过900美元[①]。这些人无疑都是董事

① 译者注：作者原文如此。

会的优秀供职人员，除了这些匿名的人士，如果可能的话，还会聘用一位具有公认地位的学者和教师、一位学院的教授来监督每一门主要学科——如数学、古典学科、现代语言、英语、自然科学等——的判卷工作，并为这项工作的准确性和公正性向公众负责。这些职位不应该是挂名的闲职，而是应该给予高薪的需要煞费苦心的工作。承担这一职责的人不仅会给考试带来尊严和权威，而且会保护这一制度免受那些不是教师的人主导考试而带来的主要危险，即考试跟不上教学的不断进步。有迹象表明，董事会的考试制度需要防御这种危险。例如，最新的大纲仍然在拉丁语和希腊语考试中规定了一定数量的关于恺撒、维吉尔、塞勒斯特、西塞罗、色诺芬和荷马的内容，最近的考试题只从这些规定的内容中选取了一些段落。然而，几年来，优秀的古典教师认为视读是考查一个学生拉丁语和希腊语习得能力的最理想的方式，而且只有在教学中给予他们视读考试所允许的多样性和自由，中学古典课程教师才能保持其新颖和活力。如果一个教师每年都被强迫在他的班上阅读喀提林（Catiline）的演说，讲授那种似是而非且华而不实的修辞模式，那么他怎么能保持住任何清晰的推理能力呢？

如果说我们可以很容易地指出纽约州教育总署学术性考试的某些缺陷，那么更为重要的是唤起人们关注总署的董事会对教育事业已经提供的和今后会提供的服务。如果他们能仅仅通过考试，或者（更好地是）通过考试与监管相结合的方式——一种他们可以自由决定是否采用，实际上他们已经在有限地采用的方式——建立一种明智的管控中学的制度，他们的范例对别的州也会奏效。如果他们在中学和学院之间成功地建立了密切联系，他们的成功将成为整个国家的一座灯塔。

（2）学院的入学要求。

学院的入学要求只对那些为它们的部分学生进入学院做准备的中学有影响。对于很大一部分不这样做的高中和中学，这些要求只有间接的作用，尽管这个作用可以被人所感受到。就州的广泛目的而言，学院的影响有限，即使它们联合在一起，也不可能像州的影响那样直接和有力，不管后者是通过督察还是通过考试来发挥其影响。因此，更高层次的教育机构是在一个狭小的范围内对较低层次的教育机构产生影响的。它们目前以三种方式发挥影响。

最无力的方式是对入学规定某些书本知识或某些界定明确的学科知识要求，然后基于学校校长颁发的证书证明考生完成了所有规定的书本和学科课程，并以此来录取学生。如果学院的规定是明智的，它们对发证中学的课程会有一些有利的影响。但是，人们可能有理由反对这种做法，因为它不足以让学院防范不合格的学生，而且也不能让公众对不同的学校做出公正的估计。好的学校和差的学校的证书同样容易得到认可，在一所令人焦头烂额的学院，保证招到学生的焦虑压倒其他一切的考虑。在一所校长能够将规定入学考试课程的权力从教职人员手中转移到自己手中的小型学院里，这种情况尤其突出。在这个制度下，一所真正好的学校没有办法证明自己是好的，而一所差的学校也不会马上暴露出来。在最近几年，这种最无力的方式已经在大多数新英格兰学院里开始使用，且没有任何保障措施，没有任何州督察或考试制度存在，对发证学校连装模作样的检查措施都没有，甚至哪怕是学院对学校的偶尔走访也没有。在中学和大学之间建立密切联系这一点上，很难想象有比此更令人沮丧的了。然而，即使这种只有新英格兰最大的两所学院和坚定的小型鲍登学院（Bowdoin）

完全抵制的、松散而又毫无防范的方式，在预备学校和学院合作规定入学要求上也带来了一些益处，同一学科的入学要求起码在纸面上是统一了。英语的统一要求，除了耶鲁大学之外，在新英格兰盛行，并且最近被一些中部州的学校采纳，这提供了一个值得注意的范例。

刚刚所描述的，是确保中学和学院之间紧密联系的一种更为安全的方式的变质和退化，它在20年前由密歇根大学首先采用。这种由这所大学开发的更为安全的方式相当于：通过大学教师或其他指定人员组成委员会，只要对任何学校在三年内访问并认可一次，大学就可以凭学校的文凭录取它们的考生，无论学校远近和是否在州的范围内。如果学校在三年内发生了重大的变化，委员会可能对学校再次访问。学校的文凭必须具体说明考生在学校已经通过了该大学某一学位导向的某个或其他学科入学要求的所有课程的考试。1889年，有70所学校与密歇根大学保持这种"文凭关系"。毋庸置疑，这种方法很适合一所占主导地位的州立大学快速地招收学生，但是作为一种普遍采用的方法，其价值显然取决于它所提供的督察的彻底性、公正性和公共性。密歇根大学提供的督察似乎在这三个方面都失败了。考虑到美国学校教师的迅速变化，三年一次的督察似乎太少了。令人难以置信的是，忙碌的大学教师怎么能有时间妥善地督察数量繁多的中学，或者大学怎么能为所有的中学课程提供充足的合格的督察人员。哈佛文理学院的教师规模要大于密歇根大学相对应的学院，然而哈佛大学的教师们可能会断言，要对中学进行足够全面的督察以保证对学校的优点做出公开的判断，他们连一年督察20所中学也做不到，除非他们实际上要以牺牲自己在学院的适当教学工作为代价来履行这一职能。此外，在没有大量的特别准备的情况下，哈佛的教师中也没有一个人认为自己有能力督察一所组织良好的中学的所有课程。要彻底督察这样一所学校，需要一个至少由三名哈佛教师组成的委员会，而且这些教师将不得不从他们的学院工作时间中抽出3到4天的时间去附近的学校，如果是距离远的学校需要的时间则会更长。至于在许多偏远地区招募合格的督察员（而非教员），考虑到任何学校的所有督察工作需要多少知识、经验和良好的判断力，这似乎是不可能的。当我们谈到这些细节的时候，我们不可避免地得出这样的结论：由密歇根大学独自对中学所做的督察必然是相当粗糙的。显然，该方法的过程还不够公开，不足以证明它的公平和效率并由此赢得普遍的信任。单一机构显然有其自身的利益需要得到满足。为了这个讨论的目的，没有必要坚持认为密歇根大学所采用的文凭方法并没有很好地发挥作用，更无必要认为它的效果没有密歇根大学实施的入学考试那样好。70所中学与任何一所大学之间建立友好关系也总有一些好处。但有必要强调的是，它缺乏足够的安全保障，因此不适合被普遍采用。明尼苏达州的方法，即由州高中委员会设立独立的督察机构，是非常可取的。还有一种学院对比较好的中学采用的最有效的影响方式，就是对可以接受入学的所有课程进行认真考试。这些考试有相当程度的公开性，因为大多数的学院都免费分发它们的试题。哈佛学院也详细公布入学考试的结果。这样的考试不再像以前那样只在大学学院内进行，而是可以为考生提供方便，在许多地方同时进行。现在，东部的几所学院在全国各地许多地方举行入学考试。耶鲁大学明确宣布，它将在“基于考生人数和考点之间的距离都有必要设立考点的任何一个城市或任何一所学校举行入学考试”。这种方式可以很容易地应用于全国范围内任何负有声望、教职员众多的高校。从长远来看，它对学校的评定是公平的，对中学高年级学生来说有很大的激励作用。和所有由独立于学校的机构所举行的考试一样，它也保护了公立和私立学校的校长免受父母、受托人和某些委员会人士的无理要求的干预。然而，它仍然面临一些强烈的反对意见。首先，它还不够公开。试题可能看起来不错，但是通过的标准可能低得不合理，公众没有办法评估阅卷的严格程度。其次，每所学院或大学都是单枪匹马、各行其是，缺乏协调一致的行动。因此，每所学院或大学自然寻求自己的利益而不是共同的福祉。再次，在一所小型学院里，少数或许性格怪异、随心所欲的人有可能多年控制入学考试，这对学院不利，也将会让学校不满。几所学院合作的制度，将会减少或消除所有这些弊端。

总结一下上述仓促的讨论，这个问题本身自然而然地表明，希望看到美国中学改善并与学院联系更紧密的爱国者，可以在哪些方面寻找到进展。其中肯定会有以下三个方面。

第一， 我们可以期望州考试和督导制度的改进和扩展，因为它们已经证明了其有效性。请记住英格兰考试方式的极端情况，我们可以合理地希望，州委员会将越来越多地对教育机构进行督导以及对个人进行考察。因此，学校督导员将会被视为一个独立而光荣的职业。

第二，我们可能有希望看到：四五所文理学系规模庞大的大学联合起来，在全国各地妥善选择考点，对学院（colleges）和专业学院（professional schools）入学要求规定的所有课程同时举行考试；每年几所大学联合遴选并向公众告知负责阅卷的人员，考试的结果将予以公布但不公布考生的名字；考试成绩证明上所涉及的考试科目在任何地方都有效。我们有理由相信：这样的合作制度虽然牵涉广泛，但会很简单；它不会出现严重的操作上或其他方面的困难；它既对考生来说方便、经济，又可以通过适当的收费维持自身的运转；它将具有权威性、灵活性、激励性、统一性和公正性。

第三，我们可能有希望看到奖学金制度大为扩展，有前途的年轻人因此可以得到帮助得以进入中学和学院上学。州、城市、城镇和私人慈善机构提供的捐赠，都将有助于这一制度的发展完善。

十

论高等教育的目标

论高等教育的目标

芝加哥（1891年）

今晚我很荣幸，跟你们讲的问题是一个崇高的主题：高等教育的目标——不是它的实际成就，也不是它在不久的将来希望取得的成就，而是它的目标，它一直致力于实现的未来目标，它所追求的理想。让我们先简单思考一下何谓高等教育。要划分训练最全面的美国年轻人所能接受的长期教育这一过程——这是一个大概20年的过程，从6岁持续到26岁或27岁——高等教育是他18岁或19岁之后所接受的教育。它是这样一个阶段：在学校生活结束后，而且通常是在与父母在一起的家庭生活结束后，他享受着学院或大学的相对自由。它通常包括3到4年所谓的文科或理科教育，在这之后是专业教育——一个广义术语，包括神学、法律、医学、工程学、应用化学、建筑学、数学和其他各种需要特殊学习和特殊技能的职业的特殊训练。这样，高等教育涵盖的时间为6年或7年。它由大学提供，在这里年轻人或多或少地脱离了工作的世界，并使自己致力于系统的学习和实践。许多人把受过教育的人和有实际经验的人区别开来，但真正的教育说到底无外乎在指导下的系统学习和实践。在这种相对隔绝的地方，年轻男性在积极投身于前人业已想过、做过的事情之前就从中学到一些东西。他将自己置身于某一紧跟过去积累的智慧的学科中，发展和提升自己的能力，并且掌握这些能力。可以肯定的是，他获得了知识，但比这更好的是，他获得了能力。一些受过大学教育的人只发展了获取知识的能力。他们吸收知识，但不能传播或应用它。传播和应用知识的能力比获取知识的能力更重要，而且应该为此进行细致训练。不能将几何学原理应用于新问题的学生可能通过这门课程的学习获得了知识，但他并没有获得可用的能力。大学常常忘了这一点。它们甚至正在修改它们的许多方法，以便更好地培养学生的有效能力。精心教育的主要好处是增长能力。

大学有三个主要的直接功能。第一，教学。第二，以书籍和藏品的形式储存大量已获得的和系统化的知识。第三，研究，或者换句话说，它们试图将目前的知识范围往前做些许推进，年复一年、日复一日地探索一些新的真理。它们是真理的施教者、存储者和探索者。让我们稍稍思考一下大学的每一项基本功能。

1. 大学的教学。

大学教什么？显然，它必须教所有被保存的伟大文献的语言——希伯来语、阿拉伯语、梵语、希腊语、拉丁语、法语、意大利语、德语、斯堪的纳维亚半岛国家所用的语言和英语。它必须教所有的历史——巴比伦、埃及、希伯来、希腊、罗马的历史以及所有现代历史。它必须教人类最有价值的制度是如何成长并发展至现在状态的——公民政府、家庭、教会和学校的制度。它必须教人类洞察力所发现的关于人类身体和人类精神的结构和活动的一切事物。它必须教人类从广阔的自然王国学到的一切——天空和大地，植物和动物，空中的、水生的和陆地的一切生物。

它必须阐明人类所察觉到的所有伟大的化学、物理和生物力量的规律以及人类生活应遵循的规律。最后，它必须向学生展示世界文学——这是人类想象力所及的最宝贵的成果，它必须诠释我们人类的那些伟大理想——美德、责任、虔诚和正义。所有这些都包含在所谓的文科和理科中。在这个浩如烟海的教学知识体系之外，还有专业的学科。在过去的25年里，专业教育的扩展是所有文明国家教育进步的主要特征之一。在每个职业中，一名专业人士所需学习的新课程的数量是令人生畏的，因此，一个年轻人为任何职业准备所需的时间也在不断增加。现在，四年是任何一个人为学术或科学职业做准备的适当时间。在大学里，年轻人可以为所有的学术或科学专业做准备。

一所大学的专业学院之间的课程划分非常广泛而深入。医学专业的学生几乎不会接触到一位神学院或法律专业的学生必须全身心投入学习的任何一门课程。神学专业的学生不会注意一大组完全占据电气工程专业学生四年时间的课程。然而，在一所真正的大学里，为各种各样的职业做准备的教学和研究的精神是一以贯之的，这就是现代科学的精神——诚实、无畏、求实，不计结果地寻求事实。

大学校长是全体教师中的一员。他听取所有院系的教师关于课程和教学方法的讨论，并且学会认识不同领域教师的思维模式。在真正的大学里，他总会看到超越学科差异的相同的精神。今天，语言学家和自然学家之间，心理学家和生理学家之间，在研究方法层面并无区别。历史和自然史、物理学和形而上学、文学和美术的学生发现，虽然他们的学习领域不同，但他们的方法和精神是相同的。这种统一性是真正意义上的大学的特征，部分来说也让大学这个称谓名副其实。这一点在一所富有一切知识、拥有从事大量不同领域研究的学生的大型高校可以看到，并能从中领教其真谛。

在真正的大学里，除了通常被视为专业性的学院，还有一个高层次的文理学院，在美国通常称之为研究生院、系或专业。这是培养教师、文人、记者、自然主义者、物理学家、化学家和数学家的专业学院。看看每一所大学所要提供的非凡的多样性和教学范围，康奈尔对他希望创建的大学的描述是恰当的："我想创建一个任何人可以在其中学习任何事物的学府。"唯有如此，大学教学的真正目的方可实现。它应该覆盖人类知识的整个领域，并且能够把学生带到每个知识领域的前沿。它的教学方法必然是多样化的。这包括背诵、讲授和学生讲座、实验室个别指导、大量不同形式的书面练习、田野调查、医学和外科的临床学习、速记和素描以及精心设计的论文课题。高年级学生的亲密交流和批评的方法被理解为"讨论会"和"研讨会（Seminary）"。在每一个伟大的专业中，学生都有机会在最必要的知识领域之外进行广泛涉猎。因此，在神学学习中，历史课程不仅包括基督教会的历史，而且还包括所有已知宗教的比较学习。在医学中，有一个重要的兽医学领域现在对人类医学进步非常重要。在法律中，存在对法律制度和法律原则的历史进行的广泛研究，其中大部分可以追溯到几个世纪以前。此外，在每一所活跃和进步的大学里，都有不断发展的科学分类、新的事实的排序以及新的研究结果的呈现。每一代人都重述先前的说法和理论，并以新的形式呈现旧的事实。这一简要概述也许会给你勾勒出一幅一所大学作为施教者的理想的蓝图。

2. 大学作为存储者。

每一所大学的核心在于其必须有一个大型的图书馆。小规模的藏书适合低年级学生，但是高年级学生需要大规模的藏书。大学想要满足所有学科高年级学生的需求，绝对需要大量的藏书，而且必须每年都有经费购买在文明世界发行的所有真正好的书籍。这意味着巨大的成本，不仅是指购买书籍和期刊，还包括编目和上架，以及快速和准确无误地将书籍传递给读者。光藏书这一项，哈佛大学一年的花费就在4.5万到5万美元之间，而且还可能更多。一个世纪以前，大学唯一需要储存的是藏书，但是现在，除图书馆外，它还必须有自然历史各个分支的收藏——动物标本、干植物、化石、岩石和矿物，活的乔木、灌木和花，化学、物理学和生物学的仪器。此外，仅仅收集大量的收藏品来说明动物、植物和矿物王国的当前情况是不够的，大学必须通过地质、历史和考古收藏品来说明过去的情况。一所伟大的大学，如果不能通过原创作品，至少要通过复制品来说明艺术的历史。这样的博物馆应该收藏不是一个国家而是所有国家、不是一代人而是所有前人留给我们的任何手工作品。大学的伟大收藏是教学的必要手段。但是，他们不仅教大学里的学生，也教大学当地的公众。用伟大收藏来说明自然的方法在不断改进。因此，近年来，艺术玻璃吹制使植物和动物博物馆能够在大模型中说明人眼只能借助强大的显微镜才能看到的东西，而最脆弱和最短暂的物体，如娇嫩的花朵，则完全以持久的形式完美再现。以同样的方式，最微小和最微妙的动物生命形式被复制在玻璃中，就像他们在高倍显微镜下被观察到的一样。一所伟大的大学的博物馆里挤满了最美丽的物品——美丽的外形和美丽的颜色，如鸟、蝴蝶、花和矿物。它们教授分类、继承、嬗变、成长和进化，也教会了人们丰富的美和可爱的创造。

大学作为存储者的功能是无比昂贵的，但是不可缺少，而且随着人类对自然认识的深化，这一功能还将扩大。人们可能会怀疑，美国这种为高等教育提供资助的方式是否能证明它足以应付大学作为一个存储者所需要的巨额开支。但是，如果捐赠方式失败，我们将不得不退回到欧洲的政府补贴计划。大学作为存储者对国家的知识进步非常重要。

3. 大学追求新的真理。

大学是一个有学问的人组成的社团，每个人都是他所在领域的专家。每个人都熟悉他的学科过去所取得的成就。每个人都准备把目前的知识范围向前推进一点。每个人都在期待并希望能清除知识边界上的一些混乱或沼泽，或者用他自己的小探照灯来穿透笼罩在真理上的神秘黑暗，哪怕穿透的地方只有手掌大小。因此，大学是研究的场所，是对新的或被遗忘的真理孜孜不倦地进行探究的地方。这个功能，和前两个功能中的任何一个一样必不可少。它的必不可少有两个原因：第一，一所不进行研究的大学将不会长久地继续成为好的教学之所在。第二，这种对新真理的不断的、安静的、一心一意的追求是国家和人类物质与知识进步的条件。我们很容易理解，亚里士多德、希波克拉底、康德、笛卡尔、亚当·斯密、哥白尼、牛顿、法拉第和达尔文的研究是知识进步的手段，但我们并没有那么清楚地认识到，物质进步也依赖于一代又一代默默无闻的学生在隐蔽的学习环境中进行的漫长的、耐心的、无回报的研究。

在过去的十年里，电力发明的非凡发展震惊了世界。但是，这些众多的电力发明都是由于之前那些默默无闻的人的研究才得以实现的，他们把这个小的事实或那个小原理贡献给了电力科学的知识储备。柏林的科赫（Koch）教授提出了一个所谓的新发现，它深深地吸引了整个文明世界，但他利用了许多不知名的人在细菌学领域的发现，这些前人的工作对他的发现必不可少。整个细菌学科学的发展归功于最近发明的浸没透镜的显著进展，它给显微镜用于生物学研究提供了新动力。因此，一个学科的新发现使另一个学科一些长期准备和等待的学生迈出了伟大的一步，第一个发现者对自己工作即将突破的方向可能一无所知。许多商业项目、新的商业形式和新的运输方式其实都源自遥远的、模糊的和明显无用的发现，它们的发现者从来没有想到过这些应用，而且可能对这些应用毫不在意。

在人类对各个知识领域进行科学研究寻找真理的过程中，大学培养了一种非常奇特而有趣的人——科学家。研究人员的动机、希望和目标——我不管它属于什么领域的知识——与普通人类不同。他必须谋生，但他对金钱几乎漠不关心，只要保证能维持简单的生活和有工作的机会就行。他对名声也完全不关心，甚至畏惧和厌恶它。他的名声理想与其他人不同。他确实想让别人知道自己的名字，不过不是让几百万人，而是让或在学习拉丁语与格，或在学习av这个希腊语小品词，或在学习甲虫化石，或在学习陨石，或在学习海星的五六个学生知道。他不喜欢在报纸上看到他的名字，但希望百年之后，他所在专业的一些学生能怀着感激的心情在一本古旧的、某个学会的会议论文集中读到他的名字。他是个工作认真、勤奋的人，但普通人会认为他是在浪费时间。他急切地渴望得出研究的调查结果，但这些结果对民众来说似乎是没可能造福于人类的。他敏锐、专心、热情，但其对目标和目的的追求与一般话题相去甚远，以至于他很少有所谓的常识。市场和广场对他来说是沙漠，对于世俗的共同追求，他会不耐烦地说他没有时间，就像当有人问路易斯·阿加西（Louis Agassiz）他为什么不赚钱时他所说的那样。大学应该为这些专家提供生计，提供所有工作所需的设施，如图书馆、收藏室、实验室以及教学的机会。

这是一所大学的三个主要的直接目标或目的，让我们谈谈为了达成上述目标，我们需要实现的一些不那么直接，但仍然很重要的目标。

1. 首先，一所伟大的大学发挥统一的社会影响。

在大多数国家，尤其是在我们国家，无论是富人还是穷人，无论父母受过教育的还是没有受过教育的孩子，总之对于各种类型、各种条件的家庭的孩子，上大学都是他们的追求。在哈佛大学的学生名册上，每年都会有几个富家子弟，贫困家庭的孩子更多，而学生的主体属于中产阶级。在大多数美国学院里，年纪大的和年纪小的学生一样，大多数学生都是没有受过高等教育的人的儿子。没有任何一所美国的学院会有相当比例的学生是他们的毕业生的儿子。在哈佛学院——这是哈佛大学授予文学学士学位的院系——毕业生的儿子的数量很少超过总人数的八分之一。在美国所有的大学里，大学生活的整个组织是非常民主的，在所有追求知识和运动的地方都有一个完全融合的学生群体。我找不出美国社会中还有哪个部分，无论是在社会高层还是低层，无论是富人还是穷人，能像美国的学院那样鲜有基于社会不平等的差别和隔离。在纽约最贫穷的公寓，邻里之间的隔离往往非常严重——就像更有文化和更富裕的社会阶层之间的隔离一样严重和持久。如果认为社会隔离只是上流社会或富有阶层的特征，那就大错特错了。它表现在美国人生活的方方面面，就像在所有人类社会中一样，不论是野蛮社会还是文明社会。存在于美国学院和大学里的此类差别，其明显程度抵不过参加任何大规模教堂聚会活动中互不认识的家庭之间的差别。

2. 在一所真正的大学里，各种各样的教派之间的差异有所缓和，而这些不同的基督教组织之间的相互尊重也得到了培养。

伟大的大学不能被当成严格的宗教组织来运行。在一个没有国教、任何一个教派都仅占人口很小一部分的国家，不可能建立单一教派的大学。即便在那些有国教的欧洲国家，大学也已经放弃了将特权局限于教会成员的政策。牛津大学和剑桥大学现在已经向异教徒敞开大门。德国的大学不区分天主教和路德教。法国大学对天主教徒、新教徒和犹太教徒一视同仁。除了州立大学，几乎所有的美国大学都有一个教派的起源，但领先的大学显然已经放弃了这一教派政策。哈佛大学的建立目的是为在马萨诸塞湾殖民地确立的教会培养牧师。在将近200年的时间里，它完全受控于该教会的成员。但在过去的一代人中，它完全摆脱了这些限制。它的学生现在什么教派的都有，从罗马天主教徒到犹太教徒、日本佛教徒。任何一个教派的学生都仅占学生总数极小的一部分。对管理者的遴选只看他们是否合适，而不考虑他们的宗教信仰。耶鲁大学和哈佛大学一样，最初建立在单一教派——公理会的利益之上，现在它被自己的管理者作为无教派大学带回到华盛顿的教育局。州立大学，如密歇根大学，以及新建的大学，如约翰·霍普金斯大学、康奈尔大学和克拉克大学，都公开承认不受教派控制。在这样的机构中，大量美国年轻人学会了对彼此宗教遗产的尊重，知道了行为与信条没有多大关系，或者至少不依赖于神学观点。把属于不同宗教团体的年轻人聚集在一起，是一所伟大的大学最有益的功能之一。在我们这样一个伟大的新教民主国家，它尤为有益。

哈佛大学系统开设了一门让人印象特别深刻的宗教团结与合作的课程。这所大学全年都有每日晨祷和周日晚间礼拜活动，还有一个贯穿整个冬季月份的周四下午礼拜活动。为了开展这些礼拜活动，哈佛聘用了六个来自不同教派的牧师。所有这些代表不同教派的人士，主要来自大学附近地区，部分来自离坎布里奇很远的地方。这些神学观点迥异的绅士，联合起来主持我们的礼拜仪式。四年来，这一联合努力取得了非凡的成功，富有教育意义。它在根本问题上的统一加之不可避免地忽略非根本问题上的多样性，给数以千计的人上了最有价值的一课，在他们面前展现了真正的宗教工作。

伟大的大学开设的这些关于宗教宽容的课程是非常珍贵的，因为在这个国家我们已经看到大量的宗派院校业已站稳脚跟，而且它们的数量可能还会增加。在20年内，许多罗马天主教大学和神学院（最近还有一所强大的天主教大学）都已成功建立起来。几乎所有的新教教派都至少有一所学院或大学。我相信，这个国家的年轻人在不同教派之间的隔离，对国家而言不可取，对造成其年轻人隔离的教派而言也不可取。一个受过教育的罗马天主教徒，如果他的教育剥夺了所有新教的知识、思想和感情模式，他在美国社会的影响力就是在减弱，而不是增加。同样的道理，因为只就读自己的宗教组织控制下的学校和大学的习惯，圣公会对成员生活的影响是减少的，而不是增加的。但与此同时，这个国家通过所有这些教派的年轻人的教育而获益良多，即便这种教育不像以前那样全面和广泛。对所有美国人而言，受过教育的罗马天主教徒、受过教育的圣公会教徒，或受过教育的浸信会教徒比没有受过教育的罗马天主教徒、英国国教教徒或浸信会教徒要好得多。然而，我们希望的是国家所有的主要学院和大学都应该没有教派偏见，应该成为反映美国所有宗教信仰的年轻人都向往的院校。

3. 大学通过对政治分歧的作用产生统一的影响。

一所大学，它的学生来自一个很大的范围，从北部到南部，从东部到西部，肯定会有这个国家很多不同政党的代表。它的学生包括了民主党和共和党、自由贸易者和贸易保护主义者、为捞取个人好处而支持某个政党的人（spoilsmen）和改革家、禁酒主义者和高收费营业证（high-license）[①]的倡导者。政治或社会问题的各种观点，在来自全国各地的大批年轻人中都有大量的持有者。在任何一个大型的有才智的美国年轻群体中，关于这些问题的讨论是不可避免的。他们会组织社团和联盟来维持这种讨论，会出现辩论，公众和大学教师都会受到学生组织的邀请来发表他们的看法。简而言之，在这里，公共利益的所有问题都在不断发酵和鼓动。这种观点的碰撞是有益和有用的。它促进了对重大主题的思考，将激情转化为决心，培养宽容和相互尊重，并教导年轻人欣赏坦率、道德勇气和独立思考，无论这些高尚的品质从哪一方表现出来。对地方性学院或大学的严重不满之一是，在那里，政治和社会话题的多样性不太可能像在一所全国知名的大学里那样得到体现。在这方面，哈佛大学在过去的几年运气极佳，吸引了来自全国各地的学生，虽说大多数学生还是来自新英格兰。这是培养年轻人政治宽容和政治诚信的理想场所。它的大部分研究生和本科生都是共和党人——不管怎么说直到最近确实如此，将来很可能依然如此。近年来，在马萨诸塞州的许多竞选中，它都有幸为两党提供了候选人。15个月前，我在当时的一个演讲中指出，两位州长候选人、两党的州代表大会主席以及两份政治纲领的撰写者都是哈佛毕业生。今年的州长候选人和国会

① 译者注：high-license指美国当时有些地方为了限制饮酒，对经营酒类场所（如酒吧）的营业证收取高额费用的做法。

议员的几位候选人都是哈佛毕业生，同时，在完全是地方性的竞选中，坎布里奇的两位市长候选人也都是哈佛的毕业生。这种不偏不倚的精神是任何大学都梦寐以求的。在坎布里奇，我们要继续为国家的两大政党培养尽可能多的候选人。

4. 全国性知名的大学通过年轻人彼此之间的相互了解和对这种了解的终生维系产生统一的影响。

每年都有众多年轻人从美国的优秀大学毕业，分散在全国各地。在他们居住的几个地方，他们通常会赢得信任和影响力。无论相隔多远，他们仍然团结在一起生活。通过共同的联系，他们以友谊和相互尊重为纽带团结起来。如果我们的年轻人能够采纳德国人在攻读哲学博士或理学博士学位时从一所大学游学到另一所大学的明智做法，这种具有约束力的影响在美国可能会大大增加。德国人的这种做法，极大地促进了德国人的团结。学院和大学的这种影响极大地巩固了美国的团结，并在将来会进一步体现。

5. 美国大学是它们所在社区的公共精神学校。

美国大学以两种方式从个人角度促进公众的思想和劳动：第一，通过要求它们的董事会或管理者提供大量无偿服务；第二，通过鼓励私人捐赠服务于公共目标。被称为“公共精神”的日耳曼美德是民主的救赎。每一所美国大学都要求其董事会成员或管理者提供大量的无偿服务。这种服务在许多情况下都是高质量的，需要良好的判断力以及对人和事物的知识。的确，高等教育机构的董事会的服务非常困难，每个社区必须经过几代人的培养才能提供足够的人来胜任这些职务。这是老牌大学的一大优势，因为他们所处的社区已经受到培养来提供有经验而明智的董事会成员。哈佛大学现在的办学特许状是1650年授予的，此后从未改变。根据该特许状，七人管理大学的全部财产，首先选举管理者和教师，并制定规则。现在这七个人每两周开一次会，大概花费一天当中两三个小时的时间，除了学校的服务之外，还要付出很多其他的时间。这个法人团体（Corporation）长期以来一直是殖民地和马萨诸塞州唯一的法人团体，其服务在马萨诸塞州东部被认为是一种无上光荣。七个人中只有主席和财务主管有报酬。这个机构传递的经验对这所大学来说具有不可估量的价值。许多美国大学名义上由校董会管理，而董事会每年只开会一两次。在这种情况下，真正的管理者在别处，但无论真正的管理机构是什么，都必须由睿智、有经验和富有公共精神的人组成。通过中学、学院、大学、医院、收容所、艺术博物馆和图书馆的管理机构的实践，实现公共精神在美国社会的传播，这是我们的民主的最显著特征之一，也是它的主要保障之一。任何这样的功能都能让一个人从自身和自己的日常工作中解脱出来，让他为更广泛和更高的公共福祉思考和工作。在这些地方，一个智慧而开明的人有机会连续多年为公众服务，选举产生的美国公职人员通常情况下并不是这样。因此，在他的慈善或教育管理服务期间，他确实可以为公众做大量的事情。今天，数以千计的分散在美国各地的人在接受这种公共精神和公共服务的教育，这让社会和他们自身都受益匪浅。在以美国的法律和习俗管理的所有机构中，大学层次最高、最有吸引力。

大学通过给愿意帮助其同类的男性和女性提供这样做的最好机会来发展公共精神。无论谁想要在这个世界上行永久之善，无论谁想要赢得这份最珍贵的殊荣，都必须对年轻人、健康的人和有前途的人发挥出他们的影响。因此，对大学的捐赠，通过让每代人选择的最有前途的年轻人接受最高层次的训练，是造福整个人类一代又一代人最迅速、最有希望、最持久的途径。大学的捐赠基金运作得很快。在六七年的时间里，它就把一个十八岁的年轻人变成了一个社会、教育或商业的中坚力量。它能最有希望地发挥作用，因为它是对遴选出的“材料”发挥作用——这些“材料”或者被他们自己的能力所选择，或者被他们父母的果断和成就所选择。而且，它的影响是持久的。首先，良好、健康、训练有素的大脑是最令人惊叹的可塑之材。他们不仅在为人类服务的过程中度过一生，而且还点燃了无数人的思想和行动，他们还将他们的品质或多或少地传递给后代。其次，除了高度组织的教会之外，大学是最持久的人为机构。除了希腊和罗马的教堂，欧洲的古老大学在所有其他法律、政府或商业机构的破坏与重建中幸存了下来。它们经历了朝代、议会和宪法的兴衰。它们看到所有社会在它的基础上重建，所有的商业和战争方式都发生了深刻的变化。即使在我们自己的新国家，我们也看到处在周围变化中的同样的持久性。因此，哈佛大学见证了马萨诸塞湾的殖民地变成了省，省又变成了州。它见证了州的人口、工业和宗教的重大改变。它比马萨诸塞州任何现有的公司、法院或政府机构都要历史悠久。

管理良好的大学还以另一种方式鼓励服务于公共利益的私人捐赠：它提供了合理的保证，即捐赠将会持续有用，并且世世代代持续工作。哈佛大学被给予的用于永久性目的的捐款，哪怕是再小的一笔也从没有中断过运行。1727年，伦敦的托马斯·科顿牧师（Rev.Thomas Cotton）捐赠了33英镑6先令8便士用于校长的工资，校长每年仍然从该基金获得七八美元的工资。1681年，萨缪尔·沃德（Samuel Ward）给大学捐赠了一个位于波士顿港的岛，叫作“本金岛（Bumkin Island）”，直到今天这项捐赠每年仍有50美元的租金收益，并可能会在将来产生更多的收益。曾在18世纪前半叶做过哈佛法人团体成员的纳撒尼尔·阿普尔顿（Nathaniel Appleton）和亨利·格里布斯（Henry Gibbs）两位牧师，留给学院一笔数目不大的遗产，用于资助贫寒学生。这两个人的一位嫡系后裔——他们之后五六代的一位后裔——一个农民的儿子，由于这两位远祖的捐赠今天在法学院得以免交学费。75年前，阿比埃尔·史密斯（Abiel Smith）捐给哈佛学院2万美元用于建立法语、西班牙语以及纯文学教席。乔治·蒂克纳（George Tichnor）、亨利·沃兹沃斯·朗费罗（Henry Wadsworth Longfellow）、詹姆斯·罗素·洛厄尔先后在这个席位执教。谁能估算出这份数额不大的捐赠对美国文学的贡献？无论是谁，向一所实力雄厚的大学捐赠的明智之举，就是播下最丰硕的种子，将结出延续几个世纪的果实。

6. 大学代表着知识和精神的主导力量——为思想和灵魂提供抵御现代世界所承载的物质财富、利益和活动的力量。

这种影响在美国这样的新兴和不成熟的社会中最为珍贵，它仍然致力于征服荒蛮，为人类所用。在我们国家领土的大部分地区，树桩仍然屹立在田野里，高速公路从未建成，矿藏尚未开采，沙漠也没有灌溉。在这种情况下，物质生产是人民的主要利益，财富而非健康似乎是社会的主要目标。大学保持着哲学、诗歌和科学的活力，并保持着理想的标准。在一个奢侈的习惯不断被加强和传播的社会，它代表着朴素而非奢侈的生活。一所伟大的大学里有数百人——教师、图书馆和博物馆的馆长——他们靠有限的收入生活，知道自己永远不会富有，也不会给子女留下可观的遗产。他们甚至不在乎财富积累，常常对金钱漠不关心。他们通过其他的和比盛行的追逐财富更高层次的方式寻求幸福。比一般的有能力、勤奋和正直的人更杰出的是，他们是自己所生活社会的思考者，虽然他们的生活方式简单而清静。奢华阶层很难理解这些人的快乐，学者们也难以想象奢华的无所事事所带来的满足感。社会上常见的娱乐活动对学者们没有吸引力。若不把晚上的时间用来工作，没有一个人能成为一个成功的学者。普通的大学教师将把晚上的时间花在剧院或社交娱乐上视为一种损失或浪费。简而言之，大学可以通过它的一位老师华兹华斯的“朴素的生活和高尚的思想”这句话来对比阐释。在这方面，它的影响在美国任何大型社区都极具价值。

7. 大学在所有国家都是一个爱国的机构。

在所有的全国性机构中，大学几乎一直是最自由和进步的。这是其自然的趋势。因为，“人的思想”——用爱默生的话说——是进步的，而且，年轻人，特别是喜欢考虑未来的年轻人，往往是倾向于革命的。所有的诗人和哲学家都是预言家。他们的预见思想远远超越了立法者、制造商、商人和农民的实际工作。如果我们要知道下一代的政府和社会问题是什么，我们必须研究前代诗人、教师、文学家、勤奋好学的年轻人的先见。1743年，塞缪尔·亚当斯（Samuel Adams）在哈佛大学获得硕士学位，他在一个公开讨论的问题，即“如果联邦不能以别的方式保留，抵制最高法官是否合法”上保持了肯定的态度。32年后，陷于困境的农民在康科德桥（Concord Bridge）开火，枪声响彻全世界。内战爆发前25年，威廉·埃勒里·钱宁就提出并奉行为反对奴隶制的长期斗争奠定基础的所有伦理原则。朗费罗、洛厄尔、布莱恩特和惠蒂尔（Whittier）把这种情感注入鲜活的诗句中，在他们写完之后的数年里，数百万人为此心潮澎湃、激动不已，这些诗句支持着北方各州历经了为期四年的南北战争。在欧洲，大学仍然是政治和社会动荡的核心，很少有例外。在1770

年的马萨诸塞，盖奇（Gage）将军恰如其分地将哈佛学院描述为“煽动叛乱的温床”。1775年6月16日的晚上，当守卫邦克山（Bunker Hill）的军队的小分队在大学对面的小草坪上行进的时候，是哈佛大学的校长——爱国牧师塞缪尔·兰登（Samuel Langdon）——在奥利弗·温德尔·霍姆斯（Oliver Wendell Holmes）后来出生的房子门口站着，祈求神赐福于他们的事业。我们还记得北方的学院和大学是如何把他们的年轻人送到北方联盟军队的。学院和大学也培养了记录国家成就的历史学家，为子孙后代留下了议会和战场上伟大的榜样和英雄事迹的鲜活记忆。我只要提到帕尔弗里（Palfrey）、普雷斯科特（Prescott）、班克罗夫特（Bancroft）、马特里（Motley）和帕克曼（Parkman）这些名字就够了。这个国家的教师们通过向他们所教的孩子讲述这个国家的英雄们的故事，为他们建造起了最不朽的纪念碑。因此，大学应该是总是充满爱国热情的，这很自然。他们追求理想，而我们现代意义上的国家是最崇高的理想之一，它不再被理想化的人如国王或王后所代表，而是一个人格化的理想——自由、坚强和美丽。

你们会问，高等教育的所有目标都实现了吗？目前还没有。但随着我们共和国在财富、智慧和真正价值上的成长，所有的目标都必将会实现。

十一

文法学校课程的缩减和丰富

文法学校课程的缩减和丰富

全国教育协会（布鲁克林）

（1892年2月16日）

我们可以在两种意义上的其中一种恰当地使用“缩减”一词。第一种，年级数可以从十个减少到九个，或者从九个减少到八个，这样的话，小学和文法学校将合并在一起，到14或13岁时结束；第二种，现有的学习课程数量或种类减少，或两者同时进行，这样就有了引入新课程的空间。我观察到这两种缩减实际上已经在不同的城镇和城市开始了，我相信两者都是可取的，即使不普遍，至少在大多数地方是如此。第一种缩减的论点简单而有说服力。将聪明的孩子和迟钝的孩子的进步平均化，这是一所分级学校最为人所诟病的地方。设定八个年级的常规课程，对学习异常迟缓的学生再延长时间，比设定十个年级再对学得异常迅速的学生缩减时间要更为保险。换句话说，既然拖住有能力的孩子比赶着无能的孩子是一种更大的教育不公，课程方案的构建应想方设法尽量避免更大的弊端。在不改变课程方案的名义年限的情况下，只要允许有能力的孩子一年学完两年的课程，就能使部分孩子的课程大大缩短。几天前，我在一次教师会议上听到一名文法学校的校长证实，在他的学校（大约有650名学生）里，将近四分之一的学生成功完成了这一翻倍的学习任务。这个说法，为渴望看到文法学校课程既能缩减又能丰富的人打开了一个兴奋的前景。

对于第一种缩减，我不再赘述了，我来谈第二种，即当前学习课程数量和种类的适当减少。我认为，第一个需大幅度削减的课程应该是算术。我发现在年级课程中，在九到十年的全部在校时间里，八分之一到六分之一的时间分配给算术的情况非常普遍。在许多城镇和城市，这几年有两种算术教材被使用——一种小的教材可能有一百页，后面跟着一种更大的、两三百页的教材。现在，这本小教材通常包含了所有人需要知道的算术——实际上，它远远超出我们大多数人能用到的。在今天这样的一个专家团体面前，将这个问题再展开来说就多余了。站在实用的角度，几何和物理学要比基础算术之外的任何算术内容都重要，而且对于心智训练来说，它们也是首选。缩减算术，就可以为代数和几何留出空间。为数不多的学校已经引入了这些课程，不管在正式的课程方案中有没有提到，这些课程已经证明了对11岁到13岁的美国孩子而言，它们是有趣的和可以理解的，就像对欧洲的孩子一样。此外，学生的算术成绩并没有因为新课程的引入而降低，而是提高了。代数的解题方法通常比算术方法更容易理解，建立在基础几何知识之上的测量比缺乏这种基础知识时更容易做。这三门课程一起学，要比连续九年只学算术要有趣得多。第二，语言学习，包括阅读、写作、拼写、语法和文学，占大多数年级课程的三分之一到五分之二。这里有足够的空间在四年级或五年级引入一门外语选修课程，古代或现代语言都行。此处需要注意的是，外语的引入对英语没有任何损失。在许多学校，语法课程仍然占据了课程方案的很大一部分，尽管这门深奥的、不适合儿童的课程在教学处理方式上已经有了很大改进。五年前我注意到，关于一个要开始学习拉丁语的10岁或12岁的学生需要多少英语语法知识，科勒（Collar）和丹尼尔（Daniel）先生编写的《拉丁语初学者之书》（*Beginner's Latin Book*）中有一段很好的描述。在开始学习拉丁语之前，学习者需要知道的所有语法都是“英语中词类的名称、功能以及一般语法术语的含义，如主语和谓语、格、时态、语态、词形变化以及连词等”。现在已经有了相当多各种类型的工具书，通过实例和练习而不是通过规则和规范来教授这些数量有限的语法知识，这样，以前花在英语语法上的更大一部分时间现在可以被节省下来，用在其他更有用的地方。第三，地理现在是通过书本和平面地图册来教授的，主要是作为一种记忆式学习，而且相当多的时间用于记忆大量不能被保留的事实，即使能被保留住的话这些事实也鲜有价值。将自然地理与自然历史、政治地理和历史相结合，并提供适当的地理教学仪器，可以节省时间，这就为更新颖、更有趣的地理教学留出了空间。第四，放弃在许多城镇和城市里最后一个年级要学的簿记，可以为其他有用的课程节省出少量时间。簿记这个课程无疑包含在文法学校的课程中，因为它被认为是具有实用价值的。但我相信，它是整个课程计划中最没用的课程，因为现在教的簿记是一种在任何实际的商业机构中都找不到的簿记方式。如今，每一家大型企业都有自己的会计和簿记形式，而这些会计和簿记形式在很大程度上为各家企业所独有。几乎每一家大公司或企业，都有适应自己业务的簿记方式，包括印刷标题、明细表、账单、发票和订单复本，并希望简化它的账目，将书写量减少到对保存有必要的最低限度。一个男孩或女孩在学校可以学到的对以后生活中的簿记或真正的商业簿记有用的，是一手好的字迹和加、减、乘、除简单计算的精确性。给一个男孩子留下他对簿记已有所了解的印象，但他只是学到了他永远不会看到有任何实际商业用途的一套不切实际的东西，这对他肯定是一种伤害。簿记不是一门科学，充其量只是一门基于惯例的手艺。由于现代社会中职业和行业的分化，簿记也随之分化，学校当然不可能教授无限多样性的簿记实务。

如此，我以最简短的方式说明了，为缩减目前文法学校的课程，可以很方便地减少目前的某些课程。我的下一个主题是课程的多样化和丰富化。在去年11月的布朗大学的会议上，新英格兰学院协会为文法学校提议了最完整的新课程方案。该协会随后提醒公众注意它建议的、在文法学校逐步采纳的课程方案的某些变化。这些变化包括五个方面。

第一项建议是在课程方案的前面几年引入初级自然史，通过示范和实践练习而不是书本来教授。无疑，“自然史”一词意欲包括植物学、动物学、地质学和自然地理学。在大多数文法学校的课程中，这些课程已经有了一些空间，该协会的建议提到了分配给该课程的时间，同样也提到了教学的方法。该协会建议应进行示范教学，并提供适当的设备来教授这些课程。很糟糕的是，公立学校的地理教学缺乏适当的教学设备。事实上，在许多学校里，没有适当的教学设备来教孩子们地理或其他自然历史课程。一些特殊的高中配备了自然科学仪器，但一般来说，文法学校在这一重要方面仍然一无所有。

第二项建议是在课程方案的后面几年引入基础物理，通过实验法来教授，包括让学生自己进行准确的称重和测量。

第三和第四项建议包括在12或13岁时引入代数和几何。

第五项建议是从10岁开始提供学习法语、德语、拉丁语或任何两种语言的机会。

简单说来，这就是缩减和丰富文法学校课程的建议。我想利用分配给我的剩余时间回应一下对这些变化的反对意见。

我想说的第一个反对意见是反对减少用于算术的时间。许多老师一听到减少算术时间的想法就感到震惊，因为他们相信算术能提供特别有价值的训练——首先是推理，其次是思维的精确性和工作的精确性。他们认为，学校课程的大部分只要求记忆力，而算术可以培养推理能力。然而，事实是，数学推理是一种特殊的逻辑形式，它在日常生活中几乎没有什么应用，而且，在无法获得完美证明的人类伟大活动领域也根本没有任何应用。一般来说，生物学和道德科学都不能利用数学推理。此外，就数学推理本身而言，学科的多样性对学生非常有用。代数和几何替代部分的算术，到目前为止一个明显的收获是有助于学生对数学逻辑的掌握。和算术一样，代数、几何、物理也可以提供对思维的准确性和可证明的工作的精确性的训练。为了在思维和工作的精确性上得到足够的训练而固守这些精确性课程中最低级和最无旨趣的部分，完全没有必要。

第二个反对意见是，在文法学校里有些孩子没有能力去学习这些新课程。假定这一断言对某些孩子是对的，我首先不得不说，我们在做过尝试之前，是不会知道有多大比例的孩子在14岁时还学不了代数、几何、物理和一些外语的。一个奇怪的事实是，我们美国人习惯性地低估学生从小学到大学几乎每一个教育阶段的学习能力。对美国孩子或美国大学生学业成就的期望，远低于对欧洲人学业成就的期望。这一错误对美国教育的影响非常严重，从小学到大学一直都是如此，最近20年，这种影响最糟糕的莫过于在学院阶段。在我看来，文法学校学不了几何、代数和外语的孩子所占的比例可能会比我们现在想象的要小得多。但是，即使这一比例可能很大，那也不是将所有有能力的孩子排除在他们可以从中获益的学习机会之外的正当理由。在最糟糕的情况下，这一反对意见也只能表明在文法学校有必要采用一种灵活而非死板的制度——要有某些课程的选择而不是统一的课程要求。那些有能力学习一门外语的孩子当然应该有机会在适当的年龄开始学习，适当的年龄就是说这不能晚于10岁或11岁。那些有能力在12岁开始学习几何学的人以及在13岁开始学习代数的人，也应该有这样的机会。如果经验证明，有相当一部分文法学校的学生没有能力学习更高层次的课程，这个事实也只能说明，教师为儿童选择适合的学习课程，是公立文法学校应该采纳的一个政策。我相信，区分不同能力的学生，为合格的学生选择适当的教学方法，并以适当的速度推进每个学生的进展，最终将成为公立学校管理者最重要的职能——这是他或她最能对所有的家庭和对国家尽力的职能。

另一个反对改变的理由通常以这种形式提出：据说它们有贵族化的倾向。据说，民主理论意味着儿童的平等、课程方案的统一和升级考试的统一。在同一间教室里，儿童不按能力或成绩划分。我不需要对在座听众说，这些有关学校的真正民主的观念是错误的和破坏性的。民主社会不会通过宣称所有的儿童能力同等、所有儿童都一样，以及应该一视同仁来完全违背自然规律。每个人都知道儿童有无限的多样性——即便同一个家庭的孩子，在性格、气质和智力上也很不相同。每个儿童都有独特的个性。当然，这就意味着同时应用于大量儿童的统一课程方案和统一教学方法必然是不明智的和有害的——它是一种只要民主社会的物质资源允许，就总要与之斗争和进行改革的弊端。为了社会的利益，也为了个人的利益，每个儿童的特殊天赋和能力应该发展和训练至最高的程度。因此，在一个民主社会的公立学校中，其目标应该是提供尽可能多的个别指导教学，在教师数量及其能力和技能允许的情况下尽量根据能力对学生进行分级，并以最不常规和最个性化的方式，而不是以军营的方式来促进学生发展。几天前，我在一个重要的城市听到一位副学监说，他所在城市的许多文法学校的教师反对在超过五十名学生的班级进行任何分组——根据学生成绩和能力进行的任何分组。他们想让一间教室里的所有学生在同一年级，像阅兵式上的士兵一起前进，要达到在考试那天所有的学生完成一样的学习任务，在所有的课程取得同样进步的结果。如果这是一所城市分级学校的真实写照，可以肯定的是，城市公立学校不久就会变成一个为基础阶层的孩子提供的慈善学校。明智的美国人一旦懂得了这意味着什么，就不会让他们的孩子接受这样的训练。有四五十名学生的乡村地区学校，总是会有不同层次的10到12个班级，各自有不同的进度。这类学校将依然是唯一有希望的免费学校。对于必须降低学校统一性的新建议，它们不仅没有强烈的反对，而且恰恰声称这是它们最强烈的建议。

那些被认为具有贵族化倾向的提议，对真正的民主学校制度至关重要，因为在穷人的孩子获得与富人的孩子平等的机会，得以接受他们的能力可以达到的最好教育之前，不论那是什么等级的教育，这些建议必须得到采纳并付诸实施。获得适当机会是民主社会的本质。不是天赋、成就或能力的平等，因为这种平等不自然、不可能；不是充裕的不适的机会，因为这样的充裕是没有用的。但是，个人可以利用这些适当的机会来实现自己的利益和社会的利益。美国文法学校现在的课程方案实际上阻碍了一个聪明的孩子在恰当的年龄开始学习一门外语。我们都知道，这个年龄是非常早的——远在高中阶段之前。这使他不能在恰当的年龄开始学习代数和几何。这让他没有机会学习恰当的自然科学课程。在我们现在的体制下，如果一个男孩不去上高中，他就永远失去了这个机会。如果他去上高中，也要到很晚才有这个机会。在美国，一个贫穷的男孩应该与一个富人的孩子有同样好的机会得到适合他的性格和能力的最好的学校训练。这难道不是一份民主社会可以合理提出目标并通过它自己的文法学校来实现的公正声明吗？然而，现在的文法学校课程实际上阻止了这个贫穷的男孩获得这个机会。富人可以在私立或捐赠学校里为他的孩子们提供适当多样化的课程，但是绝大多数的美国儿童都被限制在分级文法学校的有限的、统一的和机械的课程方案中。一个民主社会对自己的利益的追求，从来没有比设想现行课程方案是为了大众的利益而受到更多的误导。6至15岁学生的年级划分，是那些应该通过民主社会得以提升的孩子在提升自己之路上的一个障碍。统一性是美国学校的祸根。任何学校或大学都有一种统一的产品，应该被看作一种劣势的表现——它不能满足社会秩序的合理需求，其基本原则是每个职业都应该对有才能的人开放。如果要满足民主社会的目的，个人的学习选择，针对个人需求的教学，非常规的升级，根据天赋能力、取得学业成就快慢、学习结果的多样性以及年龄和掌握程度划分年级，必须成为美国公立学校的特征。

第四个反对意见认为所提议的改变主要是为了那些富人的孩子的利益，他们的教育将超越文法学校一直到高中，并且可能一直到高中之上的学院。它们确实是为了这个阶层孩子的利益，但它们更多的是为那些不上高中的孩子的利益，如此，文法学校将提供他们所能接受的所有系统教育。新英格兰学院协会明确表示，它的建议是为了公立学校系统的整体利益，“但是，它们中的大多数都是为了那些在文法学校之外就不再继续他们的教育的孩子的利益”。以几何课程为例，它在手工艺和贸易领域有许多非常重要的应用。每个技工都需要一些几何知识。如果除掉最简单和最常见的算术运算，它的应用和算术一样重要。大量的美国儿童从未接触这门课程就离开了学校——也许除了在算术中的测量学这一部分——这对社会公众是很大的不幸。把多样性引入文法学校的课程中，本身就可能对那些14岁以后就不上学的孩子比对那些继续上学的孩子更有益。一个在某一课程上迟钝的孩子，在另一课程上可能是聪明的。一个没有语言天赋的孩子对自然历史的学习可能敏锐而迅速。一个对算术没有兴趣的孩子在几何上可能表现得异常强大。一个大脑不容易通过纯粹的智力练习来调动的人，可能通过绘画和手工训练来获得智力发展。在学院里，我们对这种多样性非常熟悉。现在，美国大多数学院在大胆尝试选修制以有利于展示和培养这些不同的天赋。与此类似，如果文法学校的课程更加多样化，整体制度更为灵活，它对即便是愚笨和迟钝的孩子也更为有益。

第五个反对引入新课程的理由是孩子们在学校里已经超负荷学习了。我在一年多以前发表的一篇演讲中指出，有两种有效的措施可以预防因在学校过度学习而造成的不良影响——很高兴看到这些预防措施越来越多地得到采用。它们是良好的通风系统和课间系统的轻体操。从卫生学的角度来看，孩子们除了从校门出来的那几个小时，学校时间应该是一天中需要最优管理的时间。如果学校的教室在每个方面都比普通家庭更健康，那么我们在学校就应该会少听到一些对过度学习的抱怨。而且，对于过度学习，还有第三个预防措施，与前面提到的任何一项措施同样重要。这就是让学校的学习对孩子们来说变得有趣。四年前，我提醒全国教育协会这个部门注意，在学校学习中缺乏兴趣和有意识的进步对孩子们造成了令人沮丧的影响。将新的更高层次的课程引入学校课程方案并不一定会增加孩子的压力。如果这项措施提高了学习的兴趣、吸引力以及学业成就感，它将会降低疲劳和有害压力的风险。

最后，有一种担心是，引入的新课程可能会增加升级的现有难度。父母们对孩子的升级很敏感。他们希望迟钝和聪明的孩子以同样的速度升级，他们易于对迟钝孩子产生的同情心，不亚于对聪明的孩子。我认为，这一实际困难应该可以通过放弃以统一的学业成就或要求的知识标准作为升级的基础来部分地解决。在哈佛学院，没有针对所有学生的统一课程方案，而且事实上，在1450名学生中，两名学生四年在校期间学习同样课程的概率很小。我们早就放弃了从一个年级到另一个年级的统一的成绩要求。升级唯一的依据是合理的恒心。我冒昧大胆地认为这也是文法学校升级的真正基础，而且通过这一唯一的升级原则，目前正令人深思的困境如果说不能被完全消除的话，也将得到很大的缓解。将一个孩子引向一个新课程的恰当时间是他能够理解它的第一时间。我们把在学校的所有这一段时间划分成年或划分成小学、文法学校、高中，都是人为的，在大多数情况下对个人是一种伤害或阻碍。整个学校生活应该是从一个新的兴趣带来一份新的喜悦，再延续到下一个兴趣的完整流程。对于每个不同的孩子，这种流程的速度应该是不同的。经济的学校行政管理不可避免地有些干扰了流程的令人期望的连续性和多样性。但是，最巧妙、最明智的管理是最低程度的干预。

回顾自四年前我有幸在这个监管部门面前讨论“学校课程能否缩减和丰富”这个问题以来这次改革的进展，我看到许多证据表明公立学校的课程正在发生剧烈而有益的变化。最好的证据是它引起了学校管理者和教师对这个问题的浓厚兴趣。通过他们，提议的改进措施将会得到详细阐述。他们的影响将会在父母、各种委员会和公众媒体上得到成功体现。他们的回报是：第一，每天可以看到更快乐和训练得更好的孩子；第二，他们自身职业成就的提升。

十二

学校不合理与合理的统一性

学校不合理与合理的统一性

全国教育协会（萨拉托加）

（1892年7月12日）

我演讲的主题是“学校不合理与合理的统一性”，“学校”一词在这里是广义上的。为了让演讲有还说得过去的完整性，我将不得不陈述一些今天在座的各位专业人士中的很多人已经熟悉的一些事实和原则。教育是对个体身体、思想和意志的适当发展和训练，但当它被系统化，同时被提供给成千上万的学生时，几乎不可避免地会采用军事或机械的方法。这些方法往往会产生一个既定的步骤和均匀的速度，并导致在命令下进行的操练而不是在活动中的个体能力的自由发展。个体的利益经常被忽略，或者，只有当个体可以被视为一个均质体的平均原子时，个体利益才能被服务。我认为教育系统的这种自然倾向是一种巨大的弊端，特别是在民主社会中，其他的政府的、工业的和社会的影响倾向于将人力平均化。

1. 学校不合理的统一性。

大型城镇和城市的分级学校将为我们提供第一个例证。我们发现，秋季，在一所完全分级的文法学校的任何一间教室里，有

40到60个孩子被认为应该为他们来年的学习做同样的准备。他们整年要用同样的书籍，在同样的时间和在同样的教师指导下学习相同的课程。他们要尽可能在每一门课程上每天都取得同样的进步，并在相同的时间间隔内接受相同的测验。他们要尽可能天天在一起。聪明的人从不尽最大努力，经常在原地踏步；迟钝的人总是被一种让他们中的一些人感到绝望的速度催促着前进。理想的班级是起点相同、能力相同、进步相同和学业成就相同。如果在学年的一开始，孩子们的能力或学业成就非常不同，非常遗憾地说，这将会带来不便。教师就不能像学生的智力和能力都一样时那么容易地“处理”他的课了。如果到了年底，他们的表现没有被很好地拉平，教师就没有他所希望的那么成功了。这是对学校最不合理的统一性的极端表述。在这种意义上，封闭式分级是教育的一个祸端。在我看来，在任何一所小学或文法学校的教室里，正确的目标应该是在学年伊始尽可能迅速地认识儿童能力和天赋的不同，在一整年中以每个人自己的步态和速度带他们往前走。最后，他们的能力和学业成就比开始时有了更大的不同。我总有这样的感觉，一名教师在每年年底没有让他的学生的能力和学识比开始时更不一样的话，这是失败的证明。我们都知道，儿童和成年人一样，人人都不一样甚至完全不同。教育的目的和生命一样，是要把与生俱来的力量激发出来，使每个个体的自然天赋和后天能力发展至尽可能高的程度。因此，如果4年、10年或20年后，学生在每个课程上的技能、能力或本领都相似，这样的教育或训练肯定是病态的。

在20岁左右共同开始活跃生活的男女群体中的个体，通过他们的各种工作、服务和经验，会变得越来越不一样。我们期望，在60岁的时候他们的能力大不相同，在不同的领域和不同的方面得到锻炼，他们的学识和经验将会和他们的能力一样不同。这种多样性既是人类社会的力量，也是人类社会的魅力所在。现在，学校教育对儿童的影响应该与生活对成人的影响类似，因为学习是为生活做准备。

让我们再举一个年级更高一些的例子——中学，在美国代表这类学校的有高中、中学以及私立预备学校。孩子们在这些学校要学习到17岁、18岁或19岁。到这个时候，只要年轻人能够接触到人类知识和研究的各个领域，在这些领域中各种心智能力和活动都能发挥作用，几乎每一种通过训练可以对个体或社会产生价值的特殊心智或身体天赋，都已经显露给了它的主人和任何善于观察的朋友。如果一个年轻人除了拉丁语、希腊语和数学之外，从未接触过其他任何学习，他也许会对自己在科学或历史方面的天赋一无所知。如果他除了母语之外从未接触过其他任何语言，他的语言天赋可能就不会为他自己和他的朋友所知。这种对他自己的自然天赋和能力的启示是中等教育的主要目标之一。现在，如果年轻人就读的唯一的学校有一个狭窄的、统一的课程方案，课程数量有限并且不能从中做出选择，中等教育可能就没有为个人实现这个重要的目标。一所好的中学必须有一个数量之多、范围之广超出任何单个学生所能学得过来的课程方案，否则它的课程范围将太小，不足以保证一所好的中学的这一重要功能的实现——对所有学生能力的深入探索。

让我用一种更高阶段的课程方案——旧式学院的课程方案来进一步说明学校不合理的统一性。在完成学院课程后，一个年轻人要选择一种职业。我们绝大多数的学院毕业生都进入了通常所说的三种学术职业，进入了教学、新闻和其他文学类工作，以及各种科学职业。不必多说，职业的选择对于每个人未来的幸福和能力的发挥无比重要。现在，这些职业是如此的不同，要求不同的心理特征和个人素质，他们中的选择总是基于早年即清晰展示出的个体能力和偏好。一个适合做内科医生的年轻人应该更早地被引向化学、物理和自然历史学科。他应该表现出对这些学科的自然天赋，而且这种倾向应该得到满足。一个要当牧师的年轻人应该在学院里学习语言、哲学、伦理学、社会学和政治学，应该有足够的机会去遵循那些自然的引导。一个要当律师的年轻人在学院里应该感觉愿意学习罗马和中世纪的历史、各种制度和政府的历史、政治史、伦理学、修辞学和逻辑学，在演讲和写作中练习讨论和辩论。一个记者，早在他决定开始他作为新闻作者的特殊训练之前，应该意识到自己对文学、社会学、政治学和历史的偏爱，而且应该在他人的批评中历经数年每天练习英语写作。现在，统一规定的学院课程没有给学生提供适当的机会来让他们各自遵循自然的引导进行明智的职业选择。

考虑到不同职业专业训练所需学科和知识的多样性，多少代的教师都在提倡为所有的职业提供统一的预备训练，这难道不令人费解吗？然而，旧式的、统一的、规定性的、基础性的学院课程就是如此—— 一种对那些注定要从事无论是学术性、科学性还是文学性职业的人来说都被认为同样有益的初级训练。这确实是学校不合理的统一性的一个生动例子。

人们总是能认识到不同寻常的人和普通人之间的巨大差异，甚至是不同寻常的个人之间的差异。人类总是拒绝相信最伟大的恩主同属于人类。伟大的统治者、发明家和教师通常都被神化了。每个人都看到了莎士比亚、拿破仑和林肯在性格和精神力量上难以描述的多样性，但是人类显然没有意识到普通人之间是如何不同的。人类社会在组织形式上变得民主之前，从来没有很好的机会从普通个体的真正多样性中获得适当的优势。要向社会证明发掘存在于个体的所有小的、特殊的天赋和能力的重要性，民主社会的阶层划分就必须有流动性。一个在其他方面很普通的人，在羊毛鉴别上小有天赋，他敏感的手指只需摩擦一下，就能确定不同种类羊毛的商业价值，我们现在知道，发现和利用这样一个人对社会大有裨益。一个人在看不到的地方用食指指尖就能比城市里的任何人感受到更多细节且更确定，我们知道，发现这个人并把他培养成外科医生很重要。我们知道，发现并训练每一个有特殊眼力，仅通过片刻停留的色彩就能识别钢钻的正确硬度的人是有益于社会的。我们知道，对于一个能写诗的庄稼汉，或者一个能唱歌的农妇，如果能发现和训练他（她）们的天赋，会产生多大的影响。我们最近从两名技工阶层的德国工人——一对父子——那里了解到，因为他们天生就对色彩和质地有着敏锐的鉴赏力，通过适当的训练和鼓励，可能会创造一种全新的展示花朵的方法，这样就可以一年四季在彩色玻璃模型中以自然和放大尺寸来研究它们了。民主社会的流动性——一种世界上的新鲜事——使我们清楚地认识到发现和培养每一个最小的个人天赋和能力的重要性。最伟大的天赋会自己展露，而且天才通常是独立于教育机构的。恰恰是那些卑微、很小、不引人注目的，但数量多得多的、独特的个人天赋，教育系统应该不辞千辛万苦把它们挖掘出来。学校的统一性会把它们压垮和埋葬。

此外，民主社会不能不去为所有人寻求平等的条件，尽管它还没有愚蠢到相信自然能力或天赋平等的地步。现在，获得大致平等条件的最佳机会恰恰在于对社会中每个人特殊禀赋的发现，以及使其通过教育获得发展。在这个世界上，伟大的能力或天赋并不必然比小的个体天赋更能带来幸福和幸运。小的天赋，如果得以很好地利用，可能比大的天赋对个人和他的家庭更为有益。这个世界对人的回报，与他们工作的智力水平并不成比例。村里的店主比牧师挣得多。许多熟练的技工，其天赋就是一只眼睛或一只手，他们挣的钱比小学教师或报纸撰稿人多。如果公共教育能够发现并发展在校孩子们的天赋和能力的无限多样性，在这些孩子成年后，条件大致均等的机会将大大增加。学校的统一性削弱了这些机会。

任何有着丰富的学校或学院教学经验的人都一定知道，随着教育进程的发展，为班级或一群学生开设新的课程，聪明的孩子和迟钝的孩子变换位置的情况并不鲜见——那些被认为聪明的孩子可能明显变得迟钝，而那些被认为迟钝的孩子，也许会领先。原因是那些迟钝的孩子最终被带到一个他们擅长的学科，而那些聪明的孩子一直在锻炼他们某项很有天赋的官能，此时被带到一个他们的能力不适应的新领域。灵活多样的学校课程将为所有孩子提供最有利的机会，僵硬和统一的课程方案则不会。任何机器，就如军队、轮船或工厂，都不能成为一个民主机构。因为它需要许多内在的服从，需要个体能力服从于群体行动。只要学校是一台生产统一产品的机器，它在本来可能为民主社会的真正利益服务这点上必然失败。

因此，到目前为止我坚持认为一所严格分级的文法学校，一所有着单一有限课程方案的高中或中学，或者一所有统一规定课程的学院，必然会抑制而不是发展个体差异，并且必然使个人能力得不到发现和训练，这样就剥夺了个人的幸福和价值，也剥夺了社会本可以从成千上万成员的特殊禀赋中享受到的收获。但这并非学校不合理的统一性所造成的全部伤害。它还降低了教师的功能，并将其本应多变而鼓舞人心的职业变成一种在一年之内就能完成的惯例。我不知道在文法学校里，一个班级的女教师，年复一年地遵循学生起点和结果尽可能统一的规定例行程序时，如何能在她的工作中保持对任何知识的新鲜感或热情长于五六年的时间。有许多人说，分级学校的教师任教时间最多不应超过十年，因为他们会变得迟钝、拘谨和无趣。但如果真是这样，那肯定是体制的错，而不是教师的错。如果我们在教育层次上走得更高，同样的反对统一性的观点也会成立。一个人年复一年被迫向教育程度大致相同的男孩子阅读节选自同样的希腊语和拉丁语作家的相同作品，这些男孩子向他呈现出的不是精心培养的能力和学业成就的多样性，而是教育工厂产生的最大相似性，这样的人的知识命运会是什么？我们中的许多人都能回想起，学院里的那些教师每年向大三学生读同样的课本，就这样读了二十年，年复一年地做同样无望的努力来培养对一门课程毫无感觉的学生对这门课的兴趣，驱使不情愿的学生取得一些成绩（无论这些成绩多么微小），同时也要满足在这门课程上有一定天赋的学生。这是一项精心设计的任务，目的是削弱最强烈的热情，摧毁教学中的一切乐趣，让受损害者的心智和学术抱负变得麻木迟钝。教师生活的主要志趣在于研究和发展学生无限的智力和道德品质。一个死板的、统一的课程方案，像对学生一样，剥夺了教师随时准备进入他最感兴趣的领域的权利。这种教学业务的退化是学校不合理统一性最悲哀的结果之一。一个教师要保持精神上的新颖和热情，必须尽可能地每年改变他的教学，培养与学生的密切联系，认识并乐于发展他们的无限多样性。就像对大学教授一样，这一原则同样适用于小学或文法学校的教师。如果遵循了这一点，教师的生活永远不会变得单调、沉闷或压抑。

在这里，我们应该认识到一个显而易见的事实：20年前，美国学校倾向于实行更严格的分级、同时升级和统一规定的课程方案，近年来的趋势是自由和多样化。我们见证了英语进入古老的古典学院，单一的中学课程细分为三四门甚至九门平行课程，以及最近将异端性质的选修课程引入神圣的文法学校。我们开始听到很多关于松散的分级、灵活的分类以及经常性不定期的升级的案例。人们开始认识到，严格的分级和僵化的分类不是好事而是坏事，统一的课程方案、分级和升级考试，说到底仅仅是省钱的机械措施，它能让大量教育不足、收入低下的教师在少数受过更好训练和经验丰富的校长和学监的指导下，在一个城市或大城镇取得差强人意的教学结果。最近几年出现的最令人鼓舞的关于学校的论文之一是辛辛那提的爱默生·E. 怀特（Emerson E. White）博士的《分级学校的升级和考试》这份很有价值的报告——这篇文章不仅描述了学校存在的弊端，还提出了补救措施。

但在某种程度上，一所学校或学院可不就是一台机器吗？它难道不是要以尽可能明智和有效的方式面对大量学生，要根据一般原则在群体中而不是作为个人对他们进行分类、分班和训练吗？一所学校难道不是一定要在固定的课程上有固定的教学时间、考试要有长期的预期和准备、要有统一的标准以及因此要有统一的方法使很多学生同时达到这些标准吗？

所有这些问题的答案都必然是肯定的，但要有审慎的限制条件。一所学校或学院在某种程度上肯定是一台机器。让它小到尽可能的程度吧。让我们避免使用严厉的铁律、武断的规定和统一的指令。当然，在每一所大型学校或学院里，分班是必要的。让它尽可能灵活和频繁地调整，规定时间内恒心和智力条件的测试也是必要的。但这些测试的指向应该是确定学生能做什么，而不是他们知道什么。必须有预期和意料之外的考试，让它们永远由教师和为教师而组织，并且作为教与学的帮助和指导。教师需要不时地通过这样的测试来确定他的教学是如何被他的班级所消化的，学生们需要从中了解教师对班级的期望。关于课程、课时以及最低标准的统一性，我打算在文章的第二部分来谈。

避免学校不合理统一性的最好方法，是通过减少指派给一名教师的学生数量来稳步地推进个性化教学。分配给一名教师的学生人数越多，方法和进度的一致性必然就越大，对无论是好的还是不好的个体特点的考虑也就越少。如果一名女教师从上午九点到下午一点有50到60名学生需要应对，她就不太可能有闲暇去照顾到个别学生的特殊能力或特殊缺陷，半军事化、机械的方法就不可避免。这种状况使今天分级的城市学校与30年前旧式的乡村学校形成鲜明对比，后者更具优势。当时，在新英格兰有40名学生的乡村学校中，一个学院的毕业生要教十几个班。学生们处于进步的每个阶段，在一个受人喜欢的年轻教师的指导下，聪明的男孩或女孩可以迅速地从一个班级进入另一个班级。教师的工作多种多样，他对所有认真和有能力的学生的进步充满兴趣。

除了个性化教学，我认为将来还要用譬如圣贝纳迪诺（San Bernardino）的弗莱（Frye）学监已有的易于描述和实践的方法，认真研究每个学生的性格、体质、心智能力和缺陷。

2. 学校合理的统一性。

有一样东西，它在从婴儿到成年的公共教育系统中非常重要。尽管让所有的孩子学习代数、几何、动物学、物理或外语可能不是最好的做法，但上述课程的每一门，都可能有一个最好的学习方法，是所有学生在学习任何一门课程时都应遵循的。此外，这些课程的每一门可能都有某些主题，是要学这门课程的所有孩子都要学的，其中每一个主题的适当范围，或许可以做出相当好的精确界定。另外，如果一门课程值得教的话，在某些确定的年数内或许可以有一些确定的用于这门课程的周时数。因此，物理教学的专家们通过协商讨论，应该能就物理初学者的最佳主题、最佳教学模式和明智投入学习的年—周—课时数达成一致意见。当学生掌握了这些基础准备再学习更困难的内容时，他们应该能就第二阶段的物理学习达成类似的一致意见。他们应该能够就一个有20名学生，每周在物理实验室6个小时以及在第一、二、三年的递进课程中开设每周3次讲座的班级，能够被很好地教授多少主题这一问题上达成一致。如果物理可以作为学院入学考试的一门课程，以作为考生是否适合接受学院教育的部分证明，那么中学物理教师与学院物理教师共同开会，应该能够确定在18岁的时候一个学院考生在该学科应该具备的知识的合理范围。类似地，如果平面几何是七年级或八年级的课程之一，专家们应该能够判断出什么程度以及多少年—周—课时量的几何学习是有利于这个年级的学生的。有些学生所学的会超过所建议的数量，毫无疑问另外有人可能会发现自己不可能掌握这么多，但是对于某一年级的最低标准，专家们还是可能会达成一致意见。不用期望所有的学生都学习同样的课程或者以同样的进度通过任何课程，充分考虑任何既定群体学生在每门课程上的不同能力，通过细致研究和比较不同的观点，一定仍然有可能确定每门课程在某一阶段的学生个体发展中应达到的合理限度。一个学生可能从十岁开始学习代数，另一个从十一岁开始，还有一个从十三岁开始，但无论他们何时开始学习代数，如果一年中每周花一定的时间，那么教学者可以确立一个在第一年应达到的学业成就的合理最低期望。

为了防止全国教育体系在每个教育层次上精力和时间的浪费，通过协商或协定对进入文法学校、高中和中学的每一门课程确定主题、时间分配、教学方法和适当的测验的做法是非常可取的。文法学校课程是高中课程的基础，高中和中学课程是学院课程的基础。现在，尽管所有从文法学校到高中的学生完全没有必要在任何一年都要学同样的课程，但是，所有的高中都应该能够指望所有的文法学校会根据商定的幅度和范围以某种方式教过某门课程并达到这门课程获得能力的最低标准，这种做法是可取的。因此，在高中阶段结束时，要求所有申请进入学院的考生都学习过相同的课程，这既没必要也不可取。但是，他们在这些课程上的学业能力可以反映一个尚能一致的年一周一课时数，并且通常应包括以商定的方式学习的每门课程具备明确数量的选定主题，这种做法是可取的。但目前的情况绝非如此。例如，哈佛大学和耶鲁大学在美国的许多城市举行入学考试，但在这两所大学的入学要求中，同样的课程也令人奇怪地小有不同。它们都要求拉丁语和代数，但是每一位向这两所大学推荐考生的学校校长都知道，耶鲁对拉丁语和代数的要求与哈佛的不同。新英格兰学院协会采取了一些措施来减少20所新英格兰学院同一课程入学要求的荒谬差异，但仍然存在许多毫无意义、无足轻重的差异，让人非常不快。当然，全国范围的学校和学院在同一课程入学要求上表现出来的差异要严重得多，数量上也要多得多。

现在，当我们想象尝试根据学校的目标为每类学校确定适当的课程范围时，进入文法学校、高中和中学课程方案中的课程数量虽然有些令人生畏，但仍然是非常小的。考虑到本世纪知识的巨大发展，广泛用于中小学教育的学科数量之少值得关注。哈佛学院的入学要求比其他任何机构都更加多样化，从某种意义上说，哈佛学院允许考生选择的课程数量比其他任何机构都要多。然而，独立的课程只有14门，它们是：英语、初级和高级希腊语、初级和高级拉丁语、初级和高级德语、初级和高级法语、希腊和罗马史、美国和英国史、初级和高级代数、平面和立体几何、三角函数、解析几何基础、天文学、初级和高级物理、化学。

这些课程的选择范围如此之广，以至于每一年的入学考试都有70到90种不同的课程组合，甚至数百种组合也是可能的。然而，考试的组织在行政管理上一点也不费劲，考官付出的辛苦和遇到的麻烦要少于硬性规定所有考生参加16项考试的情况。

哈佛的入学要求包括至少两门高级课程，即考生必须经过几年的学习并因此学得超出了基础水平的两门课程。在寻求高等教育入学要求的合理多样化时，一些学院和大学为那些学习了相当数量基础课程而没有学习任何高级课程的人提供了入学机会。但是，这样的门槛永远都不如传统的拉丁语、希腊语和数学的门槛高，原因很简单，它们不包括任何一门课程的长期或高级阶段的学习。一所所谓的预备学校的普通课程方案比一所高中的普通课程方案能提供更好训练的主要原因是，学生的注意力更加集中，课程数量更少，以及对每门课程学得更深入。长期以来人们一直认为，预备学校的优越性在于要学拉丁语和希腊语。但我认为，它们的优势主要是集中学习少数几门课程，而对于许多其他课程来说，如果给予学生的时间占到像古典课程那样的分量，也会获得同样好的结果。不管怎么说，可以肯定，在一所高中的科学课程中，所有植物学、动物学、地质学、生理学、物理学、化学、天文学加在一起的时间，只和古典课程中单独一门希腊语课程的学习时间一样，这样达到的训练结果不会像学希腊语那样有价值。我们可以肯定的是，以一周三次的频率学习两年法语和一年德语，其语言训练价值不如一周三次学习其中任一语言三年。要想在14岁到18岁的任何课程中获得良好的训练，就必须超越基础水平，必须对其进行长期和深入的学习。

密歇根大学和康奈尔大学以一种不同于哈佛大学的方式对考生显示出入学要求的多样形式，其做法是对一定数量的课程进行若干不同的组合。因此，在康奈尔大学，入学要求有四种不同的课程组合，第一种是最难的，包含11门课程；第二种有12门课程；第三种有8门课程；第四种是最容易的，包含10门课程。做出这四种组合只用了15门课程。在密歇根大学，入学要求有五种不同的课程组合，每种包含9到13门课程，但是，全部组合用了21门课程。密歇根大学独立课程数量更多的原因是：为了更贴近高中，密歇根大学允许考生从7门零碎的课程中做出选择，这些课程中没有一门的学习时间被认为会超过半年。

现在，要求所有的美国学院都有相同的入学要求，或者任何学院都只有单一的一套入学要求，都是不可取的。但是，如果所有的学院和大学，能就列入入学要求的每门课程的范围、学校投入的学习时间、恰当的教学方式、最公平的学生知识测试方式达成一致，将大大促进中学的工作。这般程度的统一性是可取的，而且绝不是不可企及的。如果四五所领先的大学，如哈佛、耶鲁、康奈尔、密歇根和加利福尼亚大学能在这个问题上达成一致，中学的工作很可能会逐渐遵从大学的建议。目前，进入普通文法学校各年级的课程数量不多，对这些年级要比高中更容易达成一致意见。但是，高中和中学将从文法学校在前面提到的几点上达成的一致意见中获得很大的益处——尤其是中学，因为它们从许多分散的社区招收学生。

然而，课程一致性原则可被有力应用的一个很大的领域，是公立中等教育。这个国家许多高中的四年课程计划，课程的数量与文法学校相比是很大的，但这四年的课程通常分为三个部分——人文、拉丁语、科学，在这中间可以有很多选择，因此没有一个学生被迫学习所有课程。下面的课程清单，来自全国不同地区许多高中的课程方案，被认为包含了现在所有中学课程方案的常见课程。

1. 英语（包含文学和作文，修辞学基础）
2. 历史（古代、中世纪和现代）
3. 公民政府
4. 法语
5. 德语
6. 拉丁语
7. 希腊语
8. 算术
9. 代数
10. 平面几何
11. 立体几何
12. 三角函数
13. 解析几何
14. 自然地理
15. 地质学
16. 植物学
17. 动物学
18. 生理学
19. 物理学

20. 化学
21. 天文学
22. 心理学
23. 道德哲学
24. 国际法
25. 政治经济学
26. 教育科学
27. 音乐
28. 绘画
29. 速记
30. 簿记

不管怎么说，课程数量只有30门，在14岁到18岁之间划定每门课程的大致学习范围、正确的学习方法以及适当的学习年—周—课时数，这应该不会超越人类的智慧。一个专家委员会同意这些课程中有一些课程是对所有学生都可取的，但它们中的绝大多数应该是可以自由选择的课程，这似乎并非不可能。也许在这份课程清单上，课程委员会会同意有一些学科根本就不应该被包含在14岁到18岁的课程中，除非确实是作为阅读材料。

在5岁到25岁组织化教育的整个过程中，实现课程统一的最大困难在公立高中。自从所有主要学院采用选修制以来，考虑到课程的不足，个别学生在中学尝试的课程比其他任何机构都要多。从必要性来看，大多数课程只学最基础的内容。美国学院的传统课程就是这样一种基础课程的夸张组合。但这部分被一个事实所弥补，即针对拉丁语、希腊语和数学，一些学院录取的考生已经学了好几年了，而这三门课程将继续占据学院课程大部分的时间。有很多人赞成在12年级组织一个城市学校系统，不进行小学、文法学校和高中的划分。通过这个安排，个别学生学习课程的统一样和多样性都得到了促进。这使得12年级的课程在9年、10年、11年或12年内完成更容易实现。这三种传统划分并没有真正的区别，名称上的区分对降低学生进入高年级的比例可能会有一些影响。

文法学校新课程的引入已经在很多地方开始了，充满活力并且取得了迅速成功。这将对高中课程产生很大影响，并使我们更加接近实现唯一真正的民主学校原则——每一年级为每个学生提供他所在阶段最好的能力训练，无论他受到的教育在什么年龄结束。在任何年龄，更多的信息都无法弥补能力的不足。对于那些仅仅是因为在校时间太少而训练不足的孩子，给他们提供更差的教育，肯定会让他们的受教育情况雪上加霜。文法学校级别的丰富性意味着每个学生都有自己的选择，也可能意味着同一城镇或城市的文法学校之间存在差别。任何一种改进都会减少不合理的统一性，并促进合理统一性的出现。

我们的政府机构对教育没有广泛的权威监督。联邦政府没有这种职能。一些较新的州有州教育厅长和县教育主管，但这些官员的权力往往是有限的，他们的任期也很短暂，而且不稳定。许多成立较早的州没有这样的官员。大体上，教育的管理是地方性的，每个城镇或城市的学校管理都是独立的。因此，在全国范围内对学校和大学课程施加影响的最大希望是通过少数专家在每门课程教学中的自愿行动，他们可以指挥获得公认的卓越地位的机构的合作，并且能在一个有全国性组织的协会的管制下采取行动。

作为对一项艰巨任务的鼓励，我将提及通过几个有能力的人士和公司自愿合作而在美国引起巨大变化的四个有趣实例——一个在实际事务中，三个在教育中。实际事务的变化是在整个大陆采用“标准”时间。这一改进是由一些主要的铁路公司根据一些天文学家的建议而实现的。这是少数实力雄厚的大公司和少数专家的工作。然而，它却影响了几乎所有美国人的日常生活，而且在那些标准时间和当地时间相差近半小时或相当于半小时的地区，这一变化明显给居民带来了不便。

我提到的第一个教育变革是在美国的学校和学院里，开始用从更简单的法语翻译过来的几何学取代欧几里得几何学。这一伟大的进步是由一些领先机构的数学教师带来的。相比我们国家，欧几里得几何学在英国被教授了更长一段时间。

在美国的一些学院和学校里，有效领导的第二个有趣实例是对拉丁语的罗马发音的采用，经领先机构的两三名拉丁语教授推荐，迅速传遍整个美国，现在是大多数学校和大学公认的发音。与此形成鲜明对比的是英国的实际情况，二十多年前牛津和剑桥的拉丁语教授联合推荐采用新发音，但是他们的建议对英国学校和学院几乎没有任何影响力。

第三个教育变革即在自然科学教学中用实验法代替书本法，它来自这个国家的几个中心，得到了迅速而广泛的采用。这是过去二十年来教育方法最重要的改进。因为它首次使自然科学在学科间的竞争中有了公平的机会，产生了自然科学所能提供的真正训练，而书本教学的方法没有任何科学训练的特征。用记忆训练教授自然科学，其效果不如用它来教授历史、语法和文学。

因此，我极力主张：学校的统一性，只要意味着个体的课程、步态和步调的统一，即是不合理的；只要意味着为所有学生或某些学生选择所有可能被明智地列入连续年级的课程、确定这些课程的定义、确定每门课程的平均或一般时间，并规定适合每门课程的教学方法，即是合理的。最后，我认为，实现这种合理的统一性的最有希望的办法是通过有关课程选择、定义、时间分配和教学方法的建议。它在这样一个全国性协会的批准下由明智的专家们提出，不久将被一些主要城市和机构临时采用，并在全国各地的许多机构和学校系统进行年复一年的合作试验，不断改进。

十三

未来的文法学校

未来的文法学校

马萨诸塞州教师协会

（1893年12月）

首先，我们必须考虑到未来文法学校的机械设施状况。我们希望有一些大的改进。我们希望在建筑物内增加新鲜空气，保持适当的温度和充足的光线。这些都是健康的精神活动所需的必要条件：良好的空气、良好的光线和间隔一两个小时的户外运动。我相信未来的文法学校将会有一大块空地。即使在我们人口最密集的城市，这也完全是一个美元和美分[①]的问题。我相信，当美国人民清楚地意识到一定的支出是美国广大儿童福利的必要条件时，他们就会找到一种方式来满足这种支出。因此，我相信无论是在城市还是在乡村，未来的文法学校都会有开阔的视野。

现在，文法学校的另一项改进需要更多的解释。当教师和孩子们走出大楼的时候，除了火炉和家具外，通常什么都没有——没有贵重的设备，没有相当数量的书籍，没有收藏。这里，我认为，我们现实的文法学校和未来的文法学校之间有很大的差异。最近几年我们才认识到，没有好的器械，就没有什么东西可以教

① 译者注：指经费问题。

得很好，绝对没有。我相信未来的文法学校会有大量的各种各样的仪器设备。首先，它会有书。我们正在克服学生可以从一本小教材学，或者教师根据一本小教材教的观念。我们认识到，无论是对教师还是对学生，每门课程都需要许多不同的书籍来说明。我们已经从文学中知道了这点。但是，对6岁到14岁的孩子而言，如果没有一个说明性的图书馆，历史教学会成功吗？莫尔斯先生（Mr. Morss）刚刚向我们展示了自然历史的初级教学是如何在田野里完成的。但是，在孩子离开文法学校之前，他应该能接触到大量关于自然历史的书籍。不是为了记忆，远远不是，而是为了让自己从阅读中得到快乐。没有一门课程不需要它的教学设备。在我们的中学，教化学要有好的效果，一定数量的简单仪器是必要的。物理同样如此。今天下午我们已经在这里听到了，简单的仪器对于甚至像几何学这样高度理论化的学科来说也是必要的。它必须首先用具体的方法来教授，学生们则需要测量和绘图工具。未来的文法学校的地理教学会包含些什么？这门课程内容广泛，包含了所有其他自然历史学科，通过它，孩子们应该被引向植物学、地质学和气象学，而没有地理，历史教学就不会令人满意。为了让孩子能够理解我们所说的“我们的国家”意味着什么，一定要让孩子们学好这门课程。仅仅是增加了一种插画的手段，即风景的照片，对地理的兴趣和训练能力的提升就如此显而易见，更不用说对平原和高原、山脉和山谷、湖泊和河流的形成原理的教授了，这些都不能用照片来说明。因此，我说未来的文法学校将会在室内放置大量各式各样的模型、图表、地图、地球仪以及地理教学的照片，在自然历史的各个分支中也会有一些典型物体的收藏。所有课程要以正确的方式教给孩子，首先是呈现实物，然后是对对象的表示和描述。为此，我们要在所有课程中运用图示的方法。因此，我相信未来的文法学校会是一个富有的博物馆——当学生和教师离开的时候，它绝不是空的。

这再次意味着钱的支出。我们如何才能指望为文法学校获得这些昂贵的材料呢？现在文法学校的费用是不是比公众愿意支付的高？新设备的花费不是一个经常性的难题吗？我想指出的是，从多年来管理一所大学—— 一所与它所追求的目标相比永远缺钱的大学——的经验来看，所有这些东西都可以通过适度的年度支出逐渐添加，而近年来它们的成本有降低趋势。例如，现在物理学设备的花费不及十年前的五分之一。

我现在来谈谈另一个问题，在某种意义上它可以说是机械设施问题，但远不止于此。如果我们进入任何一所美国城市的高级文法学校，我们很容易从50到60个孩子中找到一个教师——通常是一个年轻女孩，她的教学年限很短。迄今为止，我用了很多年的时间观察大学的教学，发现接受教学的人比在文法学校的孩子年长很多，甚至是文法学校孩子年龄的两倍，而且在很多学科中——基于对所有语言和科学、历史、哲学、法律、医学、神学的教学的观察，我从来没有看到一名大学教师像文法学校，譬如波士顿文法学校的年轻教师那样，每天要花5个小时努力应对那么多的学生。这些从来不会想到要处理文法学校教师所面对的工作的大学教师，都是受过高等教育、经验丰富、非常认真的人。很明显，在她面前有50到60个学生的年轻女孩正在尝试着任何凡人都无法完成的工作——特别是如果我们假设文法学校的教学将是今天在这里的所有演讲者所描述和指出的那种令人期望的教学。我想，在文法学校上课的时间里，一个年轻女性可以听着她面前的50个孩子诵读一本书，并对那些没有背诵课文的孩子保持一定的注意，这是可行的，如果评分几乎是完美的，我们将会对“统一”的结果感到满意。但是，新的教学有着完全不同的特征。它需要机敏、活力和富有同情心的热情。它是累人的。美德每时每刻都从教师身上逐渐消失。有什么可能的补救措施呢？把教师人数增加一倍都不嫌多。一个教师最多能够应对25到30个学生。在现在这个时代，个人需要教学，不关注个人的教学不是好的教学。学生的兴趣有待于发展。我们即将接受这样一种信条：不能唤醒学生兴趣的教学不是好的教学。

但我们必须承认，在大多数文法学校系统中，无论在城市还是在乡村，教师的数量翻倍并不是一个切实可行的目标。我们不能指望在一代人的时间内得到这种令人满意的结果。因此，我们要问，难道没有其他办法来克服这个严峻的困难吗？我想，针对这个问题有两个建议，它们来自我管理大学的经验。我观察到，同样的建议也可能来自教育系统的另一端，即幼儿园。

在哈佛大学，我们认识到，每一个学生都应该被照顾到，他的需要应该得到满足，他的希望和抱负应该被牢记在心。教授可以在一个小时内为整个班级设定一个需要他们学习一个月的课程大纲。他能为他们的日常学习指明方向，且如果他自己有的话，他能为他们注入一个月的学习热情。一个教师可以给很多个人提供指导。但是当涉及对大量学生的日常学习的监督时，只有一个教授是完全不够的。在大学我们会提供助教。我们是在实验室开始这么做的——传统的物理和化学实验室，现在已经把它扩展到所有的系。这种方法在整个大学都很有效。这些助教是学过这些课程的年轻毕业生，通常由他们协助的同一位教授指导。他们每周或每天与主管教师见面，从主管教师那里得到他们的全部指导。我之所以描述这个应用于大学的方法，是因为我认为它适用于整个学校系统，尽管可能在目前的学校教师任用制度下并不适用，因为主管教师和他的助教之间必须有非常密切的合作和彼此支持。我还不想说，选择助教这件事，除了主管教师之外，任何人来做都会做得很好。这是大学里的惯例。

我还可以提出另一项建议来应付我们正在考虑的巨大困难。这就是任何城市学校系统的主管教师以及任何城市或农村学校系统的学监，都应该担任教授角色来领导一个班级。我认为，学校需要比现在更多的训练有素、经验丰富的教师，而且这些主管教师在许多学校的部门计划中都能做得很好。我们从专业学科聘请专业教师，以及从教学部门聘请主任时看到了这种方法的可能性。这一制度将涉及比目前在职数量更多的男性教师。去年12月举行的中学教育会议建议将今天文法学校使用的课程大大扩展，并且在教学中将这些课程相关联，以便所有教师都能对几门课程感兴趣。这一建议将使许多现在属于高中的课程划进文法学校。这一变化将带来未来文法学校的最大进步。这将使它成为一种为持所有目标的学生服务的好学校，而不是像现在这样，只是一种为目标最卑微的学生服务的学校。然而，它现在是美国95%的孩子唯一的学校。在民主制度下，公立学校应该让任何孩子都能得到最好的训练直至任何年限，不仅仅是为了最卑微的目标，而是为所有目标。这是文法学校的真实面貌。这就是美国文法学校和现存的每一所欧洲流行学校之间应该有的真正区别。欧洲的等级学校不适合这个国家模仿，仅仅因为他们是等级学校，而我们需要的是大众学校。

现在在美国，有各种各样的方法来拯救或摆脱文法学校。值得注意的是，波士顿有一所学校，采取了早期进入拉丁学校和中学的方法。但是未来的美国文法学校将会使现在是例外的东西成为一种规则——每个孩子不需要特殊的恩惠就可以在合适的年龄学到适合自己的学科并尽可能快速和深入地学习它。必须有以不同的速度进步的可能，并放弃学校的统一性目标。

因此，我期待未来的文法学校从一个重要的方面与过去一代人的时间里主宰美国文法学校的原则分道扬镳。我期待这一进步，因为我相信，美国人民愿意以任何代价在实践中应用那些他们认为能够促进同等能力的儿童机会平等的原则。我相信美国人民接受的真正的民主定义，是拿破仑的名言——“每个职业都对有才能的人开放”。我相信这句话很好地概括了未来文法学校的特征。

十四

教育改革的统一性

教育改革的统一性①

《教育评论》(*Educational Review*)

(1894年10月)

十人委员会的报告递交到这个国家的教师手中至今已有大约6个月了，因此大家有时间提出和发表一些批评和反对意见。在这篇演讲中，我想就一项批评或反对意见发表意见，这一批评或反对意见被不同的人以不同形式在受教育的公众面前提出。每当我提到该报告时，我指的是包括会议报告以及严格意义上的十人委员会报告，因为总报告的主要价值在于会议报告。

我要讨论的对这份报告的反对意见包含在一个问题中："大学人士对学校有什么了解?"那些极力主张这一反对意见的人说："基本上，超过半数的会议成员都在学院和大学工作，而且十人委员会也是如此。6岁到18岁的孩子就读的学校的明智管理和学院与大学的明智管理是不同的。不仅学生的年龄不同，他们的生活方式和所需要的纪律也不一样。与大学生相比，年幼的孩子的心智能力较低，意志力薄弱，道德素质发展水平不高。教导和管理18岁到24岁年轻人的人怎么能了解有关儿童学校的事情

① 原注：1894年7月11日，在新罕布什尔州的伯利恒美国教育学会(American Institute of Instruction)召开前的演讲。

呢？让他们关心高等教育，不要试图教小学和中学的专家如何开展与他们不同的工作。一个人成功地管理了一所学院或大学，但他的建议完全有可能对学校管理或学校系统的最佳模式毫无价值。我们的学监和校长必须处理大量的普通材料，学院和大学教师却只跟少数优秀的个人打交道。”

对于这个反对意见，我想确认并说明现代教育改革的主要原则和目标在一个人五六岁到二十五六岁的漫长的教育过程中自始至终都是相同的。“教育构建”一词也许比“教育改革”更贴切。因为在我们这个时代和我们这个国家，我们真的在构建全民民主教育的所有方式。我们很难意识到这种教育构建是一项多么崭新和新颖的事业。作为一股世界潮流，任何地方的普及教育都不会晚于本世纪。在法国这样的文明国家，它不超过二十多年，在英国它始于1871年。柏拉图认为，生产或工业阶层不需要教育。这种柏拉图式的学说开始受到社会哲学家严重质疑的时间，距今还不超过一百年。即便在我们自己的国家，教育也还没有普及，而且在所有国家，教育实践远远落后于教育理论。在这个如此崭新、奇特和充满希望的教育构建过程中，我相信从幼儿园到大学，主要原则和目标是一样的。因此，我认为学校教师应该理解和感受大学的改革和进步，学院和大学的教师也应该理解和帮助学校的改革和进步。让我们一起回顾一下这些主要原则和目标，尽管这样做的话我一定会重复一些我以前经常说的话。

1. 第一个目标是促进个别教学，即针对学生个体的教学，而不是针对群体或班级。目前，幼儿园和大学最能说明这一改革的进展。但是受益的趋势显然是沿着这条线索展现的。小学和中学在不断地努力减少分配给每一名教师的学生人数。在一些富裕的中学，生师比已经被有意地控制得和最富裕的大学偶然形成的一样有利，这些大学一直在迅速地增加它们的高级教学课程。在城市学校系统中，分配给教师的学生数量被认为是一个基本的事实——比其他任何单一事实都要好，它决定了每个可以适当地加以比较的学校系统的质量和等级。近年来，学校和大学的课程都引入了一些新的事物，因为过去的教学方法——讲授和背诵——被证明是不够的，甚至是完全不适用的。这些新事物主要是关于颜色和形状，绘画和建模，自然科学如植物学、动物学、化学、物理学、矿物学、地质学以及各种各样的手工训练的实物课程。在学校和学院都一样，所有这些学科真正有效的教学是针对每个学生的。无论什么学科，所有的实验室和机械车间的教学都有这个特点。从幼儿园到大学，通过插图书籍和演示讲座来教授科学的传统方法已经被实验室方法所取代，每个学生，不管是3岁还是23岁，都用自己的双手学习，并被教育去运用自己的感官。一般性的解释和指导可以针对一个班级，但是在实验室，每个人的学习都必须受到单独的监督和评价。没有什么比实验室的笔记本更有个性了。在所有的实验室和机械车间里，不同学生的进步速度相差很大。敏锐的眼睛、灵巧的双手、更大的热情、更好的判断力将会展现出来，教师有机会发现不同学生的天赋和缺陷，培养每个人的特殊能力。所有的艺术学科和所有的科学学科一样，都需要个别教学。在硬笔绘画（drawing）、软笔绘画（painting）和建模中，教学必须是个性化的。每个学生都必须接受个别评价和指导，这是手工训练的最好结果之一。教师必须亲自应对每一个学生，并使其以自己的速度前进。简言之，手工训练打破了课堂的常规，并引入了学业成绩的多样性来代替统一性。我想说从幼儿园到大学，这个原则都适用。它在医学教学中尤为适用，而且在25年的时间里，它的应用非常成功，毫不夸张地说，在此期间，整个医学教学方法在整个美国都发生了革命性的变化。现在人们普遍认识到，通过一般的描述，或者使用很多人都能同时看到的图表、图片或幻灯片，同时向大量的人教授医学和外科手术是不可能的。并不是说有插图的讲课和一般的演示完全无用，但它们的作用只是次要的。真正重要的是个人的、个别的指导，在这种情况下，学生可以自己去观察和触摸，然后自己做记录和推断。最后，大学教学的最高类型——所谓的研讨会或讨论法，显然是个别教学。

从小学到大学最后一年，很难说在教育的哪个阶段教学的个性化是最重要的。事实上，这一原则在整个教育过程中一直适用。对于大学校长、学校管理者和幼儿园教师来说，它都应该是教育政策的坚定目标和中心原则。无论谁理解了这一原则及其在任何一年级的应用，都能理解其在所有年级的应用。

2. 关于第二个目标，请大家注意所有有价值的教育的六个基本组成部分——在我看来跨越每一年每一阶段，自始至终构成教育过程的组成部分。请你们特别思考一下，这些组成部分中，哪些属于学校而不属于学院，或者哪些属于学院而不属于学校。

第一个组成部分是感觉器官的精心训练，借此我们与外部世界（包括所有人类历史遗迹和记录的无生命和有生命的创造）不断地、无限地进行各种各样的交流，通过准确观察得到各种各样的知识和经验。幼童必须学会精确地观察字母的形式，准确地听单词和短语的发音，并通过触觉辨别湿和干、热和冷、光滑和粗糙。感觉器官主要不是为了科学的用途，所有用于实际目的的普通知识都是通过它们而来的，语言也是如此，包括语言所暗示和使之成为可能的一切。然后就是对不同的感觉或接触进行分组和比较，以及从这种比较中得出推论的练习——这种练习在任何知识领域都是必不可少的。接下来是观察记录、比较或分组的训练。这种记录显然可以是口头的，也可以是书面的。但是，在所有有效的教育中都必须有准确记录的练习。第四是记忆训练，或者换句话说，就是在头脑中保持观察、分组和比较的记录的练习。第五是表达能力的训练——清晰、简明的阐述和论证，或推理过程的逻辑阐述。这种关于推理过程的逻辑发展的训练几乎就是教育的完成。但是，还有另一个必不可少的组成部分，那就是，不断地灌输那些使人类得以自我提升的最高理想——美、荣誉、责任和爱的理想。

我认为这六个部分是最高意义上的教育的基本组成部分。我们必须学会：看得清清楚楚；比较和推断；准确地记录；记忆；准确地表达我们的思想；坚持崇高的理想。我独立描述的这些过程常常在头脑中发生得如此之快，以至于它们，或其中一些，在我们看来似乎是同时发生的。因此，明智的对话包括观察、比较、记录、记忆和表达，所有这些都是在一瞬间完成的。但是，如果这些都是教育的组成部分，难道教育不是一个从头到尾自然发生的连续过程吗？从幼年到成年，这六个部分难道不是同时持续发展的吗？5岁的孩子应该开始清晰而公正地思考，应该开始明白什么是爱和责任。25岁的成人应该还在训练他的观察、比较、记录和表达能力。因此，各阶段教育的目标和基本方法在本质上应该是相同的，因为各阶段教育的基本要素是相同的。文法学校的学生，尽管能力发展较差些，正在试图做和中学生同样的事情。中学生有着和大学生一样的智力需求。心智的发展可以与植物的发展相比较：同时持续地发展它的所有部分，没有中断或痉挛。如果在任何一个阶段植物看似突然长出叶子或开花，这种突然只是貌似如此。叶子和花早就准备好了——它们都包裹在去年的嫩芽中。从一开始到最后，使学生准确地思考和简洁有力地表达自己的思想是教师最重要的功能。在这方面，小学教师与法学、医学、神学或工程学的教师并没有实质上的不同。

3. 在过去的25年里，人们普遍认识到，有效的行动能力才是教育的真正目的，而非信息的储存或主要包括接收、辨别或批评等方面的能力培养，这一原则决定了教育方法的重大变化。无论是在学校还是在学院，我们都不再满足于传授各种有用的和装饰性的信息，不再满足于在文学或艺术中培养审美情趣或批判能力。我们不满足于仅仅提高学生的智力或感官享受的能力。诚然，我们追求所有这些好的东西，但它们不再是我们的主要目标。当今教育的主要目标是让学生有能力做各种各样的事情，这些事情没有受过教育是做不到的。不能培养学生应用理论的能力，或不能培养将所学应用于实践以及独立运用个体能力服务于生产目的的能力，这样的教育已经偏离了它的主要目标。说明这一原则影响的一个简单例子是广泛采用即时的外语阅读作为一种学院入学的适宜性测试。另一个类似的例子是在几何学中使用的试题，这些试题包含大量普通手册中没有以明确的形式出现，但通过简单地应用其中的几何原理可以回答或解决的问题。这些都是对个人获得的能力的测试。我们认为给学化学的学生一种未知的物质让他进行分析的测试是合理的。他能发现这是什么，并且证明他的发现是正确的吗？换句话说，他能把自己的信息和方法知识运用到一个完全陌生的问题上吗？他掌握的不仅是信息，更是能力吗？科学的整个领域都可以进行这种能力训练，这是现代教育的主要目标。使一个人成为卓越的内科医生或外科医生的，不是他作为医学学生时听到的，也不是他看到别人做什么，而是他用自己的眼睛和双手、用自己的比较和判断力能做什么。赋予个人负责任的行动能力是所有医学教育的首要目标。然而，这一原则同样适用于小学和专业学院。教育从始至终都应该培养能力。它的根本目的是产生一种精神和道德力量，它可以承载重力，承受压力，忍受最艰苦的劳动。

4. 下一个教育原则是选择或选修原则，我认为它适用于5岁至25岁整个教育过程三分之二的时间段。在儿童接受教育的前四年，比如从5岁到9岁，没有那么多可能具有同等价值和必要性的课程，儿童可以将所有这些课程学到适当的程度。但到9岁或10岁，越来越多的课程会引起儿童的注意，而这超出了他所拥有的时间，于是就产生了选修的必要性。随着儿童从小学到中学，从中学到学院，可选择课程的数量和种类迅速增加，直至大学的文理学院（the department of arts and sciences），他会发现无法做到按照教学指示的第二十部分去做。十人委员会报告的表格充分证明了在中学，甚至在小学课程的最后几年选择或选修学习的绝对必要性。谁来做选择，这是唯一的实际问题。对于任何一门课程，除非可以学习得足够深入，能够从中获得它所提供的训练，否则就根本不应触碰，从接受这一原则的那一刻起，我们就把选择或选修视为一种必需了。这一原则现在已经被所有名副其实的学院和大学采用，并且被大部分领先的高中、中学、捐赠学校和私立学校采用。但在这些中等教育机构中，这一原则通常应用于一组课程而非单一课程。其结果是选修原则的应用不够完善，但比任何单一的统一规定的课程要好得多。最后，这一原则在几年内就渗透进了各个年级或文法学校，并在该教育阶段赢得了坦率的认可。

在学校生活中，学习的多样性显然必须有所限制，这并不是对这一原则的反对，也不是要对学院和学校的学习经历做出显著的区分。学校课程方案始终相当均衡地反映知识的四个主要分支——语言、历史、自然科学和数学，但这并不意味着每个儿童在14岁之前，都必须以相同的比例和相同的程度学习同样的东西。相反，不同种类的知识和心智活动的表现已经得到保障时，应该尽可能地为不同儿童的不同兴趣、能力和进步速度提供最大可能的条件。

此外，在早期教育中保障语言、历史、自然科学和数学的相应地位，主要目的是给教师机会去发现每个学生的天赋和能力。然而，在这些特殊的限制方面，没有理由对学校教学与大学教学做出区分，因为如果我们转向教育的最后阶段，即专业训练，我们会发现选修原则受到严重限制——一种为所有年轻的律师、医生、牧师、教师、工程师、生物学家或化学家提供这些职业中每一个未来成员都绝对需要的大量严格的专业知识和实践的必要性所施加的限制。另外，因为同样的原因，科学或技术学校目前必须使用分组制而不是自由选修制。它们必须根据当前的专业需要调整现有的教学。选择或选修原则应用最自由的领域是13岁到23岁之间——包括五到六年的学校生活和整个学院生活。学校和学院的学生都应该在这个自由的领域里感到喜悦。

5. 下一个教育改革的原则，适用于文明社会提供的各阶段的长期教育，与所谓的规训有关。往前追溯到我的记忆可及的范围内，学校和学院的规训方法都非常简单。因为首先，它主要依赖于被严格要求的模仿，其次是对惩罚的恐惧。当时人们并没有清楚地意识到，即时的、持续的、强烈的模仿，在独处和社会中都不会发展出独立的意志力和良好的品格，对惩罚的恐惧则应该是教育的最后手段。现在，一个公认的原则是：童年的规训不应与青少年时期差别太大，以致在从童年到青少年的任何时间点上这种规训要全面停止和重新开始。一个随着儿童的成长不得不抛弃的规训方法，并不是在早期阶段最有效的方法，因为在教育中，动机的发展和训练应该是连续的和渐进的，而不是断断续续的和脱节的。正是基于这一点，应该反对鞭笞或对身体的其他暴力行为，以及所有依赖于对痛苦、人为惩罚或剥夺的恐惧的方法。走到今天，这些方法不再适用。在18岁时，就没有类似于鞭打，剥夺黄油、糖果、晚餐或娱乐，强迫学习诗歌，抄写拉丁文或英文的规训方法了。如果依赖这种动机一直到18岁的话，那么之后就需要一套全新的动机。由于这些原因，明智的教师应像明智的父母一样，如果他能起到作用的话，他就不会在孩子的童年期依赖一套他知道远在这个阶段的教育结束之前就肯定会停止使用的动机。从长远来看，教育自始至终都应该依赖永久的动机。原因很简单，习惯的形成是教育的一个重要组成部分，而习惯的形成不可避免地涉及那些导致习惯性意志的反复的情感、情绪和激情的作用。在生活中一直发挥作用的永久性动机包括慎重、谨慎、模仿、热爱称赞——尤其是来自那些受人尊敬或爱戴的人的称赞、羞耻、骄傲、自尊，发现、取得成就的快乐，对美丽、力量、优雅、庄严的喜爱，对权力以及赋予权力的财产的热爱。这些动机中的任何一个都可能过度发展，但在适度的情况下，它们都是有益的，而且从婴儿时期到老年都存在。

从小学到大学，同样的动机应该在意志的确定和行为的规范中一直发挥作用。随着儿童的整个天性的发展和他的习惯变得越来越牢固，它们自然会变得越来越强大。为此，我们应该持续依赖这些同样持久的动机。因此，关于教育改革的这一重要原则，学院的管理者和学校的管理者之间显然并没有什么区别。两者的方法应该是相同的。不通过学生的理性，不通过学生对观察、实验、比较和论证的自然兴趣以及导致正确行为的永久动机来进行引导和管理的学院管理者或学校管理者，实质上是不赞同当代最人道、最有希望的一种教育改革的。所有当之无愧的教师现在都认识到，自我控制是青少年训练的终极道德目标—— 一种独立于暂时的人为限制、排斥或压力，也独立于支配者存在的自我控制。在年轻人中培养这种自我控制能力，应该是父母和教师从孩子婴儿期至完全成熟期坚定不变的目标。

6. 我要请你们注意的教育构建的下一个原则，也是一条在教育的深度和广度上都适用的原则，这就是教学的专业化。人们可能很容易地想到，这一原则已经在大学中得到了充分应用，以后只需应用于学校。但事实上，大学的教学专业化仍在进行，美国学院和专业学院的教学专业化则需要比现在更大的扩展。奥利弗·温德尔·霍姆斯博士同时担任哈佛大学的解剖学和生理学教授直至1871年。除了这两个大的学科，实际上他还教授组织学和病理学的部分内容。他形容自己占据的不是一把椅子，而是一个长沙发。哈佛大学先后由乔治·蒂克那（George Ticknor）、亨利·沃兹沃斯·朗费罗、詹姆斯·罗素·洛厄尔执掌的同一教授席位，是史密斯法语和西班牙语语言文学教席。在许多美国学院里，我们今天会发现一位教授同时教逻辑学、形而上学、伦理学和政治经济学的现象。事实上，直到1871年，哈佛学院的情况都是如此，除了道德哲学和基督教伦理学在1860年及之后从阿尔弗德（Alford）教席分离出来。在美国的学院里，教学的专业化远没有完全实现。现在的美国中学在这方面的进展要好于80年前的美国学院。它在美国文法学校中才刚刚开始，通常被称为系部组织。从这一原则在美国学校的推广来看，在未来十年里，尤其对于教师来说，会有很多变化值得期待。教不同阶段的学生同一门课程，使教学适应他们不同的年龄和能力，观察他们的发展，并在适当考虑到个体差异的情况下，通过四五年的持续进步引导他们前进，这给教师的工作带来无穷无尽的乐趣。掌握一门学科，以便能够提供初级和高级的教学，这对教师自身而言是一种知识热忱和成长的深层源泉。对他而言，真正的学问成为可能，而且是一种贯穿一生的渐进式的知识扩展。因为只有进步的学者才能在许多年内保持哪怕对一门学科的精通。在你看来，那些在文法学校的教师应该掌握单门课程，是不合理的期望吗？在我看来，仔细的观察似乎可以保证，杰出的教师，无论男女，都已经掌握了这一技能，而剩下要做的就是让这种杰出成为常规。为了实现这一伟大的进步，有两项重要的措施，一是提高师范学校的水平，二是创建和加强学院和大学的教育院系。无论如何，毋庸置疑，这种教学的专业化是任何国家的教学系统自始至终的一种普遍需要，而且它能够无限地提升教师生命的尊严、快乐和服务能力。显然，这种共同的需要和渴望应该联合而不是分裂不同等级的教育，应该促进合作而不是引发分歧。

7. 在教育组织中有一项基本原则：应该把无论是在学校还是在大学的所有教师团结起来。对这一原则可以这么理解：教育机构的管理人员应当是专家，而不是业余人士或从别的职业转过来的外行，教师在学校和大学的管理中应发挥重要的咨询功能。在这方面，美国的学院和大学比美国的学校组织得更好。越来越多的高等教育机构的负责人都是具有教育经验或其他管理服务经验的人。作为一项规则，学院校长的职位，不再由那些退出牧师职业后在生活中是贤达之人但没有教学经验的人士来填补。大学是由不同的学院组成的，这些学院的院长通常都是在各自的系里经验丰富的人。很多权力是由学院和大学的教师来行使的，他们通常都是资历比较老的教师。此外，在大的学院和大学里，某一学科的所有教师通常组成一个叫作系或部的机构，从中选出一位明智和杰出的教师担任主任。这些类似的机制需要在整个大型城市学校系统中得到采用。学监应当是能力得到证明的教育专家。他们的助理，无论被称为监督员、督导员还是助理学监，都应该组织成一个委员会或议事会（faculty）。一个学校系统的所有教师都应以这样一种方式联系在一起，从而使他们的代表可以将他们的意见诉诸学监和他的委员会，或者作为一种终极的方式诉诸拥有学校系统最高控制权的委员会。同一学科的教师为了相互协商和支持也应该组织起来。他们的领导者应该是整个学校系统中最好的教师，这样这门学科的整个教学系统都能感受到他的影响。此外，学校和学院的教师任期应该相似。在适当的试用期后，每位教师在任期内都应保持良好的行为和高效率。

总体来说，无论是学院机构之间的差异，还是学校系统之间的差异，都在稳步缩小。捐赠学校和中学已经有了一个与学院非常相似的组织。至于城市学校系统的管理模式，其最近的变化似乎朝着我刚才描述的好的方向发展。在某些方面，人们倾向于把公立学校系统的规模与学院和大学的规模相比较，但规模并不能衡量复杂性。一所大学比最大的城市学校系统要复杂得多，大学管理的技术方法比任何学校系统的技术方法都要多样和复杂。然而，撇开规模和数量，大学和学校管理改革的方向相同：第一，面向章程限制下的专家控制；第二，面向稳定的任期；第三，面向教师的更大的官方影响力。

现在回顾一下上述主要标题，即：个别化教学；教育的六个基本组成部分；将培养行动能力作为教育的真正目的；选择或选修制；对控制行为的永久性而非暂时动机的呼吁；教学专业化；

教育组织的正确原则。难道我们没有发现教育改革和构建的原则与方法对所有教师——无论是学院、中学还是小学教师——都同样有益吗？基于“参与提议的人中有一小部分与学院有关，而且学院或大学管理者对学校事务的意见没有什么价值”这样的理由，就试图对任何阶段的教师产生偏见、反对十人委员会和该委员会组织的会议的建议，难道我们不觉得这有违哲学吗？

显而易见的事实是，在目前人为划分的所有阶段中，教师拥有共同利益和目标。主导每个阶段教育改革和进步原则的同一性，在现在到处都在取得进展的同时性和相似性中得到明显体现。小学、中学和学院都有类似的改革冲动，都在对以前的方法进行类似的改进。从个人的观察中我可以证实，最近大学在一些管理上的改进和另一端——也就是幼儿园——的改进有着惊人的相似。非常值得注意的是，即使是一些学校管理方面的机械或事务性变化——这些变化被认为与教育哲学或新的教学方法无关——都促进了真正的教育改革。因此，利用公共费用将儿童送往农村小镇中心文法学校或大城镇和城市高中上学的做法，明显促进了系和选修课的引入。此外，城镇和城市为学生购买和免费发放图书，推动了以优秀文学作品取代初级读本的变革——通过提高学生对本民族语言和文学的兴趣和热爱，对改进这方面的教学做出了重要贡献。类似地，设立院系图书馆——将相同学科的书籍汇集单独存放在一起从而形成一个小型馆藏，让该学科的学生可以随时借阅——使哈佛学院和许多其他学院的教学得以大大改进。

十人委员会在报告中宣称，“限定四年时间并且在现有的小学课程和教学方法基础上，是不可能制定出一个令人满意的中学课程方案的”。考虑到小学课程和教学方法的快速变化，这一断言等于说，委员会建议的四个中学课程方案只是权宜之计。报告中的表一、表二和表三有一定的永久价值，但是表四包含了四个课程方案，分别是古典课程、拉丁语—科学、现代语言和英语，这耗费了委员会大量的精力，但随着十年之内很容易完成的小学和中学的改进，方案将注定变得毫无用处。有一些坚定、持久的原则体现在表四中，但这些课程方案本身只是一个暂时性的支架。

如果让我提一下十人委员会对美国教育的进步所作贡献的最好部分，我会说他们的一般工作方法是最好的，即学科教学的调查与讨论的方法——让来自各类学院和大学以及各类公立、私立和捐赠学校的教师和专家参与调查和讨论。十人委员会的工作方法强调所有教育阶段的共同利益以及每个教育阶段的经验对所有其他阶段的建议和咨询都有价值这样一个事实。在我看来，目前小学和中学、文法学校和高中之间的这种人为和武断的划分，没有哲学基础，而且如果它们不完全消失的话，就很可能会被深刻地改变。同样的道理，我相信学院工作和大学工作的正式区别很可能会消失，尽管自由教育和技术或专业教育之间的区别肯定会长期存在。我从未在任何学院或大学看到过一种对小学或中学来说过于超前的教学方法。在学校和学院里，机智敏捷、鼓舞人心、富有威严的教师都同样罕见和令人钦佩。当然，大学工作有一个重要部分是学校和学院不能参与的，即原创性的调查研究。尽管这部分工作高度重要，只有大学有资格进行，但是在所有大型大学，尤其是那些进行大量专业训练的大学里，也还存在大量纯规训性的工作，所有这些工作都是，或都应该是按照整个教育过程适用的原则和方法进行的。

在如何最好地教授一门课程这个问题上，学院或科学学校教授这门课程的教师很有可能可以帮助中小学教师，而且中小学教师也可以帮助学院教师。此外，重要的是每一方都应该知道对方做了什么。我也观察到，即使双方都没有准备好为冒险提出肯定的建议，但每一方都准备好了告诉对方不要做什么。这种反向的建议往往是非常有用的。

总体上，我在十人委员会报告中看到的最有价值的对未来的预示，是它明显倾向于促进学校教师、学院教师以及所有关心教育的有识之士的合作，以促进深入而全面的教育改革。

十五

未来的医学教育

未来的医学教育①

转载自《美国外科医生公报》

（*American Medico-Surgical Bulletin*）

（1896年2月1日）

对要提请你们注意的几个问题，我并不感到需要表示歉意。这些问题表明医生的教育应该比过去或现在更彻底和更广泛，特别是应该更早开始初步训练，并使之更为充实。许多受过教育的非医生人士的帮助，对完成必要的教育改革是必不可少的。在这个场合，我要请大家记住，我们需要的不仅是专业人士，还包括非专业大众的同情和支持。在演讲的过程中我会提到许多医学人士已经熟悉的东西，希望你们善意地看待对此的解释。

在这个大会上的年长者的一生中，医学教育的进步是非常伟大的。我的一些听众可能会认为，这些变化已经使我们对现在的成就感到满意，并止步于已取得的荣誉。我希望从过去25年的进步中汲取另一个启示，这个启示就是，我们应该被已经取得的巨大进步鼓舞，并满怀希望地为尚需的改进而努力。作为对进一步努力的鼓励，让我简要对比一下今天和30年前的医学教育状况，只粗略地提典型事实，不涉及具体细节。30年前，我们的

① 原注：1896年1月28日在纽约州医学学会（Medical Society of the New York）发表的演讲。

医学院没有入学要求。要想获得入学许可，一个年轻人除了注册他的名字和支付一笔费用外，什么也不需要做。结果，大部分医学院的学生在年轻时期只接受了非常有限的初步训练。数以百计的年轻人加入美国的医学院，他们几乎不会读写，缺乏观察能力和推理能力，除了体育运动或为生计劳作外，也几乎没有得到过任何训练。在最好的学校里，医学博士学位要求每人的总学时不超过三个冬季学期，每个学期四个月。还有一些口碑不错的学校的总学时更短。主要的教学方法是讲授、在堪称剧院的大房间和缺乏监督的简陋解剖室里的外科示范，以及一大群人参加的临床观察。讲授年复一年地重复，几乎没有什么变化。在连续的三个冬季学期里，没有一门分级课程供学生学习。毕业时，考试通常是口头的，而且非常简短。至少在哈佛，每个人都是凭借通过九门课程中的半数以上课程而拿到学位，而事实上这九门课程中的每一门都是必不可少的。在这种制度下，一个没有受过任何学术训练的年轻人可能获得医学博士学位，并且他们获得学位的时候，对九门基础医学课程中的四门可能一无所知。因此，大多数年轻的医生都是未受过良好教育的人，他们对医学和外科知识缺乏了解，有机会做少量的临床观察，但医院的实践经验很少。它充分说明了医学实践的教育力量，在多年时间里，在这样的"原始材料"中可以产生出相当一部分熟练的、人道的和成功的执业医生。与一种普遍观点相反的是，我们在此证明的是医学学习是对一个普通人的智力和责任心的训练、发展和提升。然而，这些优秀的影响是可以在医学实践开始之前，通过在年轻时期为他们提供的一个精心构思的系统教育来实现的。

我所说的那段时期的医学教育的费用可能相当于支付给一所医学院大约350美元的学费，再加上学生大约一年的食宿费。在三年中的另外两年，那些他们应该致力于医学训练的时间里，学生们通常能够做点事情自立，或者至少能很好地解决住宿费用。现在的情况则大不相同。在哈佛的医学院，现在获得一个学位的费用大约是835美元，实验室费用除外。学生必须在校学满四年，在夏天的三个月里他可以享受一个假期或者挣钱支付学业，除非他选择参加一些提供给他的暑期课程。因此，他有36个月而不是12个月的食宿需要解决。他需要通过入学考试，虽然不能与哈佛学院的入学考试相媲美，但还是可以证明他在一所中学接受过一些训练。因此，哈佛的医学生在早年就有一些教育优势，尽管这方面的标准仍然太低。只有通过学校每门规定课程和一小部分选修课程的合格考试，学生才能毕业。教学科目按照年级精心安排进程，这让学生在四年的时间里以一种有序的、合乎逻辑的方式推进学习。此外，教学方法也发生了根本性的变化。30年前，哈佛医学院只有两个实验室——一间解剖室，其方法和惯例与房间及其附属品一样粗糙和不卫生；一个不要求有人在此工作的小化学实验室。一小部分学生自愿参加化学实验室的一些训练。在我们现在的医学院实验室的工作中，许多方面都需要学生的大量关注。现在有解剖学、医学化学、生理学、组织学、胚胎学、病理学和细菌学的实验室。在所有这些实验室中，一些工作是规定必须做的，还有很多人做一些额外的工作。此外，在临床教学中的变化是巨大的。以前，一大群学生陪着一位来访医生在医院巡视，看他们在非常不利的条件下能做什么。现在，在许多临床科室里教学绝对是一对一的，教师一次只带一个学生，亲自教他在各种困难的观察和操作中如何看、听、摸。很多教学是针对小组学生展开的，一次三到四人——人数不会超过他们自己实际能看到和触摸到的程度。四年的训练课程，如我所描述，对感官和理性都有高度的训练。过去的医学教学方法主要是讲解，它提供了有关当时无法触及或无法看到的事物和过程的远程信息。新医学教育的目标是传授操作和视觉技能，并通过对近距离事实的长期调查，培养对事物密切关注和对证据做出正确推理的心智能力。这些有益的变化是由在这里最年轻的人的一生带来的，没有对社会造成冲击，也没有对医学院或其他教育机构造成重大损失。事实上，我所描述的这些变化使医学院从各个方面获益，而且，从长远看，即使把学生来源方面的差异考虑在内，最先进的学校也是最大比例地获益的。因此，如果在这次演讲中，你们认为我似乎对未来的一代提出了很多要求，我可以满怀信心地呼吁，近年来已取得的成就证明，对未来抱有很高的期望是合理的。

由于自内战以来医学和技术（art）[①]取得了很多进展，我接下来描述和说明一些对医学专业学生和执业医生的新要求。内战之前，显微镜、听诊器、检眼镜和喉镜已经在医学领域使用，为某些疾病的诊断提供了新的准确性和确定性。但是，在过去的30年里，医学诊断的新方法在许多不同的方向上成倍增长，其中一些新方法需要依靠科学，而这些科学在两代人之前几乎没有进入任何一名内科医生的教育经历中，并且一些新方法还要依靠操作和视觉技能——目前这个专业中只有少部分人具备这些技能。要透彻地理解并有效地使用这些新方法，就意味着需要广泛的知识获取，大量精细、准确的操作，以及观察中的实践。为了使专业和非专业人士更加清楚地理解这些新要求对医学专业学生的重要性，我也许会尽可能简要地提到一些比较新颖的诊断工

① 译者注：此处指通过训练而得的技术、技艺、技巧。

具。第一，普遍使用尚不到30年的记录式温度计，在许多不具备附带症状的疾病中给出明确的危险警告。伤寒温度的昼夜变化为该疾病提供了一种几乎确定的诊断方法。我的许多听众都记得这个无价仪器的第一次广泛的临床应用。第二，尿液检查有了新的形式，并且在快速性和准确性方面有了很大的提高。不仅糖、蛋白质和脱落细胞的检测是确定的，还有对其数量的估计，而且当内部器官发生破坏性变化时，可以观察到尿液中的胆汁和血液物质。化学检查和显微镜检查相结合使这些检测结果准确可靠。第三，血液的显微镜检查是一种极具价值的新的诊断方法。我们已经可以自信地说，没有血液寄生虫，就没有疟疾。在合理的希望下，血液细胞的显微镜检查不仅可以确诊，而且对长期以来用“疟疾”这样的模糊术语表示的神秘而广泛传播的疾病的治疗会有改进。血液中白细胞的增加也提供了有价值的诊断指标。第四，恶性肿瘤与非恶性肿瘤之间的显微镜鉴别是显微镜诊断的又一重要成果。就在最近，显微镜专家已经可以站在外科手术医生旁边，告诉他靠近刀刃的组织是正常的还是异常的，是安全的还是不安全的。就在最近，显微镜检查结果已经证实，很大一部分皮肤疾病绝对是以寄生性生长为特征的，因此这种特殊的寄生生长物可以作为诊断的依据。就在最近几年，细菌学实验室以及动物接种疫苗的设施被认为是治疗皮肤疾病的有用辅助。第五，我们在医学诊断方面的最大进步要归功于细菌学—— 一门最新的科学与技术，我的大多数听众在这门学科还根本没有进入医学院课程之前就已经接受了他们的医学教育。我几乎无法归纳这门科学对医学技术的非凡贡献。它已经为白喉的确诊提供了一种可靠的方法，并且指向了一种非常成功地治疗这种可怕疾病的方法。它确保了对霍乱的诊断，并为成功治疗这种瘟疫提供了良好的前景。它已分离出破伤风杆菌——这种疾病长期以来一直是医学的耻辱——并且指出了有希望的治疗方法。它发现了结核杆菌，并为与人接触的家畜的结核病的检测提供了可靠的手段。虽然还没有成功治疗人类这一疾病的方法，但它告诉了我们很多关于这个疾病的传播方式的知识。这些发现已经表明了一般的研究方法，用不了多长时间，这些方法将对普通疫苗接种以及猩红热、丹毒和伤寒的诊治有很大的改进。它也大大改善了我们鉴别有害和无害的水供应和牛奶供应的方式。细菌学对医学的贡献将更为显著，因为它的方法和过程仍然笼罩在一片神秘之中——随着浓雾的逐渐消散，我们将对这门新学科的进一步发展寄予厚望。顺便提一下，细菌学本身的存在归功于最近一些令人钦佩的发明，这些发明都不是生物学的，即改良的浸没透镜及巧妙的染色方法。这些发明使细菌学成为可能。

这些新的诊断方法运用的知识领域是何等广阔啊——物理学、医学化学、正常和病理组织学、细菌学，以及在精确的化学、物理学、显微镜观察和操作中所需要的各种技能！每个内科和外科医生在年轻时期都应该受过训练——很大一部分在严格的医学教育开始之前就已开始——使自己能够掌握应用这些新的诊断方法的操作，了解这些方法的现状，并理解和掌握每个十年间必然产生的新发现。那些不知道如何利用这些伟大发现的内科或外科医生，充其量也就是依赖着那些有能力的人。

在很多情况下，诊断之后就是对疾病的起因或来源的艰辛探究——医生的这种探究有时是为了病人的利益，但更多是为了他的家庭或社会的利益。在过去30年里，这种探究变得更为可行。病理学的探索告诉我们几种重要疾病的大致原因，因而告诉我们去哪里寻找它们的来源，尽管事实上，在人类的实际环境中，细菌学的纯培养这种简单而孤立的形式不会发生。我们对通过饮用水、冰和牛奶传播的疾病有了很多的了解。我们比以往任何时候都更了解某些人类疾病与动物疾病之间的密切联系。我们对长期存活的猩红热的鳞片或薄片、肺结核的痰、伤寒病人的粪便和病人的其他排泄物进行了防范。然而，似乎很少有医生能够追踪到它们的源头，例如伤寒的流行或者猩红热或白喉的暴发。无论是在美国还是在英国，都有人告诉我，这种能力在医生中是罕见的，因此卫生当局有义务为此类服务培训专家。似乎每个医生都应该在这方面成为社区的守护者，能够在疾病警告出现的第一时刻提供最快捷和最有效的服务。然而，要配备这种服务，就意味着要彻底了解预防医学的最新发展，并掌握化学、物理学和生物学最新的研究方法。这种职责有时被认为是专业外的（extra professional），但是这一术语被如此应用，似乎因为将医生局限于疾病的缓解或治疗，而没有认识到他在疾病预防方面的更重要的作用。

医生的下一项职责是对病人的周围环境给予细致关注，以便在恢复过程中排除一切妨碍因素。相比前人，我们对这些妨碍因素的性质有了更好的认识，而且，还可以说，对有利环境的性质也有了更好的认识。我们知道，病人的恢复得益于利于健康的外部环境，但受到各种不利环境的阻碍。病人需要的不止清新的空气、合适的食物和细致的清洁，很多知识、观察和决策对保持病人居所的卫生条件也是必要的——尤其是在满是集尘嵌线、衣架、软垫家具、厚地毯和精巧小摆设的豪华住宅；或者，在社会阶层的另一端，穷人的肮脏拥挤且往往建在因干涸和不卫生而廉价的土地上的住房。在过去的30年里，人们对药品的依赖大大减少，而对有利环境的依赖大大增加。保证有利的环境比应用药品要难得多，不仅需要更广泛的知识，而且需要更敏锐的洞察力，再加上高度的说服力和权威的支持。医生想要给病人一切可能成功地抵抗疾病的机会，就必须考虑他的房间和床的通风、他喝的水和牛奶的来源，并对任何与病人接触的东西或他的排泄物进行消毒。他必须引导光线和空气的进入，并确定病人暴露其间的温度。在所有这些方面，迷信和完全非理性的做法已经盛行了好几代，为防范人为的不利环境，医生必须经常是病人的辩护人以及他的亲属和护士的劝导师。在需要隔离的时候，医生的护理不仅需要隔离，而且需要足够的消毒，而且当情况不利时，还要妥善处置死于传染性疾病患者的尸体。传授传染病的正确知识是医生的一贯职责和对传染病患者以及那些照顾他的人义不容辞的责任。最近几年护理受到比以前更多的关注，这是重视病人周围环境的自然结果。剑桥医院的校训“人有护理，天将助人”，简明地表达了强调环境重要性的现代理念。

在过去的30年中，医学在新的治疗方法方面没有在新的诊断和环境护理方法方面那么富有成果。后者主要是对内科和外科实践进行了重大修改，以符合无菌的一般原则。正是这一原则年复一年日益成功地应用，使外科手术在这一时期得到了极大的扩展，并成功地进入了内科领域。从根本上说，这是一个彻底清洁的原则，但外科手术清洁是该原则的一个极端应用。在日常生活中，我们不可能总是先用高锰酸钾，然后再用草酸洗手，但我们都能感受到我们的人、住所、车辆、办公室、商店和工厂进行清洁卫生的价值。我们现在可以看到一些权威所推荐的习惯做法的科学依据，比如为什么在吃东西之前要洗手。在实施腹部外科手术的壮举之后，无菌原则最非凡的胜利发生在产科中，在过去的15年里，分娩的危险发生率已经明显低于原来的一半。我们还没有完全意识到这一使无菌操作成为可能的发现与发明相结合的结果给人类带来的好处多么巨大。住院治疗的死亡率已从33%下降到0.33%的三分之一，但这只是对这些发现的有益结果的模糊描述。很明显，在产科病例中充分理解和实践无菌操作的医生不仅比他50年前否认产妇发热具有传染性的前辈更有知识，而且更有技巧。他能够进行的一些实践和操作，是1860年的产科医生想都没有想过的。

无菌外科手术的一个结果是一些疾病的治疗变得比以前昂贵得多。因此，内科和外科治疗的私人支出不可避免地增加，医院病人的每周平均费用也显著增加。以前由内科医生进行经济治疗的肠道疼痛现在通常由外科医生来治疗，手术费用昂贵，而且还有几周昂贵的护理费。可以肯定的是，这挽救了大量人的生命，但高技能劳动势必需要病人支付相应的高额报酬。在普通临床实践中，一名内科医生已经知道什么时候该去请一位外科医生或其他专家，这是一个不小的成就。这种敏锐观察和合理判断的特殊模式是新近才出现的。我们还远没有达到由外科治疗取代内科治疗的极限。我们可能期望看到手术刀能安全有效地穿透普通外科医生现在还不敢触碰的人体的许多部分，例如肺甚至心脏。我曾经听到当时在波士顿最有名的一位外科医生用无法在此复述的强烈措辞说，在他看来试图做卵巢切除手术的想法是完全不能接受的，这事到现在才过了还不到25年。在每一方面，我们都看到内科和外科的新方法不仅要求从业者具备更多的知识和技能，而且要有洞察力和智慧，自然天性和精心训练都必须为这两种心智能力的发展有所贡献。

我已经说过，对药品的依赖已经大大减少，但在我们所讨论的这一时期，治疗药物的数量和种类都大大增加了，而且医学界对多种多样的药物的优点进行了积极的试验。今天的医生被许多新奇的药物所吸引，这些药物在形式和口味上都很诱人，那些在自己身上试过的头脑简单的人也热情地推荐，和普通美国人一样喜欢新鲜事物的医生热情推荐它们的情况也不少见。这些新奇药物的多样性对医生有了新要求，要求他们能够基于新药物的真实效用进行鉴别和理性支持。如果说30年前的医生需要这种鉴别力做出一次判断，今天的医生则需要做出一百次。

预防医学的进步给医生们带来了一种新的职责，这种职责的行使需要有高度的训练有素的智力。社区中只有他们能够彻底理解和解释预防医学已确立的原则和良好的实践，因此他们是这些原则和实践最有效的教师。家庭医生对健康护理的责任应该高于疾病治疗。他的职责应该是对家庭生活方式和方法提出健康的建议——关于饮食、睡眠、新鲜空气、运动以及安静祥和的习惯。医生必须指导社区采取新的方法提供、检测和保持良好的公共供水。他们必须同样熟悉正确的污水处理方法，因为污水处理实际上是一个洁净水供应的问题。他们必须通过过滤、曝气和稀释来了解被污染水域的恢复情况。他们的判断应该是家庭中有关供水安全问题的最终意见。这种判断应该建立在对这个问题和所有相关的当地信息都普遍了解的基础之上。医生还应了解通风的一般原则和最被认可的做法。因为通风不仅是一种促进健康的手段，也是一种通过稀释空气来防止传染和其他有害影响的手段。现在，无论在公共建筑还是私人建筑中，通风都是个难题，只是最近才以一种实用的方式有所进展。随着我们的建筑在机械结构方面不断改善，它们变得越来越牢固，并且随着加热装置的使用而在热能利用比例方面变得更加经济，与此同时，它们作为通风设备的价值降低了。在我们的祖父那一辈，粗大烟囱里熊熊的火焰能带来一股大风，而如今使用的安静、有效的煤炉带来一种较差的通风方式。人们在室内生活越久，通风对公共健康就越重要。除了内科和外科医生，还有谁能在治疗传染性疾病的过程中教授消毒和清洁卫生的知识，或者使人们认识到有必要把健康的儿童或成人与患结核病或其他慢性传染病的人隔离开来？还有谁会反对充斥有机垃圾的潮湿地窖、糟糕的烹饪和不合理的饮食，以及所有会使房子变得不卫生的室内装饰？还有谁能指导社区的学校卫生以及让学校建筑拥有优秀的清洁度、有效的通风、良好的厕所、干净的书籍、足够的光线、适合学生尺寸的设施？还有谁会教导没有经验的母亲，除了最辛苦的清洁没有什么能防止奶瓶成为微生物的常规培养器？

在所有这些问题上，有无数的教学工作要做，在许多社区，医学专业人士是唯一可用的教师。为了有效地实施教学，这个专业需要比现在的一般训练方法更好的训练——更有说服力的写作和演讲能力、公认而权威的知识，以及对该知识的无私的习惯性应用。

公众对预防医学的未来缺乏充分的想象力。麻风病和天花已被征服。霍乱和黄热病的根除已被证明为可能。然而，公众并不急于征服其他所有传染性疾病，而且往往不愿为这些疾病提供必要的拯救手段。一些最明智的社区都拒绝建立公共消毒站。细菌实验室很少，而且相隔甚远，它们本应随处可见。洁净水的供应降低了城市人口中的伤寒发病率，但农村人口由于无知，仍然不成比例地罹患这种本可预防的疾病。医疗行业的信念和希望应该唤醒公众，使他们摆脱这种消极的无知和怀疑，但是这种信念和希望需要力量来表达。

根据马萨诸塞州和其他许多州的法律，一项重要的责任落在了医生身上，因为他们随时可能被要求证明一些被建议寻求庇护的人存在精神疾病。马萨诸塞州第一部承认精神错乱是一种疾病、对其诊断要求具有医学知识的法律，被通过的时间距现在还不到50年，也就是在1844年。有关精神错乱的鉴别和精神病患者治疗的现行法律是很晚出现的。精神错乱是一种日益增长的疾病，医生们越来越需要了解其复杂而难以捉摸的症状，以便光荣地承担法律赋予他们的责任。对于所有有缺陷的阶层——精神病人、罪犯、酒鬼、智障人士、妓女和乞丐，社会必须由受过高等教育、富有同情心和公共精神的医生引导，采取明智的缓解和补救措施。经验表明，宗教或慈善的热情不能有效地处理这些社会问题，除非通过医生的知识了解其原因、来源，并通过预防、补救措施来加以控制和指导。医疗行业在这里侵入了教会的领地，并且需要的不仅仅是教会从未拥有的医学知识和技能，而且需要教会经常要求的个人奉献和虔诚。

公共卫生工作需要受过良好教育的医生。地方卫生委员会应该确保当地最好的执业医生的服务，而这些服务的费用应该由公众来支付，因为期望以病人护理为生计的职业成为无偿劳动来预防疾病是不合理的。在卫生委员会供职时，医生们将与委员会的其他成员如律师、工程师、制造商和商人建立亲密而有影响力的联系——由这些混合成员组成的部门，可以对立法机构和公众产生比他们自己单干大得多的影响力。

国家医学（state medicine）有许多目标，不仅要保障公众健康，而且要提升公众健康水平。在国家医学中，个人主义是行不通的，因为个人不可能保护自己。在我们的时代，需要开展只有国家才能实施的社会合作，以促进疾病预防并提高平均健康和寿命的水平。采取一切可能的措施预防传染病的传播只是一种良好的公民行为。只有医学监督才能完成国家医学的目标。没有任何一种药物能像医生那样有效地给社区的所有阶层传播良好的卫生意识。只有国家可以采取措施减少肮脏的牛奶、污染的水供应、不洁的冰、掺假的药品、变质的肉和水果，以及肮脏拥挤的公寓。只有国家可以强制隔离传染病，抑制流行病，排除霍乱和黄热病等瘟疫。在实行这种控制时，国家需要医学化学专家、细菌学专家和比较病理学专家提供的一切援助。医学界自身几乎还没有认识到进一步研究动物疾病与人类疾病之间的联系会有多大的前景——天花、牛的猩红热、人和动物的结核病、白喉已经说明了这种联系。甚至连国家（state）或民族（nation），也不能有效地抑制诸如霍乱或黄热病之类的疾病。这是一个国际问题。这些通过诱导现代人涌入都市，由社会和人类社交本能所导致的弊病，必须从社会的角度进行治疗。对此，社会所能发挥的最有效的力量是受过高级训练的医务人员的影响。每个医生都应该是医学的慈善家和传教士，热心于公共卫生知识的传播。因此，医学职业不仅需要充分了解国家医学的历史和功能，而且需要具有使其能够在这些问题上为国家服务的知识和道德力量。这些力量——尤其是赋予这个职业大众影响力的演讲和写作能力——来自指导之下的早期训练与实践。

无论生活在乡村还是城市，值得信赖的医生都能接触到许多不同的社会阶层。在城市，他接触到在家里的富人以及在医院和药房里的穷人。在乡村，他接触到乡镇里所有不同的人。有经验的医生对贫穷和苦难的原因很熟悉，也同样熟悉缺乏精神修养的财富和安逸带来的不良影响。他能认识到社会状况的正常和不正常，并能毫不费力地进行分辨。在城市，他知道由拥挤的房屋和阴暗、通风不良的工作场所导致的疾病。在乡村，他知道所有储存腐烂水果和蔬菜的潮湿地窖、糟糕的烹饪以及住所附近地面生活污水的草率处理造成的危害。

对于为防范个人的贪婪、无知和粗心对社会造成有形伤害而实施的所有社会防御，他应是最好的顾问；对于医院建设，无论是大型医院还是小型医院，无论是建在乡村还是在城市，他应是最好的顾问；对于合格护士的训练，无论是服务于医院还是家庭，他应是最好的顾问。医生应该是社会抵御仍在盛行的迷信和甚嚣尘上的谎言的中坚力量。他的训练本质上是自然主义者的训练，他应该是反对一切形式非理性的理性社会捍卫者。如果医生有必要的说服力，没有人能像他那样有力反击那些不断抗议解剖、疫苗接种和活体解剖的非理性人士从而有效地保护社会，因为没有人能像医生一样理解这些过程给人类带来的好处。

还有另一个重要问题，对此医学界一直断断续续地关注，但没有达到预期的效果。我指的是对医疗实践的立法控制。但凡诊断依赖于猜测、占卜或者某种神秘外力而使得医生不能给出明确的解释，无知医生就有了免责借口，普通百姓就没有法律保障。但是现在，诊断和预防的手段已经变得非常明确，国家可以合理地要求每一个执业医生知道如何应用它们。无知的医生造成白喉和猩红热的传播，仅仅因为他识别不出这些疾病。现在我们有了明确的诊断、治疗和预防手段，这些只有基于医学教育提供的知识才能掌握。国家要求所有执业医生接受资格能力训练，这是正当的，实际上也是当务之急。在过去20年中，美国在这个问题上已经取得了一些进展，但还有许多工作要做。

最后，医生需要全面的教育，这样他才能在公众心目中拥有与其他受过长期而严格准备训练的专业人员相一致的地位。社会影响力和地位来自公认的教养。公众信任那些被认为为了真理而寻求真理的人，在考虑当前研究的理想结果时，他们不受继承的教条、神圣的警句和先入为主的观点的影响。

我希望我所说的足以让我的听众相信，现代医学实践的机会和潜力是如此崭新和巨大，以至于医学从业者需要接受一种更全面的教育。如何获得这种教育呢？哈佛医学院和所有优秀的医学院的四年课程都充满了各种各样的教学和实践活动。学生在这四年里能做到的不可能比现在更多了。毫无疑问，所有的教学都可以无限地改进，实验过程可以变得更省时省力。但是，学生在这几年里完成的工作不可能再有显著的增加了。另外我要说，提高医学专业学生的平均毕业年龄也是非常不明智的。年轻人去医院工作和实践时已经够年长的了——事实上，他们太年长了，因为自立谋生的时间推迟得太久，婚姻和家庭生活也会随之推迟。那么，如何才能实现未来绝对不可缺少的医学教育的巨大进步？我们必须诉诸6岁至21岁的学校和学院生活的时期。在这里，医生必须获得所需的扩大的教育。在这里，教育领域也需要医生的影响来改善公共教育的过程。首先，想当医生的年轻人必须利用好他的6岁至18岁的学校时间，然后上大学或科学学院。其次，学校、学院和科学学院都需要改进，这样自然主义者就有了一个公平的机会。在我们国家的文法学校和中学里，许多时间都被重复和复习、言过其实的语法、算术和政治地理所浪费。这些时间必须节省下来。想要成为医生的人的早期训练中的重要课程——例如科学的基础知识——往往被忽略，这不仅是对这些孩子的伤害，而且是对所有孩子的伤害。在一些最好的中学里，花在外语上的时间比例不合理。最后，中学、学院和科学学院之间缺乏关联，后者的入学要求不匹配前者的毕业要求。就目前的情况来看，医学专业自身是有一些责任的。只要医学院没有入学要求，就等于它们认同这样一种观点：一个20岁之前的教育被忽视的年轻人，可以将医学作为一种职业，并且可以期望得到良好的训练。只要美国社会还处于原始、初级、开拓的阶段，这种粗糙的医生就有自己的位置，而且他们中的一些人最终通过战胜实际工作的压力得以胜任。但是那样的时代已经过去了，医学院校对学校和学院教育的陈旧态度也应该随之成为过去。医学专业应该坚持植物学、动物学、化学和物理学在小学和中学要受到应有的重视，而英语，无论是口头的还是书面的，应该得到更多的关注。它们应该坚决要求学院和科学学院大力推行选修制，这样在这些教育机构中，立志做医生的人就能够很好地追随他所选择的专业的预备性课程，而那些倾向于观察性学科的年轻人应该有机会追随他的兴趣。毋庸置疑，学校课程的补充以及学院和科学学院的课程选择自由对所有学生都是有益的。因为在学校里，所有人都需要学习科学、英语和议论文的写作，而放弃指定的课程，所有人都能在高等院校中获益。医生应该准备好服务于学校的委员会和董事会，以便对他们的意见在这个问题上产生实际的影响。牧师职业在教育领域一直占据主导地位。现在是医生们参与对这个大问题的公众讨论的时候了。他们应该随时为扭转这个观念——从日常生活中没有应用的学科获得的培养比那些能够应用的学科要多——而斗争。他们应该敦促医学院提高他们的入学要求。一些学术课程被要求作为医学教育的基础，这是纽约州最近取得的一个巨大进步。约翰·霍普金斯大学为它的新医学院提出入学要有一个学位的要求，这给我们大家树立了一个很好的榜样。哈佛医学院刚刚发出通告，从1901年起要求入学者须有一个文科、哲学、科学或医学学位，这是朝着正确方向迈出的一步。缺少6岁至25岁这段时间的训练的话，此后任何事情都不足以让一个年轻人为行医做好充分的准备。我们希望整个这段时间都能得到充分的利用。我们希望医学训练为这个职业自身的荣誉、尊严和责任提供服务，我们也希望它能提高社会对这一职业的合理期望。

医学职业拥有一个充满功用和荣誉的迷人前景。它为年轻人的无私、奉献和英勇服务提供了最大机会。人们必须通过上战场才能证明毅力、勇气以及在责任和危险的压力下快速有效思考能力的时代已经过去了。对内科和外科医生开放的领域现在为这些崇高品质提供了广阔的空间。

只有教会才要求人们耐心、无私、勇敢地为自己的同胞服务的时代已经过去了。现在医学职业在这些美德中表现得最为出色。我们的国家有时似乎很想在战争这种愚蠢而可怕的野蛮中寻求除了广阔的自然资源、繁荣的工业和不断发展的商业之外其他伟大的东西。由于缺乏风险和冒险，对和平的追求显得乏味了。如果这个国家把它的爱国和英雄情感的能量与渴望投向公共卫生、预防医学和比较医学提供的广泛有益的领域，那该有多好啊！在这些领域取得的精神和身体上的胜利要比战争所能提供的任何东西都要崇高得多，因为它们将是建设和保护的胜利，而不是破坏和毁灭的胜利。它们将是善对恶的胜利，是幸福对苦难的胜利。

十六

学院入学要求中广泛的选修课

学院入学要求中广泛的选修课

哈佛教师协会

（1896年3月7日）

《教育评论》（*Educational Review*）（1896年5月）

像往常一样，我们有必要对主题进行一些界定。当我们陈述这个主题时，我们在想什么？如果我们说的是美国，那么选修课的范围已经非常大了。以利兰·斯坦福大学（Leland Stanford University）的入学要求为例，有20门性质和程度非常不同的课程，考生可以从这20门课程中选择10门，植物学和拉丁语同样重要。密歇根大学的入学要求中有多种选择，大量不同的课程对应很多不同的学位。就是说，对于一个正在考虑从很多学位中选择适合自己的那一个的考生而言，他有广泛的课程可选。如果看看离我们更近的例子，我们发现在达特茅斯学院这样保守的学校，有三种不同的学位，对应三种不同的入学要求和三种不同的课程。我注意到，在最近的毕业典礼上，达特茅斯学院授予了41个传统学位和27个新学位。在哈佛大学，多年来我们的入学考试中有相当多的选修课，特别是在我们称之为高级要求的考试中。因此，我们需要稍微限制一下我们的主题，也就是说我们正在考虑的是在东部和中部的州立学院设置更广泛的选修课程，而更远的西部的选修课程范围在很多方面已经很大了。

1870年以前，在新英格兰和中部各州，可以说拉丁语、希腊语和数学涵盖了所有的入学考试科目。可以肯定的是，还有一门被称为古代史的科目，但它在学院入学要求和学校课程方案中所处的地位非常低，许多优秀学校的学生仅在学院入学考试前五六周之内就能做好准备。英语现在在学校课程方案和学院入学要求中有了不错的地位。令人惊奇的是，它在过去一直没有任何地位，直到1873年它才首次出现在哈佛的入学要求中！今天，我们承认法语和德语在入学要求中已经取得了一席之地。在哈佛，现代语言不允许取代古代语言，但在像威廉姆斯[①]这样保守的学校，还有在塔夫茨学院（Tufts College），现代语言可以取代希腊语。到目前为止，科学已经取得了微弱的地位。我们认为，哈佛的科学要求比其他任何地方都要高。在满足哈佛的物理要求方面，学校的快速进步让我们深受鼓舞。因为已经有大量考生提供了物理实验课程而不是书本课程的成绩。尽管如此，当洛（Low）[②]校长组织六次关于新英格兰和中部各州学院入学要求的会议后，他认为不值得举行第七次关于科学的会议，因为这些地方的高校很少关心如何将科学作为入学要求，并且对这一要求的性质分歧甚多。

现在看来似乎是时候认可科学作为入学要求之一的学科了，如果不是在指定的课程中，至少在那些对考生开放的选修课程——历史、科学和现代语言中。我感到非常遗憾的是，最近在纽约举行的会议中科学被忽略了，而它恰是最需要改进的中学课程之一。一门合理的科学课程是一个伟大的愿望：对学校来说合理，因为它提供了大量的观察、记录和推理的训练；对学院来说

① 译者注：指威廉姆斯学院（Williams College）。

② 译者注：原文献人名不全。

合理，因为它为学生在几年的学院生活中继续学习科学提供了良好准备。

首先，让我说一下以前常说的。就我而言，我对大学入学要求中那些不如旧课程重要和困难的新课程没有任何兴趣。一门课程因为相对容易，在学院和大学入学考试中就应该被列为选修科目，在我看来，这完全是坏事。这就是我对西部大学很多入学要求持反对意见的原因。例如，在密歇根大学，他们把一些在学校中地位明显不如旧课程的课程列为入学要求，通过这些相对较新的课程，他们将那些所受训练不如旧课程学习的男性和女性录取进了学院。我敢肯定，这种方式对我们任何人都没有好处。我们想要的是在训练和规训方面与旧课程同样好的新的可选课程。

有什么前景可以使我们获得这样的新的选修课入学要求呢？在我看来，在场诸位所代表的许多学校的现代语言教学现在已经达到了这样一个阶段，我们可以公平地说，法语或德语所提供的训练，或者两者都算上，和同时期其他课程所提供的一样充实、重要和有益。我们能不能说，现在提出的任何其他课程都能作为入学要求的选修课？我觉得恐怕不能。然而，历史是大有希望的。在几个月的时间里，在使学校教师和学院教授就这门课程的要求和价值达成一致方面，人们取得了很大的进展。在哈佛这里，我们有一个关于入学要求的委员会全年工作，他们对历史给予了特别的关注，并且商定了一个明智的学校课程。在有关历史课程的纽约会议上，一个全面的四年学校课程方案在没有多大困难的情况下就达成了一致。因此，我相信就历史的实质要求达成一致是大有希望的。关于科学，学校和学院离这一结果还有点远，但是已经取得了一些有益的进展。在哈佛，我们觉得，科学作为入学要求的真正性质已经确定。它应该包括实验练习、讲座和背诵，并且应向学院或科学学校出示考生的原始笔记本，作为体现考生在学校接受的是什么性质的教学的证据。我们还认为，我们从学校校长提供的关于他的学生的学习和成绩的证据中已经得到了一些有用的信息。我们发现，我们要求教师提供的学生接受物理训练的证明材料是一种有用的证据。我们倾向于相信，同类证据也可能有益地用于其他院系。

因此，我们有一个美好的希望，即那些迄今为止除了旧有的拉丁语、希腊语和数学之外鲜有扩充的高校，可以把现代语言、历史和科学增加到目前的入学要求中，而且，这些新课程在那些已经允许在同等课程中进行一些选择的高校中可以得到进一步扩大和发展。

推测一下，在落实这些新要求的方式方面，第一个困难是什么？第一个困难是确定每门课程（新的或旧的）的适当权重，即每门课程在所有不同的课程组合中的系数。与其他课程相比，我们如何确定每门课程的权重？在广泛的选修制中，没有一个人能提供所有课程的成绩。他必然只能提供一部分——如三分之二或五分之三——课程的成绩。因此，每门课程应该有一个估值，或者说是系数。每门课程在一个考生的全部课程中应占多大比例？我相信，哈佛评估入学课程的方法和其他高校一样谨慎，但是我们不会假装有一种准确的方法来确定每门课程的权重。我们有两小时的课程和一小时的课程，就是说，在入学考试时有些课程我们会给予两倍于其他课程的时间，在决定是否录取问题上赋予其两倍的权重。即便是这种粗略的估值，我们也很难找到证明其合理性的理由。对于所有可以在入学考试中呈现的课程（包括众多选择），正确估值的依据应该是什么？

这个问题使我们面临一项困难的研究。当然，根据考生在考试中所花的时间来为每门课程赋值，这不是一个明智的方法。当这些年轻人不能呈现所有被允许的课程成绩，而且如果选修范围大大扩展，连其中五分之三都很难呈现时，我们有什么线索可以找到更好的方式来确定这些众多的选修课中每一门课应该有的赋值呢？我相信，确定每门课程赋值的最佳标准，是在具有合理的课程方案的学校中投入这门课程的学习时间。十人委员会考察过全国大约200所最好的中学开设的课程数量和某些课程的时间分配，他们发现在课程选择和时间分配上均存在很大的差异。这些中学里的任何一门课程都很难说有一个普遍认可的时间分配——即使是旧有的传统课程也没有。不同地区的时间分配差异很大，甚至同一地区的不同学校也是如此。因此，如果我们想要根据学校的时间分配来决定可以进入入学考试的不同课程（必修和选修）的估值，我们必须为中学制定某种标准的课程方案。目前，除了十人委员会的临时课程方案外，我不知道有什么课程方案能达到这一目的。可以公正地说，它们是目前这个国家通过研究提出的最佳课程方案，而且代表了最大程度的专业认可，仅仅因为：首先，它们是90名学校和学院教师根据学科分为9个不同会议讨论出的结果；其次，它们是10名教师代表认真考虑美国学校的现状后，对会议结果进行综合和修订的结果。因此，在我看来，这些课程方案提供了确定每门课程时间分配的最可行的方法。由于不考虑每门选修课的赋值，我们实际无法研究更为广泛的选修课的实施，因此如果我要稍微详细地谈谈每门课程的时间分配和相应的赋值，你们应该会谅解我。

我认为，十人委员会的课程选择，相当能反映美国优秀中学的情况。这些课程有17门。现在，它们在时间分配上的差异，并不像在没有广泛调查的情况下就来参加讨论的人所能想象的那么大。在这些课程方案中，拉丁语所占的时间是18/80。就是说，一个选了十人委员会提出的包含最多拉丁语课程的方案中所有拉丁语课程的学生会将四年中18/80的时间用于拉丁语学习。学习希腊语的时间相对少些，但是如果一个学生选修了十人委员会提出的古典课程方案中的所有希腊语课程（包括注释备注），他在这门课程上所投入的时间会占到四年时间的14/80。在十人委员会的不同课程方案中，英语所占的比例范围是11/80到17/80。在任何一个课程方案中，投入时间最多的英语课程占17/80，还有1/80可以用于拉丁语课程。代数、几何和三角学总共占14/80，德语和法语各自所占比例范围是11/80到18/80。就是说，一个选修所有法语或德语课程的学生，他的法语或德语课程时间分配和拉丁语相同。历史不太走运，但仍占9/80到14/80的比例，和希腊语差不多。自然历史课程归入自然地理、植物学、动物学和地质学。但是，在十人委员会的课程方案中，一个学生不能同时选修植物学与动物学，因为这两门课开设的时间相同。一个学生花在这组课程上的时间只有四年的9/80，等于历史的最小比例。最后，物理、化学、天文学和气象学所占的比例总和与人文历史和自然历史相同，即9/80。这就是全部的课程。

你们可以看到，时间分配的范围并不像粗略审查这些课程方案的人所想象的那样大。你们可以说时间分配的范围是从9/80到18/80，但要理解的是自然历史课程和物质科学课程被组合了。因此，无论如何，试图根据时间分配来对每门课程和每组课程进行适当的估值不是没有希望的。关于适当估值的其他可能的基础性建议将是非常有用的。因为如果要扩大选修课程的范围，那么在入学考试中对不同课程有一个合理和统一的估值方法将非常重要。我认为，赋予代数（一个学生花四年的6/80的时间学习）和拉丁语（花同样是这四年时间的18/80的时间学习）相同的权重是荒谬的。这两门课程不应该被等量齐观，或者甚至是赋予它们1：2的比例都不应该。时间比例为3/80的植物学，也不应该与占学生四年中18/80时间的英语同等对待。在扩大入学要求的选修课范围时，我们必须避免这种不准确和不公正。

总体来说，关于学院或进入学院之前的选修课的处理，确定相对价值的这一困难是严重的，为了保持多门课程结束时由非常多样化的材料构成的通用认证即学位的公正价值和意义，对此必须进行认真研究。在处理入学考试中的选修课这样更有限的问题上，同样的困难也会出现，除非我们有一种为每门课程分配赋值的智能模式。

现在，我想谈谈教师们知道的关于入学考试中的新课程（事实上关于旧课程的扩展也存在）的另一个严重困难。我指的是确保书面的要求得到统一执行的困难。在这方面，新课程比旧课程面临更多的困难，因为在拉丁语、希腊语和初级数学中，无论是在学校还是在学院里，几代教师都是在应用现有的材料和方法中成长起来的，这些方法和材料比在新课程中得到更好的研究和定义，因此有更好的共同标准。在过去的20年中，新英格兰在执行拉丁语和希腊语统一要求标准方面做了大量工作。但是，我想我们都应该认识到这样一个事实，即确保新课程统一要求的执行要比旧课程更加困难。学院的孤立状况是造成这些困难的原因之一。25年前，新英格兰的高校教师被孤立到了非同寻常的地步，他们几乎没有任何合作交流的机会。在每个院系中，都有人多年来一直控制着所在学科的入学考试试题。孤立的学院教师与其他教师或中学很少交流，一个院系某一学科的入学考试试题（可能还有阅卷）多年都由一人操办，在达特茅斯负责这项工作的那个教师与在耶鲁或哈佛做相应工作的那个教师彼此间意见还不一致——这种情况，注定会给学校教师在执行统一标准方面带来极大的困难。通过诸如新英格兰学院与预备学校协会这样的组织的合作努力以及会议方式，一些困难已经被消除。但是，在学院的孤立和缺乏合作造成的特殊困难问题得到成功解决之前，我们在入学要求中不可能令人满意地运用更广泛的选修课程。去年十一月，我向新英格兰学院协会提出建议，由这些学院组织成立一个考官委员会来主管全国的入学考试，考试成绩应该得到所有新英格兰学院或其他任何采用该委员会成绩证明的学院的承认。我向参加会议的学院代表们详细介绍了可以遵循的一般方法。这个国家的几所大学已经获得了在美国各地举行入学考试的经验，而且它们已经证明，在实施这种方法时根本没有技术上的困难。现在有足够的经验证明，通过考官组成的共同委员会，可以极其容易地在美国的两三百个地点举行入学考试，总体而言，即使每个考生要支付5到10美元的考试费用，这也可以为考生节省很多钱。我几乎不认为这个提议会被大学协会认真采纳。无论如何，它没有被采纳。类似的建议在此后的若干教师会议上我又提了两三次。在最近的纽约市和附近地区的校长协会会议上，我提了相同的建议。洛校长在会议上说，他对这个计划的第一印象很好，他应该乐于参加这个主题的会议。这是一个令人鼓舞的信号，因为洛校长是一位影响力很大的人物，而且特别适合促进合作事宜。因此，我认为我们可能正在趋近对这种方式的采用。它不必是新英格兰的方式。这个国家的任何6所到12所学院或大学都可以组织实施这样一个面向全国的计划，由委员会任命出卷人和阅卷人。每科试卷的准备工作被委任给一组人，而不是一个人，这个小组的成员应该来自不同的机构。委员会将负责试卷的准备工作和所有管理细节，并确定举行考试的地点。如果6所大学联合起来做这件事，他们就不会只使用他们自己的人，他们会从各种不同类型的学院和科学学校遴选考官。考试结果被制作成表格，以记录每个人的成绩，就像牛津大学和剑桥大学在英国许多地方举行众多考试的结果被制成表格一样。任何一所学院都可以根据自己的价值评判标准利用每个人的考试结果。这项计划丝毫不会影响学校或学院的特性。这种考试的范围要比大多数学校所能提供的范围广；但是，任何一所学校都可以决定它将致力于什么课程，任何学院或大学都可以向考生明确入学考试中哪些是必修科目，以及可以允许什么范围的选修科目。当然，就像过去一样，在未来，不同的学院和大学会提出不同的要求。一所学院要求的科目可能会比另一所多；但是，每门科目的书面要求是一样的，而且它们将由一个共同的委员会来执行。我现在谈到这件事，因为我确信，除非我们从一开始就设想，我们将会有一个比这个国家以往既有方式更统一的执行方式，即使对旧课程亦是如此，否则的话，我们对一套新的入学要求的运作就不会有令人满意的结果。我想在座的各位教师将会看到，这种方式将会把他们从现在严重影响到入学考试的许多烦恼、限制和个人偏好中解放出来。

如上所述，这就是我想提请大家注意的三点。第一，我们可以期望对传统的入学要求增加很多新的东西。第二，出于入学考试的目的，我们需要一种分别适用于新旧课程的公正评估方式。第三，我们需要某种方法来确保新旧课程的要求能够得到相当一致地执行。

关于上述问题，请允许我从学院和大学以及国家利益的角度再说几句。近年来，我们看到了中学引入选修制的现象。很少有教师能理解这种引入的程度。造成这种普遍不理解的原因之一是

“选修制”一词通常不适用于中学。然而，在美国中学里确实存在着大量非常重要的课程或课程组的选择。由于这一课程或课程组的选择，我们发现年轻男女以不同的方式被引导进入我们的学院，也就是说，准备进入学院的学生在学校时很大程度上确实已经在学习不同的课程。学院一直试图通过设置不同的学位来代表下一阶段的教育，即通常所说的高等教育，以此来适应这种现状。因此，我们在这个国家目睹了各种各样的学位，所有这些学位都代表着学院或科学学院的教育。有些大学使用的是“文科学士”“理学学士”“哲学学士”“文学学士”这四个学位。很多大学和学院使用其中的两个或三个。在这一过程中，一种严重的弊端进入了学校和大学，因为在中学新课程的地位通常不如旧课程或古典课程。此外，学院和大学的新学位通常代表学生的成绩较差，无论是在学校、学院还是大学，或者有时在这几个地方都如此。无论在学校还是学院里，终结这些低等课程是一个伟大的目标。我们需要现在得到允许的所有课程种类，但是我们希望它们地位平等，而不是某类中包含一些大的课程和许多小的课程，一些课程被长期而专注地学，一些课程只是被短期而粗浅地学。现在的低等课程的地位应该提高。现在采用的几个学位应该用来表明大致相同的学业成就，虽然有差异——训练或规训的基础不同，但教育、训练和规训的标准应大致相同。

十七

一所城市大学

一所城市大学

为哥伦比亚大学开辟新领域

（1896年5月）

仅仅在6年前，在庆祝洛校长就职的典礼接近尾声时，我冒昧地说，为了所有学术和慈善机构的共同利益，哥伦比亚大学的姐妹大学热切地希望她能获得比她现在所拥有的更多的捐赠，特别是在这个富有而辉煌的商业中心，希望她会得到不愧于学术中心的土地和建筑。在我看来，其他机构的经验似乎表明，这些新建筑最好是来自那些富有和睿智的人士的慈善捐赠。在那天到今天的短暂间隔中，校长、董事、教师和校友的共同影响和努力以及洛校长的光辉榜样，给我们带来了很多希望。今天，我荣幸地向你们表示来自各姐妹大学的衷心祝贺，祝贺你们获得了这片广阔的土地、这些正在崛起的建筑以及大量铸造大学物质和智力基础的重要附加资源。对于那些在相对开放的城镇或城市中占有数百英亩土地的大学管理者来说，即使是这个高尚的所在，似乎不过是为那些热心于为大学捐赠建筑的公益人士提供了一个数量有限的机会。这些做永久慈善的宝贵机会很快就会被幸运的少数人及时抓住。他们既能感受到一种渴望，又能以一种罕见的愉悦和持久的方式为自己的同类服务，这样的慈善既无缺点，也无杂质。

我也祝贺这座城市，它的顶尖大学将在这里拥有一个与其学术和精神影响力相称的场所。没有任何一个美国社区能像这座曾一度辉煌又肮脏、庄严又卑微，同时也曾身兼自由的骄傲和耻辱的伟大城市一样，从一所强大而进步的大学中获得如此多的益处。大学不再仅仅代表着过去的学生，当下的沉思的观察者，或者对现实世界的实际斗争和冲突保持安全距离的批评家。它们是现代社会所有重要的、进步的工作的积极参与者。利用口和笔，通过实验室、图书馆和藏书、法庭、教堂、学校、慈善机构和医院，它们促进了社会的进步，并为其开辟了前进的道路。哥伦比亚大学最近的历史也充分地证明了这一事实。因为它有效地促进了建筑学、教育学、经济学、政治学、社会学、化学、物理学、工程学和生物学的进步，所有这些学科对纽约和整个国家都有不可估量的重要性。通过对哲学和伦理学、神圣和世俗的文学和历史的长期兴趣，在宗教和家庭生活方面，大学扩展和改善了继承的时代观念，并促成了在有组织的宗教中起阻碍作用的教条和仪式以及过时的家庭习俗和法律的改变。这项服务至关重要，因为就普遍意义和家庭情感而言，宗教在所有政府和工业变革进程中依然是人类社会的最高力量。

随着时间的推移，哥伦比亚和所有优秀的美国大学的影响力必将变得越来越强大。我们的自由制度将从它们所培育的大学那里得到一项伟大的服务。只要在广大民众中广泛传播的正义情感能够为明智的公众行动提供足够的指导，我们就可以依靠集体表决做出正确的决定。关于独立、联合、个人自由和宗教宽容的问题都会引发这种情感，并将由广大民众明智地解决。但是，当公共政策的明智决定取决于细致的事实收集、敏锐的辨别力、合理的推理和确定的远见时，我们的共和国必须像所有其他文明的政府所做的那样，尽快听从受过良好训练的人的建议，他们通过长期的研究和观察已经成为相关问题的专家。货币、税收、教育和公共卫生属于这类公共问题，要令人满意地解决这些问题就绝对需要专家的知识和他们训练有素的判断，对这些问题集体表决所能做出的唯一明智的决定就是遵循专家的意见。公共事业越复杂越困难，专家管理的需求就越迫切。很快，其他任何管理都将是毁灭性的。现在，社会所需的专家将在美国的大学接受训练，这些大学像哥伦比亚大学一样，在人口众多的中心地区为所有的学术和科学职业提供设施完善的学校。

姐妹大学希望并期待纽约市民能踊跃向哥伦比亚大学捐赠财富。但是，它们也知道，无论纽约为这所大学做多少，通过它自己的儿女们的各种服务，通过教导他们要很好地履行他们对社会的责任，哥伦比亚大学能为这个城市和国家做的，将是百倍以上。

十八

论教育在民主社会中的功能

论教育在民主社会中的功能

在布鲁克林大学发表的演讲

转载自《展望》(*The Outlook*)

(1897年10月2日)

教育在民主社会中的功能取决于民主教育的含义。我们中有太多的人认为，对人民的教育好像只意味着学习阅读、写作和算术。现在，阅读、写作和简单的算术仅仅是工具，对此勤勉练习，通过多年精心指导下的刻苦用功就会获得一种理性教育。它们本身并不是目的，而只是实现享受理性生活这一伟大目标的手段。在任何文明的政体下，每个孩子到9岁的时候应该已经获得这些能力。称职的教师或管理良好的学校，现在同时教授阅读、写作和拼写，这样孩子就会写出读的每一个词，当然，写的过程就意味着拼写出了这些词。如此一来，耳朵、眼睛和手从开始掌握读写能力时就一起工作。关于算术，大多数教育专家已经确信，一个受过教育的人如非某种计算员，需要使用的算术量是很小的，而且真正的教育不应该为了获得算术这种对孩子和成人都无甚大用的能力而被推迟或削弱。因此，阅读、写作和算术都不是大众教育的目标。

所有教育的目标，无论是民主的还是其他的，总是在前进的参赛者面前后退，就好像随着每一次到达峰顶，山顶似乎在攀登者面前退却了，而更远和更高的山峰相继出现。然而，教育的即时目标始终是知识的获取、一些恒久的生产或享受能力的培养，以及人格的发展。民主教育在世界上作为一个崭新的事物，它所能达到的目标还没有被完全认识到。柏拉图教导说，理想国中的劳动阶层不需要任何教育。一个伟大的哲学家持有如此的见解，这似乎令人惊奇。但是，当我们对此感到不解时，让我们回忆一下，仅仅一代人以前，在我们南部的一些州，教一名劳动阶层的成员阅读是一种犯罪。在封建社会，教育是一些贵族和神职人员的特权，也是这两个少数阶层权势的源泉之一。德国的普及教育是从拿破仑战争结束时才开始的，它的目标是培养智慧的士兵和臣民，而不是幸福的自由民。在英国，公共教育系统只有27岁。此外，民主教育的基本目标——将全体人民的智力、品行和幸福提升到更高层次——甚至在美国也还没有被完全理解。我们很多人都认为大众教育仅仅是一种对危险迷信的防范，或者是一种治安的手段，或者是一种提高国家艺术和贸易生产力的手段。因此，如果我们这代人对民主教育的目标有一种不全面的认识，也就情有可原了。

接下来我将简要描述一所民主学校的教学和训练的主要内容。一旦学会了我所说的教育工具的简单使用，即使在熟悉的过程中，生产和享受的能力也应该通过对外部世界的基础知识的逐步习得而开始得到训练。民主学校应该尽早——从起始的几个年级起——开始关于自然的教学，因此，所有教师都应该能够教授自然地理学、气象学、植物学和动物学的基础知识，在孩子的大脑中形成一幅描绘复杂环境的和谐图画。这是我们的父辈从未想到过的小学教师的职责，但是随着一年一年过去，孩子们的每位教师的这个首要职责也越来越清晰。在孩子们走向成熟过程中的稍晚些时候，化学和物理学这样伟大的学科将在系统的训练过程中占得一席之地。从第7年或第8年开始，根据孩子的特点和能力，属于形式科学的平面和立体几何应该在学校教育和孩子的注意力中占有一席之地，这门伟大的课程应该要求连续学习6年或7年。通过这些不同学科的基础知识来认识外部自然的过程，对于每个孩子来说都应该是有趣和快乐的。它不应该是痛苦的，而应该是愉快的。在整个过程中，孩子阅读、写作和算术的能力应该得到稳步发展。

每个孩子的环境中都有另一个部分是他应该尽早开始认识的，即人类的部分。从他开始愉快地阅读的时候，人类的故事就应该逐渐地传达到孩子的心灵。这个故事应该像历史一样通过传记来传达。在对事实和真实事件的描述中，应该包含有趣和令人振奋的想象力成果。然而，我不得不认为，对于孩子们来说，完全令人满意的富有想象力的文学作品，在很大程度上仍有待书写。我们惯于用来填充孩子心灵的神话、旧约故事、童话故事和历史传奇都包含一大堆荒谬、野蛮或琐碎的东西。不道德的、残酷的或者愚蠢的想法，一代又一代渗透进孩子们的心灵，可能部分地要归咎于人类道德进步的缓慢。我们这样做的普遍理由是，孩子们并不理解我们如此轻率地提供给他们的心理图画中的邪恶。但是，基于孩子不能消化脏东西的理论，我们应该怎么看待一位母亲给她的孩子喝脏的牛奶或粥呢？我们是否应该对精神和道德的食物材料多加小心呢？然而，试图只根据观察或记录的事实来填充孩子的心灵是不可取的，也是不可能的。在艺术和文学中，想象力的巨大成果是一个具体的事实，每个受过教育的人都应该对此有所了解，这样的成果是每个人所处的实际环境中非常真实的一部分。

在大多数孩子的教育中，一个重要部分是他们对家庭和农场的日常劳动，或者至少是对家庭日常劳动的贡献。教育的这种有益的部分不像过去大部分人口从事农业时那么容易得到保障了，这是人口迅速集中到城市和大城镇的一个严重后果，也是作为现代工业特点的劳动的细致分工带来的一个严重后果。因此，有组织的教育必须在城市社会中提供一部分很好的手工和道德训练，就像在农业社会中父母的劳作所能提供给孩子的合作那样。训练孩子们正确的手工劳动能力以及在生产劳动中教给他们耐心、深谋远虑和良好的判断力，对于任何城市的民众都是非常重要的。

最后，学校应该通过训诫、榜样和阅读所能提供的每一个例证来教导每一个孩子，任何个人的最高成就是活力和品格上的可敬。在学校生活中，勤奋、坚持、言行一致、温柔、公正无私这些美德，在那些一开始就在家庭中发端良好的孩子心里应该得到蓬勃发展，在那些不太幸运的孩子的心中应该得到根植和培养。此外，应该教导学生：在一个人身上是美德的东西，在任何人类群体中也是美德，无论这种群体是大是小—— 一个村庄、一个城市，或者一个国家；管理一个帝国的伦理原则和管理个人的伦理原则是完全一致的；自私、贪婪、虚伪、残忍和凶恶，在众多或单个野蛮人身上是同样可恨和可耻的。

上述对教育的概述，就是我所认为的民主教育的应有之义。它现在只存在于最明智的人当中，只存在于那些在学校组织方面特别幸运的地方。尽管它是民主教育的一个有些遥远的理想，但它绝非遥不可及。在一个发展较成熟的民主社会，它是公立学校的合理目标。当然，它要求教师水平远远高于当今小学教师的水平，还要求公立学校的开支比这个国家所有习惯支付的开支都要大。但是，如果民主制度要繁荣，要不断地增进人民群众的真正福祉，这种更好的教师和更大的支出要求就势在必行。教育的标准不应该设定在现在已经达到或现在可能达到的水平。公共教育的特权是向遥远的目标进发。

儿童时期的全部训练应该让孩子有阅读的兴趣并提高阅读的能力，这将引导和激发其随后的智力生活。不管学校教育多么不系统或不合常规，那种培养了良好阅读兴趣的学校教育已经达到了小学教育的主要目的。那种不能带来这种永久兴趣的学校教育已经失败了。在这种通过阅读来获得知识和运用他的想象力冲动的引导和激励下，个人将继续终身的自我教育。如果没有这种根深蒂固的冲动，他很快就会停止对过去积累的智慧和现在的新资源的汲取，而且随着年龄的增长，他将生活在一种日益稀薄和空虚的精神氛围中。难道我们都不知道许多人似乎生活在精神的真空之中吗？我们实在很难把不朽归功于他们，因为显然他们除了肉身之外没有什么生命可言。每天15分钟的阅读会给每个人带来真正的人生。民主大众的精神提升有赖于在学校中培养这种良好的阅读兴趣。

在民主社会中，公立学校的另一个重要功能是发现和发展每个孩子的天赋或能力。这种发现应该在最早可行的年龄进行，并且一旦做出，应该总是影响且时而决定个体的教育。充分利用每个成员可能有幸拥有的一切有用的天赋或能力，是为了社会的利益。它是流动的民主社会的主要优势之一，比任何其他社会更有可能获得个人能力的成果。要充分利用任何个人的特殊能力，及早发现它，然后不断地、坚持不懈地训练它，这很重要。如果它们能被发现、训练和应用，看似微不足道的个人天赋可能成为达成引人注目的事业和成就的手段，这真是令人赞叹不已。一双对颜色深浅敏锐的眼睛能让铁匠在为采石场的人打磨钻头时赚取双倍工资。一种敏锐的触觉可以为羊毛商带来财富。一只极度灵敏的食指可以让一名外科医生胜过所有的竞争对手。一副好嗓音、良好的演讲能力以及对面孔和议会规则的超强记忆力，可能会给一个人带来显著的政治上的成功，而没有这些他可能不会引人注目。在理想的民主学校里，除了要学习使用最基本的教育工具——阅读、写作和算术之外，没有任何两个孩子会遵循同样的学习过程或有同样的学习任务。不同的孩子几乎没有相同的需求。在每一个学习科目中，可能都有一个最低的达标标准，但不存在最高限度。对个人天赋或能力的发现常发生在小学，但更普遍地发生在中学。做出这些发现应该是教师工作最重要的部分之一。在民主社会中，对平等的模糊渴望对民主学校造成了巨大的危害。无论在儿童还是成人中，都没有平等的天赋、能力或才能这回事。相反，有的是最大程度的差异性。教育和所有的生活经历都增加了这些差异性，因为学校、收入来源以及个体对周围环境的反应，都倾向于强有力地扩大天生的差异性。一个有着僵化课程方案的假扮的民主学校，不仅与人的天性作对，而且与民主社会的利益作对。课程方案的灵活性应该从小学，即中学教育阶段之前的几年就开始。到10岁时，应该对一些学习科目有所选择，并且在15岁之前引入很多变化，到15岁时课程应该有很大的多样性。另一方面，小学和中学的课程应该适当地反映知识领域的主要划分，即语言与文学、数学、科学、历史，还有绘画、手工和音乐。如果学校课程不能代表智力活动的主要分类，它们就不能发现学生的个人天赋和倾向。

作为成功的民主教育的一种结果，在所有孩子必须离开学校以帮助他们的家庭之前，某些思想习惯应该在所有孩子的大脑中很好地建立起来。在一些小的领域里，每个孩子都应该具备精确观察的能力，而且基于获得这种能力的自然结果，他应该欣赏和尊重所有领域的精确观察。同样，在一些小的领域里，他应该掌握准确描述的能力并持有对所有领域中准确描述的尊重。最后，他应该具备在有限的经验和观察范围内从观察到的事实中得出合理有限的推论的能力。不消说，这种合理推理的能力是一种令人钦佩的力量，许多成年人在童年的教育和生活后的经历中从未获得。然而，只有达到可以相信绝大多数人不仅能精确地观察和准确地描述观察结果，而且还能从这些结果中得出合理推论的地步，民主制度才会是安全的。只要他们的学校没有教他们真正的原因与某个假定的结果发生之前的事件（或伴随这一结果的事件）之间的区别，广大民众将永远容易遭受危险错觉之苦。一年前我们的国家之所以濒临一场可怕的灾难，就是因为数百万人认为过去20年间白银价格的下跌是许多其他美国产品价格下跌造成的。然而，价格（包括白银的价格）普遍下跌的主要原因，是自内战以来制造业和机械动力的分布方面发生的巨大改进——这是个经营性的原因，在不久的将来，它将会产生比现在更显著的正向效果。

任何一个具备精确观察和准确描述能力，以及知道从确定的前提中得出正确推论是怎么一回事的人，当别人在他不了解的领域展示这些能力时，他自然会对这些能力表现出一种尊重。而且，任何一个已经知道确定一个事实、准确地陈述事实并从中得出合理的有限推论是多么困难的人，都会确信他自己将做不到这些事情，除非是在一个他业已熟悉的非常有限的领域。他会知道，如果他的能力要在任何方面确实优异的话，他自己的个人活动必须局限于少数几个学科领域。他会确信，“一个北方佬可以把他的手变成任何东西”这种有太多人相信的事情是一种恶作剧的错觉。凭借他受过的教育，他对世界商业领域所需要的广泛范围的知识和能力有一定的见识，他会尊重在他人身上看到的极具多样性的训练有素的能力发展。简而言之，他将尊重和信任人类活动的各个领域中的专家。对专家的信任，以及愿意聘请他们并遵循他们的决定，是受过良好教育的个人或社会的最好的智力标志之一。在任何想要繁荣的民主社会中，大多数人都必须强烈地感受到这种尊重和信任。在美国开展私人和公司业务时，聘请专家被公认是唯一理性和成功的方法。没有人会想在不完全依赖专家建议的情况下建造一座桥梁、一座大坝，或建立一座发电站或一座棉纺厂。在政府事务方面，无论是城市、州还是国家的事务中，民主社会必须学习聘请专家并遵循他们的决定。税收、金融和公共工程等这样的复杂事务，不可能由民众大会或其委员会，或那些对这些最困难的问题没有特别了解的执行人员来明智地管理。美国过去20年的经验表明，民众大会已经完全不能明智地处理任何这类重大事务了。立法机关或国会可以通过立法表明它希望达到的目标。但是，要在税收、货币、金融或公共工程中设计出实现这一目标的手段，以及花费权力机关为该目标所拨付的款项，必须是专家的职能。在美国的地方代表制度下，立法者和管理人员的变化如此频繁，以至于几乎没有人获得任何值得被称为立法或行政经验的东西。同时，少数长期任职的人往往热衷于政府和管理党派利益的日常工作，根本没有时间做深入的研究或创造性的工作。在目前的条件下，无论是在专家知识还是智力领导方面，我们都不能对他们有合理期望。在广大民众认识到政府事务必须按照已成功用于私人和企业事务的同样原则进行管理之前，民主制度是不安全的。因此，培养孩子们的思想是民主教育的主要目标之一，这样当他们成年后，根据自己的经验，他们就有理由尊重政府、工业和社会活动各领域专家的成就，并对他们的建议充满信心。

民主教育的下一个功能应该是在每个孩子心中牢固地植入某些伟大的真理，这些真理是民主社会理论的基础。第一个真理是每个人对许多其他个人的亲密依赖，不仅仅是在婴儿时期，而是在生命的每一刻—— 一种随着文明和城市生活的发展不断增加的依赖。在学校生活中，孩子们可以如此清晰而强烈地认识到人类之间的这种相互依存感，以至于他们将永远不会失去。仅仅通过教孩子们他们的食物、饮料、衣服来自哪里，获得光和热的方法，以及这些材料是如何通过许多分散在世界各地的人的劳作来提供的，学校就可能会阐明和强化这种错综复杂的相互依赖的信条，而这正是现代民主的基础——没有什么能比这两个基督教句子更清楚地表达了这一信条："没有人能自己生活""我们每个人都是彼此的成员"。孩子们能够很容易地认识到每个家庭甚至每个人对机械师、供应商、铁路服务员、厨师和护士的依赖。另一种植入这种情感的方式是在历史课中将当代人的义务追溯到许多前代人身上。在诸如修建公路、水务工程、篱笆、房屋和谷仓等事务中可以很容易地指明这些义务，至少在新英格兰地区，这些石墙和成堆的石头是父辈们在自家农场劳作时收集的。前几代人为了思想和言论自由、宗教宽容以及公共司法机构的发展所承担的责任和苦难，也可以向中学生和在某种程度上向小学生阐明这些义务。当然，历史充斥着许多违反互助这一基本民主信条的例子。的确，历史，就像通常所写的那样，主要是一些骇人听闻的违反这一原则的故事，例如战争和压迫，以及阶级之间、教会之间和国家之间的为了私利的争斗。但是，这些反例以及随之带来的可怕痛苦，可以用来指出和强调这一基本信条的真理性。除非我们公立学校的历史教学能做到这一点，否则最好不要教这门课。

民主教育还应向每个孩子灌输民主社会的基本统一思想，尽管组成社会的个人的功能、能力和成就各不相同。这个信条和刚才提到的相似，但不完全相同。这个信条对民主的满足感和自尊的传播非常重要，但在本质上不同于一般的作为民主结果的条件平等的观念。因为统一是可以实现的，而条件的平等是不自然的和无法实现的。构成民主国家特征的自由和社会流动，允许并实际带来了严重的条件不平等。如果民主社会的表象在随便哪一天被消除，不平等将会在第二天重新出现，除非个人自由和社会流动性遭到摧毁。因此，应该以最大的明确性和生动的例子教导民主社会的孩子：条件的不平等是自由的必然结果；但是，通过所有的不平等，在目标和精神上应该不断地表现出本质上的统一。自由的统一是民主社会的目标，是社会各阶层的最高利益，最高和最低阶层皆是如此。

民主社会应该教给所有孩子的另一个伦理原则是人们熟悉的基督教教义，即为他人提供服务是自我满足和幸福的最可靠来源。这一教义是所有阶层和条件下的个人幸福的根源。但在民主社会中，它对公众的幸福和福祉格外重要。在民主社会中，公职人员不是主人，而是一个值得信赖的仆人。通过卓越的服务，他不仅赢得了酬劳，而且赢得了尊敬和感激。就像对中学教师、法官或州长那样，这句话同样适用于邮递员、消防员或村庄管理委员会成员。民主的字面意思就是这个准则：“如果在你们中间有人非常优秀，就让他做你们的仆人吧。”在民主社会中，这种忠诚服务的品质和它的回报应该在学校里被认真地教给所有孩子。

孩子们应该知道，追求卓越的公共服务是所有抱负中最高的。应该在传记和历史中向他们展示，作为殉道者、教师、发明家、立法者和法官的男男女女是如何提供伟大服务从而赢得持久的感激和荣誉的。

因为增进广大民众的福祉是民主社会的一个基本目标，所以民主学校应该明确地教育孩子们追求和享受幸福的方式，而这存在于大自然的美丽和辉煌中。学校应该是一种获得日常愉悦的途径，而教师应该是带给孩子快乐的牧师。民主社会已经懂得——至少在更智能的社区——如何为自己提供城市的空地和郊区的公园，而且已经开始通过这些方式为人们的健康快乐提供直接服务。教导孩子们和他们的父母如何利用一切可能的方法来获得纯真的享受，这应该是民主学校的一个公认的功能。

最后，民主学校必须教育孩子们什么是民主贵族。受过良好训练的孩子会在历史和诗歌中读到关于贵族、王子、国王和皇帝的故事，其中有些是真正高尚的，但也有许多是邪恶的，而且，在阅读中他会在心中对在过去数个世纪里身世卑微的慷慨男女对高贵者所怀有的忠诚和献身精神油然而生敬佩之情。他将会看到这些个人忠诚产生了多么巨大的美德，即使那些忠诚的目标是不值得的。他会问自己："民主社会对应的美德是什么?"答案是忠于一切形式的责任，这需要勇气、自我克制、热情、对自由的民主理想的忠诚、服务、团结、宽容、公正和大众的快乐。孩子们应该认识到，民主贵族是存在的，而且如果民主要造就最高类型的人格，它就必须存在。但它只能由品质高尚的男人和女人构成，在民主的条件下通过优良的遗传素质、精心的教育和丰富的经验共同影响才能产生。他们应该学会欣赏和尊重具备这种品质的人，并在某些情况下支持这些高尚的人士而非支持卑劣之人。他们应该认识到，纯粹的财富并非通往民主贵族的通行证，它的成员资格只能通过作为民主贵族唯一保证的精神和道德品质的传播来传递给孩子们。这种成员资格应该是父母对孩子和孩子对未来的自己应有的理想。每一个具备这种真正品质的人，无论其地位或职业如何，都有权利进入这个家庭、教会和学校联合招募的简单的民主贵族阶层。因此，民主政体下的真正贵族比其他任何政体的都要多。

图书在版编目（CIP）数据

教育改革 ： 埃利奥特论文与演讲集 / （美）查尔斯·威廉·埃利奥特著 ； 刘春华译. -- 杭州 ： 浙江教育出版社，2019.12
（新汉译世界高等教育名著丛书. 第一辑）
ISBN 978-7-5536-9886-1

Ⅰ. ①教… Ⅱ. ①查… ②刘… Ⅲ. ①中等专业学校－教育思想－文集②高等教育－教育思想－文集 Ⅳ. ①G718.3-53②G640-53

中国版本图书馆CIP数据核字(2020)第012285号

责任编辑　刘晋苏　　美术编辑　韩　波
责任校对　傅　越　何　奕　　责任印务　陈　沁

新汉译世界高等教育名著丛书(第一辑)
XIN HANYI SHIJIE GAODENG JIAOYU MINGZHU CONGSHU (DIYIJI)

教育改革——埃利奥特论文与演讲集
JIAOYU GAIGE——AILI'AOTE LUNWEN YU YANJIANG JI

[美]查尔斯·威廉·埃利奥特 著　刘春华 译　李家永 校

出版发行　浙江教育出版社
（杭州市天目山路40号　电话:0571-85170300-80928）
图文制作　杭州兴邦电子印务有限公司
印　　刷　浙江新华数码印务有限公司
开　　本　710mm × 1000mm　1/16
印　　张　18.75
插　　页　2
字　　数　270 000
版　　次　2019年12月第1版
印　　次　2019年12月第1次印刷
标准书号　ISBN 978-7-5536-9886-1
定　　价　42.00元

如发现印、装质量问题，影响阅读，请与本社市场营销部联系调换，
电话:0571-88909719